教育部人文社会科学研究规划基金项目"乡村工匠教育扶贫的生态学研究"(编号:17YJA880056)成果

孤独的匠人
乡村工匠教育生态系统研究

聂清德 著

中国社会科学出版社

图书在版编目（CIP）数据

孤独的匠人：乡村工匠教育生态系统研究 / 聂清德著. —北京：中国社会科学出版社，2020.9
ISBN 978-7-5203-6588-8

Ⅰ.①孤… Ⅱ.①聂… Ⅲ.①职业教育—研究—中国 Ⅳ.①G719.2

中国版本图书馆 CIP 数据核字（2020）第 092835 号

出 版 人	赵剑英
责任编辑	高　歌
责任校对	季　静
责任印制	戴　宽

出　　版	中国社会科学出版社
社　　址	北京鼓楼西大街甲 158 号
邮　　编	100720
网　　址	http://www.csspw.cn
发 行 部	010-84083685
门 市 部	010-84029450
经　　销	新华书店及其他书店

印刷装订	北京市十月印刷有限公司
版　　次	2020 年 9 月第 1 版
印　　次	2020 年 9 月第 1 次印刷

开　　本	710×1000　1/16
印　　张	17.25
插　　页	2
字　　数	275 千字
定　　价	99.00 元

凡购买中国社会科学出版社图书，如有质量问题请与本社营销中心联系调换
电话：010-84083683
版权所有　侵权必究

让乡村工匠不再孤独（代序）

工匠职业源远流长。在西方，早在古希腊亚里士多德就把人的理性分为三种，即理性活动（哲学家）、实践活动（自由职业者）和制作活动（工匠）。后来，在西方国家的文化中，工匠（artisan）一词的本义为"体力劳动"，来源于拉丁语中的"ars"一词，意为把某种东西"聚拢、捏合和进行塑形"（to put together, join, or fit），作动词用。后来随着这种劳动形式的逐渐丰富才演变为"技能、技巧、技艺"（art 的意思）；而"artisan"作为一门特定的职业和特定的社会阶层，即工匠、手工艺人的意思是通过 16 世纪法语"artisan"和意大利语"artigiano"的含义才确定下来的，并于 17 世纪早期开始广泛使用。

在中国，"工""匠"与"工匠"是一个逐步推演的过程。古代社会并没有工匠一词。现可查最原始意义上的工匠是指木工，仅以"曲尺"代指。《说文解字》说"'工'，巧饰也，'匠'木工也。从匚（fang），从斤，所以作器也。"《辞海》说"匠"则拆开来释义，"匚"指放东西的方形容器，"斤"为象形字，上为横切，下为曲柄，象斧斤形，故而"匠"即是说"方形容器里放了一把小斧头"，也是用工具来指代"工匠"。所以，古代社会并无完整意义上的"工匠"这一说法。直到封建社会，开始有户籍制度出现，"工在籍谓之匠"，则工与匠合为一体。结合词源与古代汉语词典，将工匠定义为有专业技术与艺术特长的手工艺劳动者，他们都将毕生岁月奉献给一门手艺、一项事业、一种信仰。

我国从明代开始，有了"官匠"和"民匠"之分。明代官匠为编入在御器厂中服役的、具有匠籍的手艺工人。《景德镇陶瓷史稿》："官匠又分两种：一是轮班匠（轮番匠），一是住坐匠。住坐，是在京城附近的人籍工匠；轮班，是把全国各地被划入匠籍的工匠分为若干班，轮流到京师去服役，每次服役时间为三个月。"民匠则是伴随人类产生而藏于民间的木匠、铁匠、窑匠、银匠、竹匠，等等。如，造"曲尺""墨斗""刨子"等器物的我国工匠鼻祖鲁班。这类孕于乡村、耘于乡村、涵于乡村的"民间艺人"俗称为"乡村工匠"。古今中外，乡村工匠一直是农村"人"的生活依赖、文化崇拜和技艺追求。

聂清德博士在学术扎根研究中敏锐地发现了这个具有独特价值的学术槽。在成功申报教育部人文"乡村工匠教育扶贫的生态学研究"课题的基础上，又确定为博士论文选题，经过四年的晴耕雨读完成毕业论文。作为论文写作伴随者和著作第一阅读者，我认为该著作有十分鲜明的特点：

第一，选题的乡村性。随着新工业革命的兴起，个性化生产时代来临，特别是乡村振兴战略的实施，"乡村工匠"重新受到青睐。2017年2月5日，中共中央、国务院在《关于深入推进农业供给侧结构性改革 加快培育农业农村发展新动能的若干意见》中提出"鼓励高等学校、职业院校开设乡村规划建设、乡村住宅设计等相关专业和课程，培养一批专业人才，扶持一批乡村工匠"。2018年，中共中央、国务院《关于实施乡村振兴战略的意见》指出："支持地方高校创新人才培养模式，为乡村振兴培养一批专业化人才。扶持培养一批乡村工匠。"乡村工匠培养成为热门专业，这种长期靠学徒制"散养"的乡村手艺人一下子要由学校来"圈养"。那么，乡村工匠的成长有何规律？如何借鉴传统的"学徒制"开展小批量定制生产？如何重构这样的人才培养生态系统及其调控？这些问题成为亟待解决的理论与实践问题。

第二，理论的扎根性。该研究采取归纳研究范式将采集的访谈、问卷材料进行概念化与理论化，形成对乡村工匠的认知；同时，在不进行任何假设基础上进行概念提炼，多级编码，获取"乡村工匠生态系统"理论。具体取样以被教育部评为"全国职业院校民族文化传承与创新示范专业点"的湖南省5所学校（湘西民族职业技术学院、湖南工艺美术职业学院、湖南艺术职业学院、吉首市职业中等专业学校和醴陵市陶瓷烟花职业技术学校）的7个专业[民族服装与服饰（扎染）、民族传统技艺、湘绣设计与工艺（湘绣）、陶瓷艺术设计、戏曲表演（花鼓戏表演）、服装设计与工艺（民族织绣）、陶瓷工艺（釉下五彩陶瓷彩绘）]作为调研对象，借助生态学、教育学、教育生态学、职业教育学、经济学、社会学等学科知识，运用系统动力学、生态系统、教育生态系统理论和高技能人才成长理论，通过文献资料法、调查法、比较法、系统仿真法和系统分析法等方法，对乡村工匠教育生态系统调控的理论、依据和对策进行了分析和探讨。

第三，实践的创新性。本研究创新性提出了"三维共诊"调控模式。根据泰勒原理构建的乡村工匠教育"三维共诊"生态模式是指对乡村工匠教育生态系统中的生态主体、生态环境和生态功能全面进行诊断，发现这三者在运行中的失衡问题，分析失衡成因，寻找应对方法，并合理利用调控资源进行适度调控，以实现乡村工匠教育生态系统稳态运行，培养优秀乡村工匠的方案与策略。该模式由目标、原则、结构和内容构成：其生态目标是使该系统在培养优秀乡村工匠时实现最优运行状态；其生态原则是目标最优化原则、利益整体性原则和动态发展性原则；其生态结构是"望、闻、问、切"，"望"即观看教育生态主体和教育生态环境之间现今的教育生态功能互动状况，"闻"即听教育生态主体与教育生态环境之间以前的生态功能互动状况，"问"即询问和收集教育生态主体和教育生态环境之间以前和现今的生态功能互动情况的信息，"切"即分析判断乡村工匠教育生态系统病症和病因。其生态内容是对乡村工匠教育生态主体、生态环境和生态功能进行调控。

总之，本研究作为国内首个研究乡村工匠培养的博士论文，从生态学视角深入研究乡村工匠的生存状态和培养现状，理论上构建了乡村工匠培养的稳态指标体系，实践上提出了"三维共诊"调控生态模式，尽管该研究还存在诸多问题，但瑕不掩瑜，其成果对当前乡村工匠教育具有独特的学术指导价值和实践回溯意义。聂清德于2015年中秋考取博士，我与他相识并忝为导师，在他读博期间先后在湖南农大第十教学楼北419室和北332室共处四年，对其能坐"冷板凳"（苦读名著），善刨"热窝子"（热衷前沿）的价值境界甚为欣赏。毕业之际，又恰逢他获得去美国访学的邀请，触景生情，特赋诗一首《赠聂清德祝博士毕业》：

  冷月满秋观孔明，
  不识好风遁入门；
  山中道理侃夫子，
  乡间艺术问匠人；
  身处斗室四载空，
  神驰宇宙五仓盈；

且看登高出师表，
更喜望远渡西轮。

是为序。

周明星

（湖南农业大学二级教授，博士生导师）

2020 年 3 月 30 日

前　　言

本研究以"乡村工匠教育生态系统"为研究对象，具体取样以被教育部评为"全国职业院校民族文化传承与创新示范专业点"的湖南省 5 所学校（湘西民族职业技术学院、湖南工艺美术职业学院、湖南艺术职业学院、吉首市职业中等专业学校和醴陵市陶瓷烟花职业技术学校）的 7 个专业［民族服装与服饰（扎染）、民族传统技艺、湘绣设计与工艺（湘绣）、陶瓷艺术设计、戏曲表演（花鼓戏表演）、服装设计与工艺（民族织绣）、陶瓷工艺（釉下五彩陶瓷彩绘）］作为调研对象，借助生态学、教育学、教育生态学、职业教育学、经济学、社会学等学科知识，运用系统动力学理论、生态系统理论、教育生态系统理论、教育生态环境理论和高技能人才成长理论，通过文献资料法、调查法、比较法、系统仿真法和系统分析法等方法，对乡村工匠教育生态系统调控的理论、依据和对策进行了分析和探讨，得出如下结果。

1. 乡村工匠教育生态系统调控理论逻辑

本研究以系统动力学理论、生态系统理论、教育生态系统理论、教育生态环境理论和高技能人才成长理论为乡村工匠教育生态系统调控的理论基础。由此，核心概念的界定为：其一，乡村工匠是指受中华民族文化浸润的、具有劳模精神、经过传习掌握了乡村传统技艺并服务和造福于社会的工匠型人才的总称。其二，乡村工匠教育生态系统，即以培养乡村工匠为中心，在生态主体之间、生态主体与生态环境之间通过物质转换、能量流动和信息传递而相互作用、相互制约形成的一个人工生态仿真系统。其三，乡村工匠教育生态系统调控是以培养优秀乡村工匠为核心，调节教育生态主体和教育生态环境两者之间进行相互的、合理的物质转化、信息传递和能量流动以形成稳态运行的一种复杂控制活动。

2. 乡村工匠教育生态系统调控依据：稳态运行条件

乡村工匠教育生态系统稳态运行是指乡村工匠教育生态系统中在生态主体和生态环境之间进行信息传递、物质转化和能量流动过程的量值保持在合理的区间内运行状态。乡村工匠教育生态系统的稳态运行面临该系统的优势（技艺优势、技艺传承人优势和科研优势）与机会（财政支持强度加大、政策扶持力度加强、社会认可程度加深），同时，也面临该系统的劣势（教育经费投入不足、技艺后继无人危机、技艺传承创新能力不足）与威胁（外部竞争激烈、市场对接不畅、市场需求高端人才）。生态主体稳态运行、生态环境稳态运行和生态功能稳态运行构成乡村工匠教育生态系统稳态运行的应然条件，乡村工匠的需求总量构成乡村工匠教育生态系统稳态运行的实然条件。

3. 乡村工匠教育生态系统调控依据：失衡分析

乡村工匠教育生态系统的失衡主要表现在生态主体失衡、生态环境失衡和生态功能失衡三个方面。第一，在生态主体失衡方面，乡村工匠学习者：每年学习人数较少，学习目的不明确，学习兴趣不浓，学习文化基础差，接受能力较差；乡村工匠教育者：每年人数较多，教育素养不高，艺术素养不高，教学热情不高，教育方法不当；教育管理者：管理意识不强，教育质量意识不高，市场意识不足，创新意识缺乏，乡村工匠文化意识不浓；后勤服务者：服务理念不明确，服务素质较低，服务态度较差，服务礼仪欠缺，服务技术不高。第二，在生态环境失衡方面，自然生态环境：扩建校区或整体搬迁改变了原有地理区位自然生态环境，校园人工自然生态环境同质化严重，校园自然生态环境受到污染；社会生态环境：家庭父母亲不愿意送子女到乡村工匠教育职业院校接受教育，乡村传统技艺市场商业需求不很旺盛，现代高新技术有取代乡村工匠之势，乡村文化较差影响乡村工匠学习者道德品行；规范生态环境：轻视乡村工匠教育，乡村传统技艺的艺术价值没有得到全社会的认同，尊崇乡村传统技艺大师的风气没有形成，乡村工匠的社会价值没有得到认可。第三，在生态功能失衡方面，物质循环失衡：人力循环：乡村工匠学习者人数较少，就业改行较多；乡村传统技艺大师较少，教育管理者和后勤服务者较多，造成人力资源的浪费；物力循环：教育场所乡村工匠学习者容纳量过剩，购买的教学设备设施和教育资料出现部分闲置；财力循环：乡村工匠教育生态系统的财力资源（资金）投入不足，教育者劳动购买价格偏低，教育投入培养的乡村工匠离职现象严重。能量流动失衡：乡村传统技艺能量在流动过程中因为教育者教学方法和教学意愿、学习者学习能力、学习环境等方面的影响，使乡村传统技艺能量部分流失，甚至消失。教学信息传递失衡：不良教育环境干扰信息正常传递，教育者不当传递方式干扰信息正常传递，学习者不当接受方式干扰信息正常传递。

4. 乡村工匠教育生态系统调控：评价指标体系

评价指标是指对乡村工匠教育生态系统运行质量和效益进行考核、评估、比较的统计指标。乡村工匠教育生态系统调控评价指标体系构建依据：第一，智能制造发展对乡村工匠的要求更高是调控评价指标体系构建的理论依据；第二，国家关于乡村工匠发展的规划、条例、通知和意见等是调控评价指标体系构建的政策依据；第三，各级政府及乡村工匠教育职业院校关于乡村工匠培养的积极探索是调控评价指标体系构建的实践依据。通过对乡村工匠教育生态系统调控评价指标评价结果进行分析，得出以下结论：从一级指标来看，教育生态主体权重值大于教育生态环境权重值，且差距较大，在调控过程中应加大教育生态主体的调控力度；从二级指标来看，教师的权重值最大，达到 0.4395，说明教师在乡村工匠教育生态系统中的作用非常重要；从三级指标来看，技艺大师、专业教师和教学设备三个指标权重值最大，都是 0.0945，表明这三个指标影响力最大，调控时需要重点关注。

5. 乡村工匠教育生态系统调控："三维共诊"模式

"三维共诊"调控模式是指对乡村工匠教育生态系统中的生态主体、生态环境和生态功能全面进行诊断，发现这三者在运行中的失衡问题，分析失衡成因，寻找应对方法，并合理利用调控资源进行适度调控，以实现乡村工匠教育生态系统稳态运行，培养优秀乡村工匠人才的方案与策略。根据泰勒原理，乡村工匠教育生态系统"三维共诊"调控模式的目标：旨在使该系统在培养的优秀乡村工匠时实现最优运行状态。原则：目标最优化原则、利益整体性原则和动态发展性原则。内容：一是对乡村工匠教育生态主体进行调控，二是对乡村工匠教育生态环境进行调控，三是对乡村工匠教育生态功能进行调控。

6. 乡村工匠教育生态系统调控保障：生态政策

乡村工匠教育生态系统调控的生态政策即是国家各级政府部门、各级教育行政部门及人社部门等为培养优秀的乡村工匠而制定的奋斗目标、行动准则、具体任务、实施计划和具体措施。本研究将生态政策分为社会舆论生态政策、经济激励生态政策、环境技术生态政策和资源保障生态政策。所谓社会舆论生态政策，就是针对社会舆论对乡村工匠教育地位的影响而制定的引导社会舆论改变原有观念的生态政策。所谓经济激励生态政策，是指通过经济手段来激励个人或组织为了实现乡村工匠教育目标而制定的生态政策。所谓环境技术生态政策，是根据乡村工匠教育现实发展境况和问题，通过分析和预测，以未来一段时间需要什么样的环境技术才能较好培养乡村工匠而制定的生态政策。所谓资源保障生态政策，是指国家在一定的时期为了乡村工匠培养所投入的人力、物力、财力和文化等物质要素和精神要素有充足的供应而制定的生态政策。这些生态政策共同推动乡村工匠教育生态系统调控的顺利实施，保障该系统稳态运行。

7. 乡村工匠教育生态系统调控的实证分析

以湘绣工匠教育生态系统调控为例，分析了湖南工艺美术职业学院湘绣艺术学院在湘绣工匠教育调控上最优运行的现状，主要体现在三个方面。其一，教育生态主体调控最优运行现状：湘绣工匠教育者团队教育教学实力强；湘绣学习者学习效率高；湘绣工匠教育管理者管理理念超前。其二，教育生态环境调控最优运行现状：湘绣工匠教育自然生态环境优美；湘绣工匠教育社会生态环境优化；湘绣工匠教育规范生态环境优良。其三，教育生态功能调控最优运行现状：湘绣工匠教育物质循环运行顺畅；湘绣工匠教育能量流动运行平稳；湘绣工匠教育信息传递机制合理。教育生态主体调控最优运行成因：强化了社会对湘绣工匠劳动价值的认同；提升了湘绣工匠的社会地位；提高了湘绣工匠的经济待遇。教育生态环境调控最优运行成因：遵循教育生态发展规律；重视湘绣工匠培养的社会公益性质；坚定执行好湘绣工匠教育政策。教育生态功能调控最优运行成因：湘绣工匠教育生态系统内部自我调控能力明显增强；湘绣工匠教育生态系统外部支持力度逐渐加大。

目　录

第一章　绪论 ……………………………………………………（1）
　第一节　研究背景与目的意义 ……………………………………（1）
　第二节　国内外研究现状及述评 …………………………………（6）

第二章　乡村工匠教育生态系统调控理论逻辑 ………………（28）
　第一节　乡村工匠教育生态系统调控理论 ……………………（28）
　第二节　乡村工匠教育生态系统调控相关概念界定 …………（37）
　第三节　乡村工匠教育生态系统建构 …………………………（44）
　第四节　乡村工匠教育生态系统关键因子之间关系 …………（54）

第三章　乡村工匠教育生态系统调控依据：稳态运行条件 …（60）
　第一节　乡村工匠教育生态系统稳态运行的 SWOT 分析 ……（60）
　第二节　乡村工匠教育生态系统稳态运行的应然条件 ………（68）
　第三节　乡村工匠教育生态系统稳态运行的实然条件 ………（83）

第四章　乡村工匠教育生态系统调控依据：失衡分析 ………（91）
　第一节　乡村工匠教育生态系统生态主体失衡分析 …………（91）
　第二节　乡村工匠教育生态系统生态环境失衡分析 …………（99）
　第三节　乡村工匠教育生态系统生态功能失衡分析 …………（105）

第五章　乡村工匠教育生态系统调控：评价指标体系 ………（113）
　第一节　乡村工匠教育生态系统调控评价指标构建目的 ……（113）
　第二节　乡村工匠教育生态系统调控评价指标体系构建 ……（116）

第六章　乡村工匠教育生态系统调控："三维共诊"模式 …………（130）
　　第一节　乡村工匠教育生态系统"三维共诊"调控模式的
　　　　　　目标和依据 ………………………………………………（130）
　　第二节　乡村工匠教育生态系统"三维共诊"调控模式的
　　　　　　原则 ………………………………………………………（132）
　　第三节　乡村工匠教育生态系统"三维共诊"调控模式的
　　　　　　结构 ………………………………………………………（133）
　　第四节　乡村工匠教育生态系统"三维共诊"调控模式的
　　　　　　运行 ………………………………………………………（138）

第七章　乡村工匠教育生态系统调控保障：生态政策 …………（150）
　　第一节　生态政策概述 ……………………………………………（150）
　　第二节　社会舆论生态政策 ………………………………………（154）
　　第三节　经济激励生态政策 ………………………………………（156）
　　第四节　环境技术生态政策 ………………………………………（157）
　　第五节　资源保障生态政策 ………………………………………（160）

第八章　乡村工匠教育生态系统调控的实证分析 ………………（169）
　　第一节　湘绣工匠教育生态系统生态主体调控最优运行
　　　　　　分析 ………………………………………………………（170）
　　第二节　湘绣工匠教育生态系统生态环境调控最优运行
　　　　　　分析 ………………………………………………………（174）
　　第三节　湘绣工匠教育生态系统生态功能调控最优运行
　　　　　　分析 ………………………………………………………（180）
　　第四节　湘绣工匠教育生态系统最优运行"三维共诊"
　　　　　　调控模式实证 ……………………………………………（188）

第九章　结论与展望 ………………………………………………（193）
　　第一节　主要结论 …………………………………………………（193）
　　第二节　创新点与不确定性分析 …………………………………（195）
　　第三节　展望 ………………………………………………………（197）

参考文献 ………………………………………………………………（199）

附录1　调查问卷 …………………………………………………（220）
附录2　调查问卷 …………………………………………………（222）
附录3　访谈提纲 …………………………………………………（224）
附录4　访谈提纲 …………………………………………………（225）
附录5　部分乡村工匠学习者、教育者、教育管理者访谈记录 ……（227）
附录6　部分优秀乡村工匠代表人物技艺传承简介 ………………（247）
附录7　首批全国职业院校民族文化传承与创新示范专业点名单 …（253）
附录8　第二批全国职业院校民族文化传承与创新示范专业点
　　　　名单 ……………………………………………………（258）

后　记 ……………………………………………………………（261）

第一章

绪　　论

第一节　研究背景与目的意义

一　研究背景

（一）世界新型工业革命的推动

世界各国完成第三次工业革命以后，第四次工业革命浪潮又滚滚而来。纵观这几次工业革命，不难看出它们的特征：第一次工业革命（1760—1860年）实现了机械化，机械生产代替了手工劳动，解放了人的体力；第二次工业革命（1861—1950年）实现了电气化，采用电力驱动产品的大规模生产，缩短了人们之间交流的距离；第三次工业革命（1951—2010年）实现了自动化，电子与信息技术的广泛应用，促进了信息的及时传递；第四次工业革命，即新工业革命将实现智能化和个性化，彻底解放人们的思维。2012年年初，德国产业界就提出了"工业4.0"计划，重点围绕"智慧工厂"和"智能生产"两大方向提前布局。美国在2009—2012年先后发布了《重振美国制造业框架》《先进制造业伙伴计划》和《先进制造业国家战略》等新工业战略文件，以"再工业化"为目标，实现"制造业再回归"，如3D打印技术的快速发展就是对这些战略文件的回应。日本也十分看重高端制造业的发展，提出了"再兴战略"。2014年，日本在国际制造业技术和自我危机感的推动下，积极更新制造理念，优先发展3D打印机技术，旨在提高产品制造竞争力，推进工业强国战略。还有英国发布了"工业2050战略"，法国提出了"新工业法国战略"等。

新工业革命是技术推动与应用带动并举的产物，极大地促进了全球经济的发展，使得全球经济有了更加广阔的增长前景。个性化生产时代已经来临，技术的发展和生产模式的革新打破了现有的生产方式和经济结构。企业必须主动地根据消费者需求的变化进行生产调整，同时也出现了一种矛盾的怪象：经济和失业同时增长（因为新的人工智能系统使粗放型劳动力的需求减少）。在新的环境下，经济发展越来越需要有能力研发新技术的高专业素质人才而非低度熟练工人，德国煤炭工人大量失业就是最好的例证。研究"乡村工匠教育生态系统调控"可以为国家培养具有很强研发能力的乡村高端传统技艺应用型工匠提供理论依据。

（二）国家工业战略导向的引领

2008年美国爆发"次贷危机"（经济危机），世界各国的经济发展普遍受到影响，经济徘徊不前，甚至出现负增长。各国政府官员、社会学家、经济学家都纷纷把目光聚集到这个问题上，努力查找原因。通过研究发现：美国因虚拟经济的泡沫效应，经济陷入深渊不能自拔，目前依然受到困扰；而德国因一直以来注重实体经济的发展，经济受负面影响甚少，且发展呈现欣欣向荣的局面，成为希腊的救世主。这一事实表明，实体经济是国家社会发展的重要基础，虚拟经济只是国家实体经济的适当补充。制造业是实体经济的大动脉，在2013年4月，德国政府正式推出"工业4.0"战略。2014年12月，中国政府在分析国内制造业现实情况的基础上，借鉴德国"工业4.0"，首次在2015年《政府工作报告》中提出"中国制造2025"这一战略举措。随后，由国务院正式印发《中国制造2025》，提出技艺精湛、门类齐全的技术技能人才队伍是制造业强国的中坚力量。

2015年，为了庆祝五一国际劳动节，中央电视台专门推出了《大国工匠》和《工人诗篇》等一系列节目。在《大国工匠》中，第一集就介绍了国家高级技师高凤林几十年如一日奋斗在焊接长征火箭发动机第一线的优秀事迹。当时，全国上下为制造业英雄、大国工匠欢呼雀跃，仰慕至极。在2016年3月，李克强总理在《政府工作报告》中又提出："鼓励企业开展个性化定制、柔性化生产，培育精益求精的工匠精神，增品种、提品质、创品牌。"这些活动和报告已经明确释放出一种信号——工匠是实现制造强国的灵魂，是实现"两个一百年"的旗帜，是实现中国梦的标杆。在这种背景下研究"乡村工匠教育生态系统调控"，既符合国家工业发展战略，也符合乡村传统工业发展战略。

（三）乡村智能制造产业的升级

当今中国经济之所以发生巨大的变化，与改革开放战略密切相关。改革开放为社会主义市场经济体制的确立做出了巨大贡献。中国进入改革开放的新阶段以邓小平1992年南方谈话为标志。1992年10月，党的十四大以政策文本的形式宣布，改革开放是新时期最鲜明的特点，中国已经进入新的改革时期。2010年10月18日，中共中央第十七届五中全会《关于制定国民经济和社会发展第十二个五年规划的建议》要求以科学发展为主题，加快转变经济发展方式，要"从粗放式增长转向集约型增长，从投资推动型增长转向创新推动和消费投资协调型增长，从外向主导型转向内需主导型，实现更有效率、更有质量、更加环保的科学发展和包容增长"，目的是让全体人民共享改革发展的红利，让每一个中国人都过上幸福而有尊严的生活。2015年11月25日，中共湖南省第十届委员会第十五次全体会议通过了《中共湖南省委关于制定湖南省国民经济和社会发展第十三个五年规划的建议》，提出："贯彻《中国制造2025》，实施湖南制造强省建设五年行动计划，推动生产方式向柔性、智能、精细转变……实施制造业创新能力建设工程、智能制造工程、工业强基工程、绿色制造工程、中小企业专精特新发展工程、制造'互联网＋'服务工程、高端装备创新工程等专项行动，打造标志性制造产业集群、特色产业基地、领军企业和具有较强国际国内影响力的品牌产品，加快从制造大省向制造强省迈进。"《湖南省贯彻〈中国制造2025〉建设制造强省五年行动计划（2016—2020年）》（简称湖南"1274行动"）提出要大力发展职业技术教育，加快高技能技术人才培养，打造大批"工匠湘军"。湖南省制造产业升级是国家制造产业升级的重要组成部分，但截至2017年年底，全省技能人才总数为447万人，其中高技能人才128万人，与湖南产业转型升级的技能人才需求相比，还存在较大的缺口。因此，研究"乡村工匠教育生态系统调控"能有力推动乡村工匠数量和质量的发展，适应乡村制造产业升级的需求。

（四）乡村工匠教育品牌的打造

国家乡村振兴战略的提出为乡村工匠的教育发展提供了强大的理论和政策支撑。2017年2月5日，中共中央、国务院在《关于深入推进农业供给侧结构性改革，加快培育农业农村发展新动能的若干意见》中提出"鼓励高等学校、职业院校开设乡村规划建设、乡村住宅设计等相关专业和课程，培养一批专业人才，扶持一批乡村工匠"。在此背景下，各省纷纷出台关于乡村工匠培育的政策文件。2017年4月14日，湖南省委发布的《关于深化人才发展体制机制改革的实施意见》中，明确提出要"积极树立'湖湘工匠'品牌"，为"湖湘工匠"的内涵、特征研究提供了政策依据。广东省提出了"弘扬广府文化，培育广府工匠"的战略。四川省提出了培养"天府工匠"的实施方案。乡村工匠是在广阔的国内背景和有限的省内环境下成长起来的高技术技能人才，其核心内涵是"有工匠精神，有精湛技艺，有创新能力的人才"。本研究所讨论的乡村工匠，是受中华民族文化浸润的、具有劳模精神、经过传习掌握了乡村传统技艺并服务和造福于乡村社会的工匠型人才的总称。

乡村工匠教育生态系统失衡主要表现在三方面。一是教育生态主体的失衡，一方面表现为学习乡村传统技能的人（学生）不多，从湘绣产业来看，目前从事湘绣全产业的仅仅6万余人，以湖南工艺美术职业学院为例，2014届、2015届、2016届湘绣设计与工艺专业的毕业生分别只有43人、23人、38人；另一方面表现为传授乡村传统技艺的匠师和文化知识的教师较少，影响了乡村工匠对传统技艺的传承和发展，如湖南工艺美术职业学院只聘请了湘绣大师刘爱云和省级刺绣大师赵蓓瑛、彭慧霞3人，文化专任教师11人。二是教育生态环境的失衡，主要指社会环境和规范环境不利于乡村工匠的培养。社会环境的失衡体现在社会的功利化趋势明显，乡村工匠的经济待遇较低（调查显示目前从业人员的每月薪资1500—2400元）、工作时间和强度较大；规范环境的失衡体现在产权意识不强，市场无序竞争。政府制定的政策旨在激励乡村工匠传统技艺的发展，而许多家庭父母却不愿意送孩子到传统技艺职业院校接受教育。三是教育生态功能的失衡，主要表现在教育的个体育人功能和社会促进功能影响力较大，但其经济功能的影响力较弱，产业规模产值较小。湘绣在国内刺绣市场的占有率仅为20%，远远低于苏绣的70%，在出口份额上，湘绣占25%，苏绣为65%。要改变这种失衡状态，还需要找出失衡的根源，对症下药，对乡村工匠教育生态系统进行适当的调控，推进其向平衡状态转变，只有这样，乡村工匠教育品牌才能长盛不衰。本论文的研究意义也在于此。

二　研究目的与意义

（一）研究目的

本研究以"乡村工匠教育生态系统调控"为核心，借助生态学、教育学、教育生态学、职业教育学、经济学、社会学等学科知识，运用整体效益理论、动态协调理论和科学评价理论等理论原理，以"应然——实然——必然——应然"的逻辑思维来构建"平衡——失衡——评价——调控"四位一体的调控模型。具体而言如下：

1. 通过文献资料研究来阐释乡村工匠教育生态系统调控理论；
2. 通过调查法、比较法、系统分析法来研究乡村工匠教育生态系统失衡的现状、问题、成因；
3. 通过系统仿真法来探寻乡村工匠教育生态系统调控评价目标、原则、方法和指标；
4. 建构一个乡村工匠教育生态系统调控体系，为乡村工匠教育生态系统的良性运行提供依据，促进乡村工匠的培养及乡村工匠文化的传播。

（二）研究意义

在理论方面，第一，分析现有的乡村工匠培育的生态学、教育学和教育生态学理论，有利于构建一套完整的关于乡村工匠教育生态系统调控的分析框架，并且提出相关的理论依据，丰富工匠教育理论；第二，有利于提升方法论的层次体系，弥补乡村工匠教育生态系统调控分析过程中方法论的不足；第三，能够丰富研究视角，并从多维视角对乡村工匠教育教育生态系统调控在理论方面进行大胆的创新，有助于升华对其的理论阐释与理解；第四，能够拓展研究领域，对乡村工匠教育生态系统调控理论的研究，在一定程度上是对职业教育理论的补充，乡村工匠教育生态系统的结构特征、稳态运行条件、评价指标和调控对策是职业教育生态理论的升华。

在实践方面，第一，对于职业教育而言，本研究着重关注在乡村工匠教育生态系统调控过程中出现的实际问题，探讨问题出现的根本原因，并提出解决措施，有利于乡村工匠教育效率的提高，有利于乡村工匠教育质量的提高，有利于职业教育的多维综合发展；第二，对乡村工匠而言，乡村工匠是乡村传统手工技艺传承与发展的主体，本研究对乡村工匠教育生态系统调控过程的实证研究，有利于乡村工匠的培育和乡村工匠精神的传播，有利于大力发展乡村职业教育，有利于乡村传统技艺的传承和发展；第三，对于乡村工匠文化而言，本研究着重探讨乡村工匠教育生态系统的结构特征、稳态运行条件和调控模式，并针对出现的问题提出行之有效的解决措施，能有效促进乡村工匠文化的传承与发展，有利于职业教育改革的推进，能够为国家进行职业教育改革提供依据。

第二节　国内外研究现状及述评

一　国内外研究现状

目前，国内外对工匠的研究较多，通过 CNKI 文献检索以"工匠"为题的文献，1947—1977 年的 30 年一共才 60 篇，但 1978—2008 年的 30 年就有 4247 篇，是前 30 年的 71 倍。而 2009—2018 年，短短 9 年就有 15085 篇，2019 年的前 8 个月就已有 2011 篇，可见工匠研究对社会发展的巨大意义和价值。但是，以"乡村工匠"为题进行文献检索，文献数量仅为"7"篇。再以"乡村工匠教育"为题进行检索，文献数量为"0"。文献检索表明对于"乡村工匠教育生态系统调控"的研究尚处于开创阶段，本课题将借助已有的有关"工匠""乡村工匠"的文献，从教育生态学的视角，以乡村为地域范围来研究"乡村工匠教育生态系统"失衡的现状、根源和调控对策，以期让乡村工匠教育生态系统达到稳态运行，丰富乡村工匠教育文化的内涵、特征，并给大国工匠的生态教育研究带来借鉴和启示。

（一）工匠内涵意蕴研究

1. "工"的内涵意蕴

"工"的词性有三种：名词、动词和形容词。"工"作名词用，是象形文字。象工具形，甲骨文字形。在中国古代，"工"与"巨"（矩）古同字，有"规矩"的含义，即持有工具，本义是工匠的曲尺。《说文解字》中："工，巧饰也，象人有规榘也。"该解释说明了"工"的本义。杨树达先生在著作《积微居小学述林》中指出："许君谓工象人有规榘，说颇难通，以巧饰训工，殆非朔义。以愚观之，工盖器物之名也。知者，〈工部〉巨下云：'规巨也，从工，象手持之。'按，工为器物，故人能以手持之，若工第为巧饰，安能手持乎……以字形考之，工象曲尺之形，盖即曲尺也。"该解释更详细、具体，其后引申为：工匠；工人。

"工"作动词用，指擅长、善于。如蔡元培《图画》中："善画者多工书而能诗。"《韩非子·五蠹》中："工文学者非所用。"明代魏禧《大铁椎传》中："宋，怀庆青华镇人，工技击。"《东周列国志》第八十一回："单说处女不知名姓，生于深林之中，长于无人之野，不由师傅，自然工于击刺。"《乐府诗集·上山采蘼芜》中："新人工织缣，故人工织素。"又如：工于书画；工于心计。

"工"作形容词用，指精巧、精致、精美。如在《战国策·魏策》中："此非兵力之精，非计之工也。"韩愈《进学解》中："子云相如，同工异曲。"明代侯方域《马伶传》中："耻其技之不若，而去数千里，为卒三年，倘三年犹不得，既犹不归尔。其志如此，技之工又须问邪？"宋代姜夔《扬州慢》中："纵豆蔻词工，青楼梦好，难赋深情。"宋代欧阳修《〈梅圣俞诗集〉序》中："盖愈穷则愈工。然则非诗之能穷人，殆穷者而后工也。"又如：工捷（精熟敏捷）；工绮（精致华丽）；工楷（工整的楷书）；工奇（精巧奇特）。

2. "匠"的内涵意蕴

"匠"的词性也有三种：名词、形容词和动词。"匠"作名词用，属会意字。其从斤（斧），从匚（fāng），盛放工具的筐器。因为斧头等工具不用时要放到工具器筐里，所以"匠"解释为"从事木工"的活动。本身含义：木工。在古代，木制器具是日常工作生活的主要载体，因此只有从事木工活动的人才能被称为"匠"。如唐代韩愈《题木居士》诗之二："朽蠹不胜刀锯力，匠人虽巧欲何如！"《庄子·徐无鬼》中："匠石运斤成风。"《说文解字》中也把"匠"解释为木工，曰："匠，木工也。从匚，从斤。斤，所以作器也。"木工除用"斤"作工具外，还用"绳墨"作为画线的规矩准则。如《孟子·尽心上》曰："大匠不为拙工改废绳墨"。随着时间的推移，"匠"也不断被赋予新的内涵。到了后来，"匠"也可以指具有各种专门技术的人，如《韩非子·定法》："夫匠者，手巧也，而医者齐（同'剂'）药。"清代段玉裁在《说文解字注·匚部》注解中说："匠，以木工之称，引申为凡工之称也。"

"匠"作形容词用，指精巧的、精妙的、高明的、造诣高深的。如：匠心（精巧的心思，多指文艺上创造性的构思）；匠石（古代名叫"石"

的巧匠）；匠手（技艺高明的能手）；匠郢（比喻技艺高明）；匠意（精巧的心思。同"匠心"）。

"匠"作动词用，主要有三种含义。一指制作、创造，如：匠费（施工的费用）；匠资（施工的费用）。二指治理，如《小尔雅》："匠，治也。"又如：匠世（治世）；匠理（精心治理）。三指教育，如《楚辞·哀命》："今私门之正匠兮。"这里的"匠"，即"教也。"又如：匠成（培养造就），匠化（教化）。后引申为凡是具有一技之长的人都可以称为"匠"。

3. "工匠"的内涵意蕴

八千多年以前，由于生产力的发展，在原始社会末期出现了人类社会第一次社会大分工，以农业发展为主线的社会中首次出现了手工业这一行业，手工业摆脱了农业的束缚，自立门户，进一步促进了社会经济的发展。当时，一些专门从事手工业生产劳动的人出现了，成为最早的手工业者。这些手工业者必须登记、注册，接受国家的统一管理，于是，工与匠开始有了单独的户籍管理制度，称作"匠籍"，并且规定"工在籍谓之匠"，工与匠从此连接在一起。"工在籍谓之匠"，意指必须注册、有专门的户籍、专业技术的人才能称为"工匠"。如《庄子·马蹄》："夫残朴以为器，工匠之罪也；……毁道德以为仁义，圣人之过也。"《荀子·荣辱》："可以为工匠，可以为农贾。"有学者认为，传统工匠是指具有专业技艺特长的手工业劳动者。《现代汉语词典》将"工匠"一词解释为"手艺工人"，现也指具有工艺技术专长之人。现代工匠意涵更广，即指具有现代技术的工人、工程师、工艺师，是现代科学技术发展的产物。吴立行在《工匠·功能·风格——中国古代人物作品的三个例证》一文中，从艺术角度来阐述，认为工匠是具有变动性的概念，是一个能体现其制作行为和目的的社会群体[1]。工匠包括木石匠、泥瓦匠、打铁匠、画匠、剃头匠、裁缝、屠宰匠、厨师等。旧时，工匠们都有自己的拜师仪式，以感谢被师傅收为徒弟的大恩，还会定期祭祀自己的祖师爷。石匠、木匠、泥水匠，把鲁班作为祖师爷；铜匠、铁匠、银匠和小炉匠，把炼丹的太上老君作为祖师；皮匠和鞋匠把孙膑尊奉为祖师爷。在现代，工匠则可泛指在家庭作坊、工厂工地等生产一线从事操作和具体制造、具有一定技术技能的工

---

[1] 吴立行：《工匠·功能·风格——中国古代人物作品的三个例证》，博士学位论文，中央美术学院，2008年。

人、技师、工程师等。工匠的技术、礼仪和认祖归宗的精神已深入到各个行业，其内涵也在不断地深化和丰富，使我国的传统优秀工匠文化得到了继承和发展。

在西方国家的文化中，工匠（artisan）一词的本义为"体力劳动"，来源于拉丁语中的"ars"一词，意为把某种东西"聚拢、捏合和进行塑形"（to put together, join or fit），作动词用。后来随着这种劳动形式的逐渐丰富才演变为"技能、技巧、技艺"（art 的意思）；而"artisan"作为一种特定的职业和特定的社会阶层，即工匠、手工艺人的含义是通过 16 世纪法语"artisan"和意大利语"artigiano"才确定下来的，并于 17 世纪早期开始广泛使用起来①。工匠在古希腊虽然不被重视，但对古希腊城邦制社会的建设和文明做出了巨大的贡献。正如科学史家乔治·萨顿所言，"在那时像现在一样，最出色的专家既不是博学之士也不是语言大师，而是手艺人——铁匠、制陶工、木匠和皮革工等，他们也许掌握了相当丰富的经验和民俗知识"②。

早在中世纪，德国就有了"工匠"这门职业，但是用"师傅"（Master）进行指称。工匠作为手工业者因具有高超的技艺而受到社会的尊重③。德国工匠不相信物美价廉，只相信物美价更高。要成为工匠就必须接受职业教育。工匠之所以需要教育培养是因为每一个人的基本素质都不一样，要想成为工匠，就必须接受职业培训并得到职业资格认定，且要接受严格的从业资格考核，连泥瓦工、水管工都需要经受这样的检验。德国工匠把所生产产品的质量看做自己的生命，认为产品质量是他们的生命意义和生存价值的体现。真正意义上的工匠会把严格接受技术技能培养、钻研岗位技能、不断提高岗位本领作为自己神圣的职责，决不懈怠。

在日本，"工匠"被称为匠人，也被称为手艺人或手工匠人。日本《大辞林》字典对"匠"的解释：一是指专门运用手的技巧或工具做出物品或建筑物，并以此为生的人；二是指作出美观物品的技术、技艺。这里

---

① 李宏伟、别应龙：《工匠精神的历史传承与当代培育》，《自然辩证法研究》2015 年第 8 期。

② ［美］乔治·萨顿：《希腊黄金时代的古代科学》，鲁旭东译，大象出版社 2010 年版，第 173 页。

③ 徐春辉：《德国"工匠精神"的发展进程、基本特征与原因追溯》，《职业技术教育》2017 年第 7 期。

所谓的匠人,指的是某一种技巧行业的从业者。日文中的"职人"即"匠人",职人所从事的工作统称"工艺"。工艺是用创意为实用品增添艺术性,使得物品本身的机能与美巧妙地融合的活动。在纪录片《日本手艺人》中,蒸笼制造大师大川良夫一直坚持用 1000 多年前的技术,即利用原生态的方法,一针一线地把樱花树皮索缝合拢来制作蒸笼,而完全不使用粘黏剂。日式饭桶制作匠人田上定行使用当地木材做成香味十足的饭桶,用他的一刀一槌慢慢地将坚硬的木头塑造出圆润的造型。工匠已经成为日本文明延续的主要载体和象征符号,是工匠文化传承的命脉。

在英国,工匠是指一生专注于把某一技巧做成品牌的手艺人。1906 年,劳斯莱斯公司成立,公司创始人为亨利·莱斯(Frederick Henry Royce)和查理·劳斯(Charles Stewart Rolls)。劳斯莱斯汽车靠工匠们手工打造,是他们用手一锤一锤敲打出来的,所以劳斯莱斯(Rolls – Royce)成为当今世界顶级超豪华轿车品牌的代表。做极品汽车是劳斯莱斯工匠们的最高理念。最初的劳斯莱斯在激烈的竞争市场凭借两大优势——制造工艺简单、行驶时噪声极低——成就了其经典的历史地位。大量使用手工劳动,重视工匠的手工技艺,是劳斯莱斯最引人注目的地方。尤其是劳斯莱斯的发动机,直到现在还全部用手工制造。更让人惊叹的是,工匠师傅在做劳斯莱斯车头散热器的格栅时,不用任何测量工具,完全依靠他们的脑、眼和手来进行。而一台散热器的制造和打磨就需要花掉一个工人 13 个小时的时间。目前,劳斯莱斯汽车每年的产量只有几千辆,在全世界供不应求,缔造了一个劳斯莱斯汽车品牌帝国。一直秉承英国传统的造车艺术(精细、精练、精美、恒久、坚守)是其品牌成功的关键。令人难以置信的是,自 1906 年到现在,超过 60% 的劳斯莱斯汽车性能仍然良好。

在韩国,工匠被称为"匠人",一般是指在艺术方面杰出的人。后来也延伸到各行各业。从韩国现代汽车的发展历史,就能看出韩国工匠的匠心。韩国的现代汽车公司自 1967 成立,到 1985 年跻身全球汽车公司 20 强,仅仅用了 18 年。这在全球范围内绝无仅有,创造了汽车制造界的神话。那么,它是怎样从一家默默无闻的企业迅速成长为世界知名、韩国最大的汽车公司的?这与现代汽车的基本理念有巨大关系,该公司的愿景,一是国际化视野(在全球得到信任并成为永远受欢迎的世界一流汽车企业);二是尊重人类社会(成为主导绿色环境技术的贡献于人类共同繁荣的企业);三是感动消费者(通过创造消费者优先的价值来感动消费者);

四是技术创新（为了实现以人类为中心的尖端技术而不断努力）；五是创造人本文化（尊重个人，创造以人为本的汽车文化）。工匠成为该企业的顶尖人才，为培养顶尖的人才，现代汽车集团不惜重金建立了未来型人才研修院，该研修院不仅可以促进创意性思维沟通，还可以体验变化、憧憬未来①。

从对这些国家工匠内涵的总结可以看出，工匠具有以下一些特性：一是在某一行业工作或以此谋生，二是在本行业技艺水平高，三是具有现代性、艺术性和创造性，四是持之以恒。现代工匠已成为世界各国各行业生产的杰出代表，是社会事业发展的精英，是推动社会不断发展和创新的动力，是创造人类文明成果的英雄。

（二）工匠培育研究

我国古代工匠教育在先秦时期以"父子相传"为主要形式，"少儿习焉，……是故其父兄之教不肃而成，其子弟之学不劳而能"。在战国时期，工匠的培育以家庭为单位进行技艺传授，并扩大到闾里之间（即师徒传承的雏形），"相与以事，相学以巧，相陈以功"，促进了技术交流和职业技术教育。在春秋战国时期，出现了一部考校百工的重要典籍《考工记》，该书既是各类手工业的守则，也具有教科书性质。秦汉百工的教育由工师负责。魏晋时，百工由官府作坊监督管教。南北朝时，强化了工匠师授的教育形式，以培养能工巧匠。唐代百工既由主管金银的少府监和主管建筑、铜铁、漆、织染等各种技术工匠、巧营造的将作监来培养，也由民间师徒传承和和行会来培养。宋代设少府、将作、军器三监，用来教育管理工匠。北宋官方还颁布了《营造法式》，为建筑工匠们的建筑设计、施工制定了规则。元代，在官府从事手工业生产和管理的是"系官匠户"，还设立了匠户户籍制度，且工匠可以当官入仕②。明代，官营手工业是明代匠作制度的产物，是明代社会手工艺设计与制作的主体③，它集中了民间手工艺的主要优势资源，也成为百工培育的主要方式。清朝，民间和官府手工艺并存，工匠培育既有师徒传承，也有学校教育传承。中国古代工匠

---

① 现代汽车官网，http：//www.hyundai.com/cn/zh/AboutUs//Career/index.html，2015 年 3 月 22 日。

② 刘莉亚、陈鹏：《元代系官工匠的身份地位》，《内蒙古社会科学（汉文版）》2003 年第 3 期。

③ 李传文：《明代匠作制度研究》，硕士学位论文，中国美术学院，2012 年。

教育在这种"父子相传，师徒相授"的模式下，进行技艺的传承和职业道德的发展。材料质地、制作方法、外观设计等成为工匠技能的主要教育内容。工匠要技术精湛，并且要有吃苦耐劳、诚实守信的职业道德。

中国现代工匠教育除了进行高超的技艺水平的传授，更看重工匠精神的培育。高职院校成为培养工匠的摇篮，其在教学理念、教学目标、教学内容、课程开发设计、教学方法上形成了独特的风格，特别融入了"工匠精神"（内涵：锲而不舍、执着专注的职业品质；追求极致、精益求精的职业行为；艺无止境、创新进取的创造精神；淡泊明志、胸怀家国的职业操守）的教育。李小鲁在《对工匠精神庸俗化和表浅化理解的批判及正读》一文中认为："对于工匠而言，人文素养的培育是最重要的，如果没有人文素养对其职业态度的端正，以及专业技能的提升，他就不可能有可持续的发展能力和不懈创新的动力源。"[①] 有专家认为，农机工匠除了需要进行必要的管理和财务规划知识、技术、技能的培训外，还必须要进行自信心、积极态度的培育，学会记录农场情况，如每一块土地的成本、效率等相关数据。在培训时，应有专业的教科书和培训材料，并要对学员进行考核认证[②]。

中世纪开始，德国就采取师徒传承的教育模式，徒弟学手艺必须要经过师傅的口传身授。师傅带徒弟做手艺，就成为德国人的职业常态。德国因工业化起步较晚，不如英法两国重视对工匠的培养教育，直到19世纪90年代初才制定应用技术型人才发展战略，开始整合国内外优秀科学家、工程师和技术人员，重视技术人才的培养，由此拉开了现代职业教育的序幕。德国职业教育一般分为两种类型：初级职业教育和继续职业培训。初级职业教育的受教育对象主要是中学毕业的学生，教育目标是帮助他们在就业之前掌握在企业工作所需要的相关技能，提高就业能力，初级职业教育是职业教育中最重要的组成部分。继续职业培训是在职教育的一种，它分为职业进修教育和职业改行教育，教育对象主要是在职人员和失业者，教育目标是帮助他们接受国内外新的技术发展特性，提高在行业内的竞争力。德国职业教育2015年度报告指出，2014年，德国青少年接受初级职

---

① 李小鲁：《对工匠精神庸俗化和表浅化理解的批判及正读》，《当代职业教育》2016年第5期。

② 白云鹤：《见德思齐，唤醒中国"农机工匠"》，《中国农机化导报》2016年5月2日第4版。

业教育的比例为66%，接受高等教育的比例为23%，直接工作的为3%，其他为8%。现在，德国职业教育的"双元制"成为世界各国工匠培养的典范，树立了学习和借鉴的榜样。

在日本，"匠人"即"职人"，也就是手艺人。江户时代，日本的阶层固化严重，日本的手艺人阶层靠工匠精神来获得尊严。战国末期，日本的城市只有领主居住的地方才有"城"（城堡），领主住城内，武士和市民住城下（町）。人口集中于都市之后，为满足上流社会的需要，日本的手艺人阶层逐渐从农民中分化出来，与商人混居在一起，并称"町人"。现代日本的许多都市都是由那时的"城下町"发展而来的，不少还保留了町名，如丝屋町、木上町、衣橱町、桶屋町，等等。"子承父业"基本上是当时"职人"的培养模式。手艺人的儿子通常会子承父业，数代人只做一件事，以父传子、子传孙的方式延续着手工业制造技术。该模式当时之所以盛行，主要是受世袭制度的影响。但随着社会制度的不断完善，手艺人学徒制教育培养模式逐渐形成。学徒必须要经过4—7年的刻苦学习，通过师傅的考察允许后，方可自立门户，独自经营。他们一般10岁左右进入师傅店铺学习手艺，要经历"丁稚"（小伙计）、"手代"（领班者）、"番头"（掌柜）、"支配人"（经理）等阶段的实践与学习。现在，手艺人已成为日本社会受人尊重的职业。日本政府为了保护大师级的匠人、手艺人，于1955年设立了"人间国宝"认定制度。

（三）工匠精神内涵研究

李克强总理在2016年《政府工作报告》中提出："鼓励企业开展个性化定制、柔性化生产，培育精益求精的工匠精神，增品种、提品质、创品牌。"随后，许多专家学者对工匠精神进行了深入的研究。查国硕在《工匠精神的现代价值意蕴》一文中认为："工匠精神属于职业精神的范畴，是从业人员的一种职业价值取向和行为表现，与其人生观和价值观紧密相连，是从业过程中对职业的态度和精神理念。"[①] 黄碧玉在《浅谈美术教育的"工匠精神"》一文中指出："作为美术教育者，如今不只是传授技法技能，更要传授综合的素养文化，美术教育需要教育者具备'工匠意识'。"[②] 坚喜斌等在《"工匠精神"在出版行业的传承与创新》中对"什么是工匠

---

① 查国硕：《工匠精神的现代价值意蕴》，《职教论坛》2016年第7期。
② 黄碧玉：《浅谈美术教育的"工匠精神"》，《艺术品鉴》2016年第10期。

精神""为什么图书出版业需要工匠精神"和"图书出版如何实现工匠精神"这三个问题进行了详尽的论述①。张高科等人在《让工匠精神成为农资行业发展基因》中，解释了工匠精神的概念，认为工匠精神对农资行业非常重要，它为农资企业提供新思路，认为培育工匠精神离不开良好的外部环境②。孙仁祥在《工匠精神是塑造品牌的灵魂》中指出，工匠精神是工匠对产品精雕细刻、精美追求的一种精神，是一种执着于职业追求、执着于产品质量和品牌、专心致志的品质，其核心是对产品精益求精的信仰和良好的敬业精神③。

自明治维新以来，日本人就推崇"匠人文化"，即"工匠精神"，"匠人精神"不仅是日本社会走向繁荣的重要支撑力，也是一份厚重的历史沉淀。匠人文化的本质，一是细致认真，一是敬业奉献④。《什么支撑着今日的日本》一文介绍，日本对匠人文化的重视，是在社会各个层面展开的。首先，日本在1950年颁布了《文化财产保护法》，并对那些身怀绝技的匠人或艺人实行"人间国宝"认定制度。"人间国宝"认定分三种方式："个体认定""综合认定""维持团体认定"。其次，对于那些"重要的无形文化财富"，国家在记录、整理和公开资料方面提供直接的资助，并在税收方面给予各种优待政策。再次，日本的文化厅专门预算可观的年度费用，用来保护国内重要的有形文化财产和无形文化财产（人间国宝）。旧书修复被人们认为是没有前途和希望的职业，且薪水不高，但对冈野信雄来说是一项值得追求的事业，他多年一直只做这一件事，还乐此不疲，最后做出了奇迹——任何污损破烂的旧书，他都能修复⑤。

德国把"工匠精神"称为"劳动精神"。这种劳动精神即一丝不苟、照操作规程办事⑥，一切以"严谨、负责"为中心。因此在世界制造业的舞台上，"德国制造"一直占据高位。目前，作为机械制造业强国，在全球机械制造业的31个部门中，德国有17个占据世界领先地位，进入前3位的部门共有27个。德国的汽车、刀具、钟表、建筑与家具、酿酒设备、

---

① 坚喜斌、申永刚：《"工匠精神"在出版行业的传承与创新》，《科技与出版》2016年第6期。
② 张高科：《让工匠精神成为农资行业发展基因》，《中国农资》2016年第21期。
③ 孙仁祥：《工匠精神是塑造品牌的灵魂》，《中国商论》2016年第7期。
④ 蔡雨蒙：《日本的匠人文化》，《才智》2016年第2期。
⑤ 汪中求：《日本工匠精神：一生专注做一事》，《解放日报》2015年8月17日第4版。
⑥ 姚先国：《德国人的"工匠精神"是怎样炼成的》，《人民论坛》2016年第6期。

地下排水系统等,都以耐用、可靠、安全、精密等特征享誉世界。德国哥廷根大学经济和社会历史学院院长哈特穆尔·贝格霍夫教授认为,德国中小企业具有六大特点:家族经营性、战略专注性、情感相联性、传承延续性、家庭威权性及非正式性、自主独立性。这些行业形成了"德国制造"的核心文化价值。

英国把"工匠精神"称为"执着精神",即精准、精美、精炼、坚守。早期,英国航海钟发明者、工匠精神的代表人物约翰·哈里森(John Harrison,1693—1776)一直孜孜不倦地致力于航海钟制造。他花 40 多年的时间,先后造出了 5 台航海钟,其中以 1759 年完工的"哈氏 4 号"航海钟最为显眼,航行了 64 天,仅只慢了 5 秒钟,精准度在当时的航海钟中最高。哈里森在制作航海钟的过程中,不为其他公司的高额薪酬所动,认真细致、坚持标准、耐得寂寞,几十年如一日,潜心钻研制作,完美解决了航海经度定位问题[①]。约翰·哈里森的这种执着、坚毅、坚守的精神正是英国"工匠精神"的缩影。

美国把"工匠精神"称为"职业精神",即关注细节、个性、人性、艺术、终生专注[②]。美国享誉世界的电学家、科学家和发明家本杰明·富兰克林,是工匠精神的伟大实践者。他为了对电进行探索,曾经冒着生命危险进行著名的"风筝实验",在电学上成就显著,他创造的许多专用名词如正电、负电、电池、导电体、充电、放电等成为世界通用的词汇。为了深入探讨电运动的规律,他借用了数学上正负的概念,第一个科学地用正电、负电概念表示电荷性质,并提出了电荷不能创生,也不能消灭的思想,后人在此基础上发现了电荷守恒定律。

国外的这些研究成果,虽然与国内的"工匠精神"的提法不一样,但其本质相同。其共同点主要表现在以下八个方面:快乐热情、坚强忍耐、执着专注、作风严谨、精益求精、敬业守信、甘于奉献、推陈出新。这些研究成果使我们对工匠精神有了更深刻的认识和理解,为本课题的研究奠定了坚实的基础。

(四)教育生态系统研究

对教育生态系统的研究,始于国外的教育学家从教育环境的研究。20

---

① 杨生文:《大国工匠精神是什么?(一)》,《职业》2017 年第 6 期。
② 李霞:《对美国职业教育"工匠精神"的审视和借鉴》,《河北软件职业技术学院学报》2018 年第 3 期。

世纪 20 年代,"教育环境学"首次由德国学者布泽曼(Busemann, A.)和波珀(Popp, W.)等人提出,他们认为对教育教学活动主要产生影响的是环境,应从自然环境、社会环境和家庭环境来探讨教育教学。20 世纪 30 年代,日本的学者把教育环境作为一门科学进行研究,并出版了专著《教育环境学》。在英美,关于学校环境的研究,韦德(Wade, J. T.)在《作为学生环境一部分的中学测量》(1935)一文中,对教师、学生、学校管理、物理环境、教材、教学手段与方法等要素进行了分析;1959—1965 年,密歇根大学建筑研究实验室进行了著名的学校物理环境研究,并出版了三卷本的研究报告;20 世纪 70 年代至 20 世纪 80 年代,沃尔伯格(Walberg, H. J.)和弗雷泽(Fraser, B. J.)对教育环境这个领域进行了深入的研究和评价;1978—1982 年,国际教育成就评价协会组织了大规模的国际比较研究。1979 年,金(King, J.)与马兰斯(Marans, R. W.)出版的《物理环境与学习过程:近期研究纵览》,对过去的教育环境研究成果进行了概括和总结;库克利夫妇(Kulike, J. A. & Kulik, C. C.)则采用元分析技术对这些研究成果进行了批判性分析。国外一些学者还从教育与环境关系来探讨教育问题,如沃勒(Waller, W.)的《教学生态社会学》、费恩(Fein, L. J.)的《公立学校的生态学》、坦纳(Tanner, R. T.)的《生态学、环境与教育》和莎利文(Sullivan, E. A.)的《未来:人类生态学与教育》。

1987 年,美国华盛顿大学教授古德莱德(Goodlad, J. I.)提出了学校是一个"文化生态系统"的论断。他从社会文化方面最先提出教育是一个生态系统的概念,为教育生态系统的研究开创了一种新视角。

国内学者在 20 世纪 30 年代是以翻译德国、日本两国学者关于教育环境研究的论文和著作来认识和了解教育生态学的,但几乎没有自己的研究成果。直到 20 世纪 60 年代,台湾师范大学教育学系方炳林教授率先出版《生态环境与教育》一书,才开启了教育生态学的研究先河,但因教育界的认识偏见,当时对教育生态学研究依然停滞不前。直到 20 世纪 80 年代后期,才有学者重启教育生态学的研究,如香港郑燕祥的《从比较及教育生态学的观点评国际顾问团对香港教师素质问题之意见》、台湾师范大学教育学系贾锐的《学院生态与教育》和李聪明的著作《教育生态学导论》等。

我国大陆学者直到 20 世纪 80 年代才开始教育生态学方面的问题研究。

1981年，周蕖在《苏联讨论生态教育问题》一文中，简要介绍了苏联教育科学院主席团讨论该院教学内容和教学方法科研所生态教育实验室的工作情况，认为人人应该接受生态教育。1983年，郑雪发表了《教育的生态评定简介》一文。1986年，蒋晓翻译了美国克雷明于1976年出版的著作《公共教育》中的一节内容《教育生态学的趋向》，把教育生态学的理念引入国内教育。1986年，陈敏豪发表了《生态边缘效应与现代高等教育——谈我国高等教育观念的变革》一文，专门论述了生态边缘效应对我国高等教育观念变革的启示。1988年，陈敏豪又在《人类生态学——一种面向未来世界的文化》一书中专门论述"教育与人类生态"的关系。同年，南京师范大学环境科学研究所吴鼎福以教育生态学为中心论题发表了《教育生态学刍议》一文，接着连续发表了几篇论文，并在1990年与诸文蔚合著了大陆第一部教育生态学著作《教育生态学》，标志着我国对于教育生态学的研究迈入了起步阶段。这些研究成果基本上是从宏观方面来研究教育生态系统，主要借助自然生态学理论，从自然生态的物质流、能量流和信息流来阐释教育平衡与失调问题。1992年，任凯和白燕合著了《教育生态学》一书，该书将教育生态系统作为教育生态学的研究对象，其研究思路又发生了变化。同年，肖鸣政在《教育生态系统观》一文中提出，应从生态系统角度来研究教育。1996年，田慧生的《教学环境论》专门从教育生态系统的子系统教学环境进行研究。1998年，方然主编的《教育生态论纲》出版，该书认为教育生态系统应符合自然生态综合发展科学原则来构建，侧重自然教育生态的研究方法。1999年，范国睿的《教育生态学》一书出版，他认为教育生态学的研究对象是"教育生态系统与各种生态环境及其构成要素之间关系"①。

进入21世纪，研究教育生态系统的成果呈井喷式增长。2004年，贺祖斌的博士学位论文《中国高等教育系统的生态学分析》，着重分析了高等教育系统的生态承载力、生态区域发展和生态环境等生态问题。2006年，吴林富出版了《教育生态管理》一书，提出了生态学的核心思想是生态系统和生态平衡。同年，谈晓奇发表了硕士学位论文《克雷明教育生态学理论述评》。2007年，汪建红发表硕士学位论文《边缘学校生态化与教师成长——以苏州为中心案例的实证研究》。2008年，李凤梅发表硕士学

---

① 范国睿：《教育生态学》，人民教育出版社2010年版，第12页。

位论文《当前我国学校体育改革与发展环境的生态学分析》；梅丽珍发表硕士学位论文《基于生态学理论的高等学校发展定位研究》。2009 年，邓小泉的博士学位论文《中国传统学校教育生态系统的历史变迁》认为，"中国教育生态系统先后经历了自然教育生态系统、古典学校教育生态系统、传统学校教育生态系统和现代学校教育生态系统四个阶段"[①]，揭示了教育生态系统的演替规律；刘佳发表硕士学位论文《基于教育生态学的教师专业发展研究》；肖东发表硕士学位论文《我国高等学校大学生培养过程中的生态学现象透析——以闽江学院为例》。2010 年，杨同毅发表博士学位论文《高等学校人才培养质量的生态学解析》；郑晓锋发表硕士学位论文《克雷明教育生态学理论探究》；朱婕发表硕士学位论文《教育生态学视野下高职院校发展研究》；张凤丽发表硕士学位论文《教育生态学视野中的学校发展研究》。2014 年，杨丹发表硕士学位论文《基于文化生态学的河北工程大学校前空间整合设计研究》。2015 年，王志凤发表硕士学位论文《教育生态学视野农村教师专业学习的研究》；刘阳发表硕士学位论文《生态学视域下的学校共同体建设研究》；初丹发表博士学位论文《生态批判与绿色解放之路——生态学马克思主义研究》。这些学位论文研究从侧重自然教育生态学向侧重社会教育生态学转型，研究内容更加细化，研究视角更加多样，形成了丰富多彩的教育生态系统研究样态。

关于教育生态学研究的科研论文也较多，通过知网检索，2000 年为 2 篇，2004 年就达到了 12 篇，2014 年已有 181 篇，2015 年 200 篇，2016 年 220 篇，2017 年 227 篇，2018 年 171 篇。由此表明，教育生态学已成为教育学中一门重要的学科，生命力越来越旺盛，学科研究理论基础越来越厚实，学科研究实践成果越来越丰满。

（五）工匠教育生态研究

我国古代一些著名的工匠如鲁班、李冰、李春、黄道婆等都是因为后天的学习和钻研而成为后世仰慕的杰出匠师，成为现代工匠教育的典范。鲁班因为在工作中手指被茅草边缘锯齿割破流血而受到启发，发明了木锯，提高了锯木的效率；李冰因为实地考察都江堰地形才有了这一造福后世的伟大水利工程；李春因为在造桥的经验中掌握了物理学的力学原理才

[①] 邓小泉：《中国传统学校教育生态系统的历史变迁》，博士学位论文，华东师范大学，2009 年。

造出美观坚固的赵州桥。可见工匠培育与实践紧密结合，是古代工匠自然教育生态的一种模式，这也为现代学者的工匠培育研究提供了一种范式。现代工匠教育生态研究更侧重于社会教育生态研究。顾威在《培养"大工匠"还需更好的奖励机制》中认为，工匠比例少、待遇低影响了工匠的培养，应该采用更好的激励机制来培养"大工匠"[①]。曹晔在《乡村工匠培育的现实性与途径》中提出，可以通过"开设农村建筑和乡村规划专业，开展乡村工匠认证工作，支持乡村工匠学徒制教育"等措施来培育乡村工匠，特别提到"一村一品"的建设中应遵循生态学的多样性和个性化规律来培育乡村工匠[②]。

　　日本古代工匠的教育生态与我国基本相似，自从唐代以来，就采用子承父业、家庭或家族培养的生态模式，这使得技艺传承按直线发展，如出现变故，很可能出现技艺失传消失的局面。于是又进一步演化为行会（株式会社）培养模式。株式会社既是产业机构，也是教育机构，工匠职前和职后教育基本在株式会社进行。在现代，日本工匠教育生态又出现了新的演替局面。工匠职前教育在学校和企业的合作中完成，工匠职后教育在终身教育理念下通过在职培训和脱产学习的教育形式进行。当然，师徒传承的教育模式一直融合于现代工匠教育中。目前，日本职业教育生态系统为日本制造产业培养了许多优秀匠师。

　　德国的职业教育生态之所以出现良好的运行局面，与德国的"双元制"有着不可分割的紧密联系。主要原因是，首先，激发了企业的内生动力，充分调动了企业的生产积极性。从投资回报的角度来看，企业充分认识到，与收益相比，参与职业教育培训的净成本不高。这是因为德国企业虽然在职业培训中增加企业的成本，但也为自身发展提供了许多便利。例如，学生毕业后可以直接在企业工作，节省了企业的招聘和上岗培训费；员工适应时间短，能稳定从业人员，同时还提升了企业自身声誉，树立良好的社会形象。此外，联邦政府也会通过一些优惠政策来鼓励企业参与职业教育活动，例如，允许企业将用于教育的费用计入经营成本，减少其纳税额。其次，良好的社会文化生态环境是德国职业教育成功的基础。从文化环境看，技工在德国是一项备受推崇的职业，社会重视技能培训。从社

---

① 顾威：《培养"大工匠"还需更好的奖励机制》，《中国工人》2016年第8期。
② 曹晔：《乡村工匠培育的现实性与途径》，《天津中德应用技术大学学报》2017年第5期。

会评价标准看，在德国人的观念中，培养一名技艺精湛的劳动者与培养一名学识渊博的大学生，同样能推动社会进步与经济发展。技工在社会中的地位较高，收入也丝毫不逊于白领或者公务员，因此学生在考虑就业时会减少对于收入方面的顾虑，更多地从自己的爱好和特长方面入手[①]。我国的职业教育专家学者正在研究这种"双元制"职业教育体制的生态特性，并思考如何为我国所用，从而促进我国乡村工匠教育生态的良性发展。

二 国内外研究现状述评

（一）研究成就

第一，研究视域不断拓宽。对中国古代"工"和"匠"的意义和用法进行了分析，通过不同朝代的解释和运用，在不同的语境中体现出不同的内涵意蕴，使得研究视域不断拓宽。对于工匠的研究，各国学者的解释大同小异，但在研究其政治身份、社会地位和经济地位时却有不同的方向。对于工匠的培育和工匠精神的传承，国内许多学者拓展到不同职业领域进行研究，国外学者也从各自国家的文化环境进行了深入的剖析。

第二，研究方法不断创新。在研究方法上，国内外学者一是运用文献资料进行考证研究，力求形成客观的研究观点；二是运用人物事例进行研究，力求体现工匠示范榜样；三是运用人文价值和哲学方法进行研究，突出不同时代对工匠身份的理解和认识；四是运用考古法进行研究，力求体现客观资料的说服力；五是运用比较法进行研究，力求从工匠及工匠精神传承内涵研究中找到其普遍性和特殊性的规律。研究方法的创新使得研究主题和结论更准确、真实、可靠。

第三，研究内容不断丰富。国内外学者遵循时间逻辑、空间逻辑、实践逻辑和历史逻辑，研究思维既向纵深发展，也向横向推进。他们以"工"和"匠"为研究逻辑起点，逐层深入剖析，使工匠、工匠精神、工匠培育和工匠精神传承的内涵不断得到充实和完善。因学者选取的研究视角不同，研究文化背景相异，研究方法多样，使研究内容在宽度和广度上不断地增加丰富，凸显了研究价值。

---

① 韩凤芹、于雯杰：《德国"工匠精神"培养及对我国启示——基于职业教育管理模式的视角》，《地方财政研究》2016年第9期。

（二）研究不足

综上，国内外研究成果丰硕、研究视域独到、研究观点鲜明、研究方法合理，既有很强的实践价值，又有很强的理论价值，为本研究提供了启示和借鉴。但还存在一些不足。

从研究对象来看，缺乏学校教育的乡村工匠培育研究。对乡村工匠培育的研究，由于其研究历史空白，研究成果几乎没有。笔者通过中国知网查询，没有找到一篇研究乡村工匠教育的文献，因此，急需对乡村工匠培育的研究进行深入的分析，以提供理论方面的创新。

从研究视角来看，缺乏生态学理的乡村工匠教育研究。乡村工匠教育是在已有的工匠精神和乡村文化的基础上发展起来的一种教育传承活动，具有可持续性。从教育生态学方面来研究乡村工匠教育，尚缺完整的体系。因而，急需从教育生态学理的高度对其加以研究和探讨。

从研究范式来看，缺乏系统集成的乡村工匠教育研究。乡村独特的传统文化已经成为我国对外宣传的一张名片，作为乡村文化中重要的组成部分——乡村工匠本身就具有浓厚的乡村特色。在所收集的研究文献中，缺乏从生态系统的角度来研究乡村工匠教育的研究。本研究利用教育生态学原理来研究乡村工匠教育生态系统的稳态运行条件、失衡状态、评价指标和调控对策，是用新的研究方法所进行的一次大胆尝试。

三 研究方案

（一）研究目标

本研究是一项应用研究，其主要目标，一是寻找乡村工匠教育生态系统调控理论基础；二是分析乡村工匠教育生态系统稳态运行条件；三是研究乡村工匠教育生态系统的失衡状态；四是探索乡村工匠教育生态系统调控评价指标；五是找到乡村工匠教育生态系统稳态运行的调控对策。

（二）研究对象

乡村工匠教育生态系统。具体取样以湖南省 5 所被教育部评为"全国职业院校民族文化传承与创新示范专业点"的学校（湘西民族职业技术学院、湖南工艺美术职业学院、湖南艺术职业学院、吉首市职业中等专业学校和醴陵市陶瓷烟花职业技术学校）的 7 个专业［民族服装与服饰（扎染）、民族传统技艺、湘绣设计与工艺（湘绣）、陶瓷艺术设计、戏曲表演

（花鼓戏表演）、服装设计与工艺（民族织绣）、陶瓷工艺（釉下五彩陶瓷彩绘）］的学生和教师（包括工匠大师）作为调研对象。

（三）研究思路

本研究围绕"乡村工匠教育生态系统调控"这一核心问题，遵循"应然——实然——必然——应然"的逻辑思路，按照"应该是什么——现状是什么——原因是什么——对策是什么"的逻辑主线，通过理论分析，构建乡村工匠教育生态系统调控的分析框架，通过事实分析，揭示乡村工匠教育生态系统失衡的现实状态和形成原因，通过系统分析，得出乡村工匠教育生态系统的调控策略。"乡村工匠教育生态系统调控分析框架"图示如下。

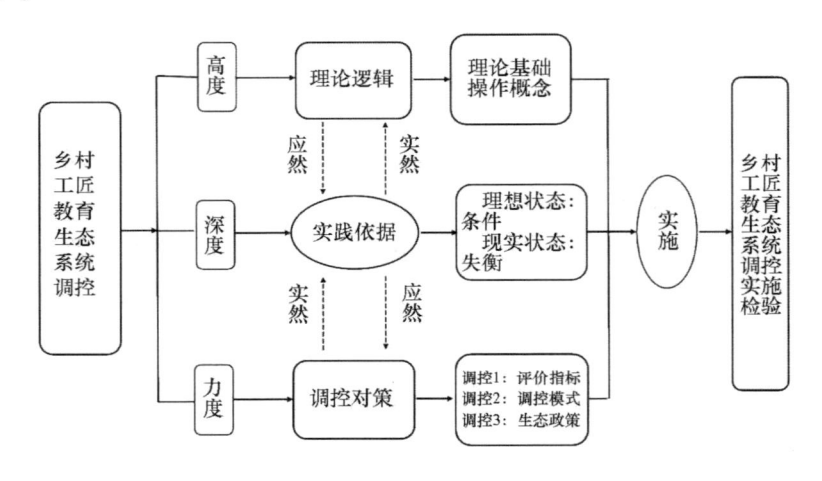

图1—1 乡村工匠教育生态系统调控分析框架

（四）研究内容

本论文总体回答了"如何优化乡村工匠教育生态系统来有效培养乡村工匠"这一问题，具体回答了"什么是乡村工匠教育生态系统调控"、"乡村工匠教育生态系统的稳态运行条件是什么"、"乡村工匠教育生态系统有哪些失衡状态"以及"乡村工匠教育生态系统如何调控"等问题。主要包括以下内容。

1. 乡村工匠教育生态系统调控理论逻辑

本研究以系统动力学理论、生态系统理论、教育生态系统理论、教育生态环境理论和高技能人才成长理论为乡村工匠教育生态系统调控的理论基础。由此，核心概念界定为：其一，乡村工匠是受中华民族文化浸润的、具有劳模精神、经过传习掌握了乡村传统技艺并服务和造福于乡村社会的工匠型人才的总称；其二，乡村工匠教育生态系统，即以培养乡村工匠为中心，在生态主体之间、生态主体与生态环境之间通过物质转换、能量流动和信息传递而相互作用、相互制约所形成的一个人工生态仿真系统；其三，乡村工匠教育生态系统调控是以培养优秀乡村工匠为核心，调节教育生态主体和教育生态环境两者之间相互的、合理的物质转化，信息传递和能量流动以形成稳态运行的一种复杂控制活动。

2. 乡村工匠教育生态系统稳态运行条件

乡村工匠教育生态系统稳态运行是指在乡村工匠教育生态系统中，生态主体和生态环境之间进行信息传递、物质转化和能量流动过程的量值保持在合理的区间内运行状态。乡村工匠教育生态系统的稳态运行既有优势（技艺优势、技艺传承人优势和科研优势）与机会（财政支持强度加大、政策扶持力度加强、社会认可程度加深），同时也面对劣势（教育经费投入不足、技艺后继无人危机、技艺传承创新能力不足）与威胁（外部竞争激烈，市场对接不畅，市场需求高端人才）。生态主体稳态运行、生态环境稳态运行和生态功能稳态运行构成乡村工匠教育生态系统稳态运行的应然条件，乡村工匠的需求总量构成乡村工匠教育生态系统稳态运行的实然条件。

3. 乡村工匠教育生态系统失衡分析

乡村工匠教育生态系统的失衡主要表现在生态主体失衡、生态环境失衡和生态功能失衡三个方面。第一，在生态主体失衡方面，从乡村工匠学习者来看，每年学习人数较少，学习目的不明确，学习兴趣不浓，文化基础差，接受能力较差；从乡村工匠教育者来看，每年人数较多，教育素养不高，艺术素养不高，教学热情不高，教育方法不当；从教育管理者来看，管理意识不强，教育质量意识不高，市场意识不足，创新意识缺乏，乡村工匠文化意识不浓；从后勤服务者来看，服务理念不明确，服务素质较低，服务态度较差，服务礼仪欠缺，服务技术不高。第二，在生态环境失衡方面，从自然生态环境来看，扩建校区或整体搬迁改变了原有地理区位自然生态环境，校园人工自然生态环境同质化严重，校园自然生态环境受到污染；从社会生态环境来看，家庭中，父母亲不愿意送子女到乡村工匠教育职业院校接受教育，乡村传统技艺市场商业需求不够旺盛，现代高新技术有取代乡村工匠之势，乡村文化落后，影响乡村工匠学习者道德品行；从规范生态环境来看，轻视乡村工匠教育，乡村传统技艺的艺术价值没有得到全社会的认同，尊崇乡村传统技艺大师的风气没有形成，乡村工匠的社会价值没有得到认可。第三，生态功能失衡方面。一是物质循环失衡：从人力循环来看，乡村工匠学习者人数较少，就业改行较多，同时乡村传统技艺大师较少，教育管理者和后勤服务者较多，造成人力资源的浪费；从物力循环来看，教育场所乡村工匠学习者容纳量过剩，购买的教学设备设施和教育资料出现部分闲置；从财力循环来看，乡村工匠教育生态系统的财力资源（资金）投入不足，教育者劳动购买价格偏低，教育投入培养的乡村工匠离职现象严重。二是能量流动失衡：乡村传统技艺能量在流动过程中因为受教育者教学方法和教学意愿、学习者学习能力、学习环境等方面的影响，乡村传统技艺能量部分流失，甚至消失。三是教学信息传递失衡：不良教育环境干扰信息正常传递，教育者的不当传递方式干扰信息正常传递，学习者的不当接受方式干扰信息正常传递。

4. 乡村工匠教育生态系统调控评价指标分析

评价指标是指对乡村工匠教育生态系统运行质量和效益进行考核、评估、比较的统计指标。乡村工匠教育生态系统调控评价指标体系构建依据：第一，智能制造发展对乡村工匠的要求更高是调控评价指标体系构建的理论依据；第二，国家关于乡村工匠发展的规划、条例、通知和意见等是调控评价指标体系构建的政策依据；第三，各级政府及乡村工匠教育职业院校关于乡村工匠培养的积极探索是调控评价指标体系构建的实践依据。通过对乡村工匠教育生态系统调控评价指标的评价结果进行分析，得出以下结论：从一级指标来看，教育生态主体权重值大于教育生态环境权重值，且差距较大，在调控过程中应加大教育生态主体的调控力度；从二级指标来看，教师的权重值最大，达到 0.4395，说明教师在乡村工匠教育生态系统中的作用非常重要；从三级指标来看，技艺大师、专业教师和教学设备三个指标权重值最大，都是 0.0945，表明这三个指标影响力最大，调控时需要重点关注。

5. 乡村工匠教育生态系统调控模式——"三维共诊"

"三维共诊"调控模式是指对乡村工匠教育生态系统中的生态主体、生态环境和生态功能进行全面诊断，发现这三者在运行中的失衡问题，分析失衡成因，寻找应对方法，并合理利用调控资源进行适度调控，以实现乡村工匠教育生态系统稳态运行，制定培养优秀乡村工匠人才的方案与策略。根据泰勒原理，乡村工匠教育生态系统"三维共诊"调控模式的目标是使该系统在培养优秀乡村工匠时实现最优运行状态。原则是目标最优化原则、利益整体性原则和动态发展性原则。内容一是对乡村工匠教育生态主体进行调控，二是对乡村工匠教育生态环境进行调控，三是对乡村工匠教育生态功能进行调控。

6. 乡村工匠教育生态系统调控保障：生态政策

乡村工匠教育生态系统调控保障——生态政策，即国家各级政府部门、各级教育行政部门及人社部门等为培养优秀的乡村工匠而制定的奋斗目标、行动准则、具体任务、实施计划和具体措施。本研究将生态政策分为社会舆论生态政策、经济激励生态政策、环境技术生态政策和资源保障生态政策。所谓社会舆论生态政策，就是针对社会舆论对乡村工匠教育地位的影响而制定的引导社会舆论，改变原有观念的生态政策。所谓经济激励生态政策，是指通过经济手段来激励个人或组织为了实现乡村工匠教育目标而制定的生态政策。所谓环境技术生态政策，是根据乡村工匠教育现实发展境况和问题，通过分析和预测，以未来一段时间需要什么样的环境技术才能较好培养乡村工匠为标准而制定的生态政策。所谓资源保障生态政策，是指国家在一定的时期为了使乡村工匠培养所需的人力、物力、财力和文化等物质要素和精神要素有充足的供应而制定的生态政策。这些生态政策共同推动乡村工匠教育生态系统调控的顺利实施，保障该系统稳态运行。

7. 乡村工匠教育生态系统调控的实证分析

以湘绣工匠教育生态系统调控为例，分析了湖南工艺美术职业学院湘绣艺术学院在湘绣工匠教育调控上最优运行的现状，主要体现在三个方面。其一，教育生态主体调控最优运行现状：湘绣工匠教育者团队教育教学实力强；湘绣学习者学习效率高；湘绣工匠教育管理者管理理念超前。其二，教育生态环境调控最优运行现状：湘绣工匠教育自然生态环境优美；湘绣工匠教育社会生态环境优化；湘绣工匠教育规范生态环境优良。其三，教育生态功能调控最优运行现状：湘绣工匠教育物质循环运行顺畅；湘绣工匠教育能量流动运行平稳；湘绣工匠教育信息传递机制合理。教育生态主体调控最优运行成因：强化了社会对湘绣工匠劳动价值的认同；提升了湘绣工匠的社会地位；提高了湘绣工匠的经济待遇。教育生态环境调控最优运行成因：遵循教育生态发展规律；重视湘绣工匠培养的社会公益性质；坚定执行湘绣工匠教育政策。教育生态功能调控最优运行成因：湘绣工匠教育生态系统内部自我调控能力明显增强；湘绣工匠教育生态系统外部支持力度逐渐加大。

（五）研究方法

1. 文献资料法

本研究通过中国知网（CNKI）、维普网、万方数据库等，检索国内外与乡村工匠教育生态系统调控有关的学位论文和期刊论文等文献，在此基础之上，通过对现有的文献的把握，进行整理和归类，并进行了综述研究。

2. 调查法

调查法以访谈调查法和问卷调查法为主。访谈调查法，以湖南省5所学校7个专业的学生、教师、大师、管理者为访谈对象，采用了个别访谈的方式，了解乡村工匠在培养过程中出现的问题及其成因，为本研究提供了实证材料。问卷调查法，即针对7个专业的专家教师设计了"乡村工匠教育生态系统调控评价指标体系调查问卷"，该调控评价指标体系通过专家问询、筛选、调整、合并和增减，最终确定选取了两个一级指标，6个二级指标和30个三级指标，然后正式制成问卷。通过检验，信度为96.18%，效度为93.26%，符合问卷制作发放要求。问卷发放200份，因属于专家现场填写，回收率100%，不存在无效问卷。

3. 结构化系统分析法

运用了系统工程原理，对乡村工匠教育生态系统采用"自上而下，由外到内，逐层分解"的逻辑思维进行分解化简，先把教育生态系统分为教育生态主体和教育生态环境，再把主体和环境进行逐步分层，最终形成一个金字塔式的结构，从而得出清晰的结构图。

4. 比较研究法

分析了乡村工匠教育生态系统的结构特征、调控原则方法和稳态运行条件，并与国外工匠教育生态系统的结构特征、调控原则方法和稳态运行条件进行比较，体现出乡村工匠教育生态系统独特的调控特征。

5. 田野考察法

在湖南省各地、州、市（如益阳、株洲、湘西、怀化、常德、郴州、衡阳等地）进行了调研，观察了其生态主体和生态环境的互动关系，分析了乡村工匠教育生态系统的结构特征、稳态运行条件和失衡状态。

6. 系统仿真法

本研究将乡村工匠教育系统视为一种纯生态系统，把各种资源的投入模拟为能量的输入，把最终将学生培养成乡村工匠作为产品的输出，其间通过数学建模完成了定量的分析，构建了一种人工仿真系统，为本研究的乡村工匠教育生态系统调控提供了新的合理的研究方法。

（六）研究技术路线

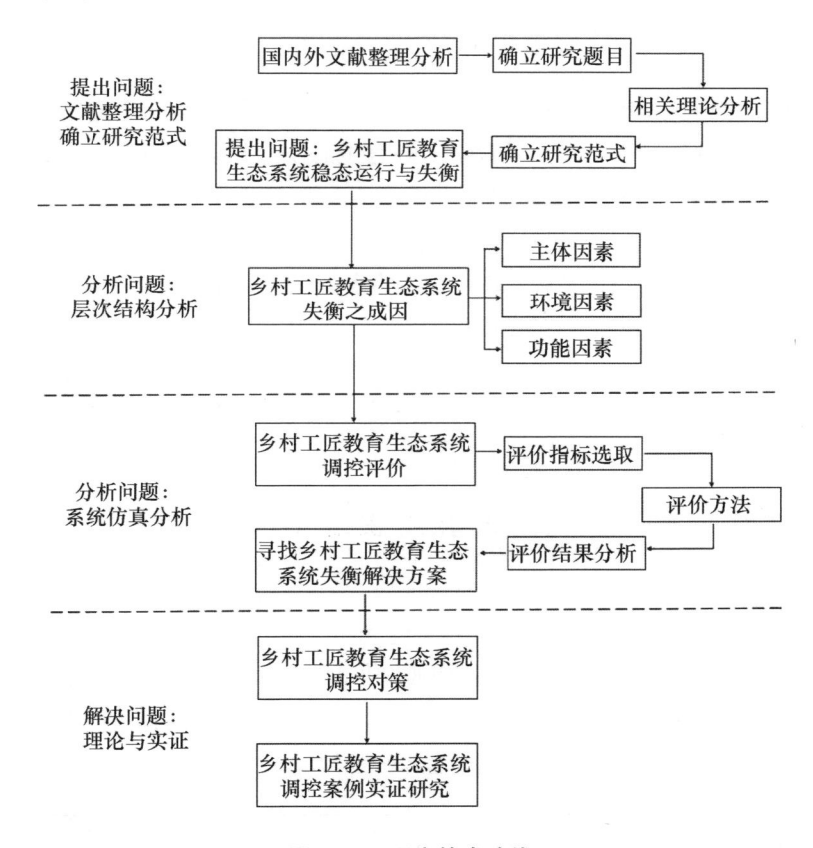

图 1—2 研究技术路线

第二章

乡村工匠教育生态系统调控理论逻辑

任何学术研究都离不开理论的指导，理论为学术研究指明了方向。本研究主要涉及系统学、生态学、教育学、教育生态学、社会学等学科领域，这些学科领域的理论，如系统动力学理论、生态系统理论、教育生态系统理论、教育生态环境理论和高技能人才成长理论，为乡村工匠教育生态系统调控研究提供了坚实的理论基础。本部分主要从理论和建构来论述乡村工匠教育生态系统调控的理论逻辑，在理论方面，主要从意涵、发展历程和意义三个角度阐述；在建构方面，主要从原理、功能和结构三个角度来阐释。这些研究为乡村工匠教育生态系统稳态运行条件分析提供了有力的依据。

第一节 乡村工匠教育生态系统调控理论

从哲学的高度来说，理论就是一种客观的认识和理解，它来源于客观世界，是通过不断的实践活动把握客观世界规律，并进行的高度抽象的总结。因而，理论具有很强的指导性，特别是对科学研究、各种生产或生活活动而言。它在推动社会不断向前发展方面无疑具有重要价值。理论来源于实践，但高于实践。因此，本论文将借助系统动力学理论、生态系统理论、教育生态系统理论、教育生态环境理论和高技能人才成长理论等来研究乡村工匠生态系统的调控意义和机制，凸显已有理论的借鉴价值。

一 系统动力学理论

（一）系统动力学理论的意涵

系统动力学（system dynamics）于 1956 年最先由美国麻省理工学院福

瑞斯特（J. W. Forrester）教授提出，是一种"凡系统必有结构，系统结构决定系统功能"的系统科学思想。系统动力学的理论基础是控制论、散耗论、系统论和信息论，其最初是为了解决工厂的生产和管理问题而提出的一种系统仿真方法。为了进一步证实系统动力学的科学依据，福瑞斯特在 1961 年出版了专著《工业动力学》，使得系统动力学理论逐渐应用于各学科领域，形成了一门新的交叉综合学科。该学科主要研究信息反馈系统，认识系统问题、分析系统问题和解决系统问题。认识系统问题是解决系统问题的先决条件和基础；分析系统问题即了解系统问题的本质和成因，是解决系统问题的关键；解决系统问题是认识系统问题、分析系统问题的结果。系统动力学的核心理念是根据系统内部组成要素互为因果的反馈特点，从系统的内部结构来寻找问题发生的根源，而不是用外部的干扰或随机事件来说明系统的行为性质。该理论的"内因说"对管理学、社会学、教育学等社会科学的深入研究起到了较大的促进作用。更重要的是，也为本研究中的乡村工匠教育生态系统如何利用内部结构进行有效调控提供了理论依据。

（二）系统动力学理论的发展历程

在 20 世纪中期，一些社会学家和管理学家因当时的一系列社会经济问题无法找到一些可以妥善解决的办法而苦恼。当然，这些问题也困扰着福瑞斯特教授。他作为研究工业问题的专家，通过实地调查和考察，创造性地提出了系统动力学，用以解决企业的生产和管理问题。1958 年，他首次用系统动力学理论来研究工业问题，发表了论文《工业动力学——决策的一个重要突破口》；1965 年，他发表的论文《企业的新设计》，进一步细化了系统动力学理论在工业问题的研究；1968 年，他出版《系统原理》一书，全面论述了系统动力学的基本原理和方法，系统动力学在理论上已完全成熟；1971 年，他又把研究范围转向了整个世界，出版了《世界动力学》一书，提出了研究全球发展问题的"世界模型"（world model）。接着，他根据系统动力学理论，以五个重要因素建立了系统动力模拟的"世界模型Ⅱ"。1972 年，福瑞斯特的学生梅多斯（D. H. Meadows）出版了《增长的极限》一书，提出了更为完善的"世界模型Ⅲ"。1990 年，管理学大师圣吉（Peter M. Senge）出版了《第五项修炼》，采用系统动力学理论，简化了系统的模型结构，把晦涩难懂的系统动力学理论解说得通俗易懂，使得企业员工都能系统思考，便于在企业管理活动中的应用与推广。

乡村工匠教育生态活动其实也是一种复杂的特殊社会活动，它离不开系统动力学理论的指导。

（三）系统动力学理论的意义

系统动力学理论自福瑞斯特提出以来，经过不断的发展和完善，为我们的社会管理战略和决策的制定提供了依据，因此意义重大。首先，该理论把自然科学和社会科学结合起来研究和解决问题，逻辑研究思路清晰；其次，系统动力学来源于企业实践，针对企业具体问题具体分析，采用系统思考的方法来整体解决问题，开阔了社会研究的视野，提升了系统研究的地位；再次，系统动力学满足了现代社会系统管理发展的需要，从整体全局观念出发来寻求系统行为的改善，它不凭借抽象的假设，而是以客观存在的世界为前提；最后，它以系统实际观测所获得的信息来建立动态的仿真模型，不依靠数学逻辑的推理运算来获得结果。乡村工匠教育生态系统是一个人工仿真社会生态系统，具有自己的边界和独特的内部特征。在系统动力学理论指导下，乡村工匠教育生态系统如何进行整体调控，如何使系统内生态因子优化组合，就有了明确的理论导向。

二 生态系统理论

（一）生态系统理论的意涵

自英国植物生态学家坦斯列提出"生态系统"概念以来，生态系统的结构、功能及其演化规律就成为研究对象，更加夯实了生态系统的理论基础。生态系统的一般特征有以下几方面。一是组分。生态系统由两大部分4个基本成分即生物体（生产者、消费者和分解者）和非生物环境（无机环境）组成。二是基本功能及转化过程。生态系统的三个基本功能：能量流动、物质循环和信息传递。物质循环始终以生产者与有机物的合成食物为起点，然后通过消费者与有机物的转化为中介，最后以分解者与有机物的分解为终点，完成一轮循环，再周而复始地不断进行这样的物质转换过程。三是特征。生态系统区别于一般系统，具有空间结构、时间变化、主动调控功能，是开放系统[①]。乡村工匠教育生态系统也具有生态系统的组分、基本功能和相对开放性等特征，所以，生态系统理论为乡村工匠教育

[①] 曹凑贵、展茗主编：《生态学概论》，高等教育出版社2015年版，第24页。

生态系统的建立和运行提供了科学的理论基础。

（二）生态系统理论的发展历程

17世纪，Haeckel首次提出"生态学"这一术语，接着许多生态学方面有代表性的科学家如R. Boyle、雷米尔（Reaumur）、Al. de Cadolle对气候、气温对动物的影响进行了研究。1807年，A. Humbolt出版《植物地理学知识》一书，创立了植物地理学。进入19世纪，"植物最小因子定律"（李比希，Liebig，1840）、Logistic方程（沃哈斯特，P. F. Verhust，1938）、《人口论》（马尔萨斯，Malthus，1803）、《物种起源》（达尔文，Darwin，1859）、《植物分布学》（沃敏，E. Warming，1895）等生态学研究成果问世。20世纪10—30年代，生物学领域的各个学科都出现了生态学的身影，生态学研究的第一个高峰出现。1927年，C. Elton在《动物生态学》中提出食物链、动物数量金字塔、生态位等概念。1935—1939年，英国植物生态学家坦斯列提出了"生态系统"和"生态平衡"的概念。1942年，苏联植物生态学家苏卡乔夫（Sukachev）提出"生物地理群落"。第二次世界大战时期受系统科学、系统理论发展的影响，生态系统理论逐步形成，在E. P. Odum和H. T. Odum兄弟的研究、宣传下，特别是E. P. Odum的《生态学基础》著作的出版，使得生态系统理论更加完整、充实。20世纪60—70年代，随着技术的飞速发展，生产力水平的提高，人类生态危机凸显，人口急剧增长、资源短缺、能源紧张、环境严重污染，使得系统生态学理论冲破大学校园和科研机构，进入社会科学的研究视野。1964年世界科协提出"国际生态研究计划"，1970年联合国教科文组织提出"人与生物圈计划"。20世纪60年代，现代生态学诞生，系统生态学的研究成为主流；研究从描述性研究走向实验和定量分析；研究范围向宏观和微观两极发展，应用生态学快速发展，实践性更强；人类生态学兴起，社会学与生态学融合发展[①]。生态系统理论快速应用到教育领域，为20世纪80年代末期的"教育是一个生态系统"的思想奠定了基础。进入21世纪以来，世界发展进程加快，特别是中国的发展成就举世瞩目，生态学的理论和实践意义已形成共识。以习近平为总书记的党中央提出了"人类命运共同体"的生态理论命题，生态系统理论达到了哲学顶峰。

---

① 曹凑贵、展茗主编：《生态学概论》，高等教育出版社2015年版，第4页。

（三）生态系统理论的意义

生态系统理论自产生以来，发展迅速，应用广泛，已经显现出强大的生命力和影响力。其对本研究的意义可归纳如下。第一，它为我们研究"乡村工匠教育生态系统调控"问题提供了一种更加符合事物客观发展规律的科学思维。构成乡村工匠教育生态系统的各种生态因子都是相互联系、相互制约的，思考调控问题不能总是用孤立的眼光，而是要用普遍联系的辩证逻辑来探寻事物的根源，以便科学调控。第二，它不但在植物科学、动物科学等自然科学领域得到广泛应用，而且在教育学、职业教育学（湖湘工匠教育）等社会科学领域生根发芽，显现出巨大的生态价值。第三，它让本研究的理念发生重大改变——我们不是乡村工匠教育生态系统的征服者和掠夺者，而是与乡村工匠教育生态系统和谐相处的友好者和平等者，否则，我们主观意志会破坏乡村工匠教育生态系统的稳态运行，导致失衡。第四，它为我们解决乡村工匠教育生态危机提供了坚实的理论和实践保障。乡村工匠教育生态危机的产生是人类自我中心主义的理念和行为所造成的，只有遵循生态系统运行规律，合理调控，才能避免发生此种危机。

三 教育生态系统理论

（一）教育生态系统理论的意涵

教育生态学是教育学和生态学相互融合和渗透的学科，它把教育生态系统理论作为重点研究对象。教育生态系统基本理论有以下几方面。一是生态功能。教育的生态功能分为内在功能和外在功能，内在功能，即"育才"功能；外在功能，即社会功能。二是基本原理。如教育的生态位原理、生态链法则、限制因子定律、耐度定律和最适度原则、"花盆效应"、教育节律、整体效应和边缘效应等原理。三是基本规律。如教育生态的富集与降衰规律、迁移与潜移规律、平衡与失调、竞争机制与协同进化和良性循环等规律。此外，还有教育生态的演替和演化、教育生态系统的结构和教育的行为生态等生态特征[1]。

（二）教育生态系统理论的发展历程

"教育生态学"这一术语于1976年由劳伦斯·克雷明教授提出。最先

---

[1] 吴鼎福、诸文蔚：《教育生态学》，江苏教育出版社2000年版，第73页。

研究教育生态系统的是国外的一些学家,他们先都从教育生态环境入手进行探究。认为教育生态环境是相对于生态主体(人类)而言的。依据环境的性质,教育生态环境可以分为三种不同的环境:自然环境、社会环境和文化环境。自然即围绕人类社会的自然界,包括地理空间以及作为生产资料和劳动对象的各种自然条件,甚至包括各项污染。从狭义上讲,社会环境是人类历史的一定阶段的表现,即社会经济形态(如奴隶社会、封建社会、资本主义社会、社会主义社会);或者是某一特定的社会机制(如中国社会、美国社会、英国社会)。狭义的文化,专指物质生活以外的精神现象和精神生活。从文化作为人类社会生活的方式着眼,文化环境在本质上表现为与"自然和天然"相对应的"人造物",也就是说,它本质上是人的创造本能的表现,如人们的行为、智力、思想、规范、制度、科学技术,等等。同时,文化环境又表现出不同社会发展阶段一定社会经济形态和民族集团中人类活动的具体历史现实的特点,如古希腊文化、古罗马文化、奴隶社会文化、社会主义文化的特点[①]。接着,有些学者研究了环境对教育教学活动的影响。有学者还专门把教育环境作为一门科学进行研究。此外,学校环境的定量研究也得到推广,教育生态环境的横向比较(国际比较)和纵向比较(时间发展)研究也出现并促进教育生态系统研究继续向前发展。

国内教育生态系统研究从引进国外教育生态理论开始,在借鉴的基础上慢慢发展出本土教育生态系统理论。从教育生态的普及问题到教育生态的定性问题,从教育生态研究对象到教育生态研究方法,从教育生态环境分类到教育生态主体分类,从教育生态演进历史到教育生态均衡发展,都属于国内学者研究的范围,使得目前国内教育生态系统理论研究呈现出一片欣欣向荣的景象。

(三)教育生态系统理论的意义

教育生态系统理论研究使运用生态学研究方法来研究乡村工匠教育调控问题成为常态,对乡村工匠教育的纵深发展产生了深刻的影响。就教育观念来说,它改变了教育界的乡村工匠培育观。教育界普遍存在的偏见是认为只有那些品学兼优的学生才是人才,而进入职业院校的乡村工匠学习者就算毕业找到工作也不算人才。从教育生态的个体性和多样性来看,职

---

① 任凯、白燕:《教育生态学》,辽宁教育出版社1992年版,第9—16页。

业教师只要按照个体发展的规律把乡村工匠学习者培育成社会需要者，这些学习者就成了人才。就教育生态功能来说，乡村工匠教育生态系统调控不但具有"育才"功能，而且具有社会功能，为政治、经济、科技和文化服务，拓展了职业教育的本质功能。就教育规律来说，一些新发现的如教育的平衡与失调、竞争机制和协同进化、整体效应和边缘效应等生态规律广泛应用于乡村工匠教育实践活动，给乡村工匠教育界的教育理论领域提供了新的理论基础，使乡村工匠教育活动的生态面貌得以呈现，并焕发出勃勃生机。

四 教育生态环境理论

（一）教育生态环境理论的意涵

教育生态环境作为教育生态学的重点研究对象，一直受到教育界学者、专家的充分关注。到目前为止，从生态主体与生态环境的相互关系来论述教育生态环境的理论主要有教育生态环境适应论、教育生态环境改善论和教育生态主体与生态环境相互改造论。教育生态环境适应论强调教育生态环境对教育生态主体的统治和改造优势，认为教育生态环境在教育生态中处于绝对主宰地位。教育生态环境改善论强调教育生态主体对教育生态环境的控制和调控优势，肯定教育生态主体在教育生态中的主导功能。教育生态主体与生态环境相互改造论强调教育生态主体与教育生态环境的相互作用，赞同这两者的相互影响、共同进化发展的历史使命。从组织结构与构成来论述教育生态环境的理论主要有以下观点。有的研究学者把教育生态环境分为教育物理环境和教育心理环境两大类。有的研究学者把教育生态环境分为教育自然生态环境、教育社会生态环境和教育规范生态环境。还有研究学者把教育生态环境分为小系统生态环境、中间系统生态环境、外系统生态环境和大系统生态环境。

（二）教育生态环境理论的发展历程

教育生态环境理论起源于生态学，是生态学发展到一定阶段的产物。生态学自产生之日起，对生态环境的研究就由简到繁、由易到难逐步深入。有研究认为，生物与环境的关系是既适应又斗争，主要表现为受环境制约、对环境的适应和反作用于环境三种形式。其中，环境对生物的影响称为生态作用，生物通过改造自身的结构与过程从而与所生存环境向适应的过程称为生态适应；而生物也反作用于环境、对环境产生影响和改变，称为生态反作用。随后，生态环境研究成果广泛应用于各学科。教育学也借鉴生态环境理论进行问题的探索。20世纪20—60年代，德国学者提出"教育环境学"一语，日本学者出版专著《教育环境学》，英美学者运用实验来研究教育物理环境，并取得了大量的实证数据。20世纪70—80年代《教学生态社会学》《公共教育》《美国教育史》《公立学校的生态学》《生态学、环境与教育》《未来：人类生态学与教育》和《文化生态系统》等研究成果相继面世，为教育生态环境理论的发展做出了贡献。教育生态主体受生态环境制约定律、对生态环境适应定律和反作用于教育生态环境定律在教育界已有共识，教育生态环境理论日渐成熟和完善。

（三）教育生态环境理论的意义

教育生态环境理论产生于教育生态实践活动，并在教育生态实践活动中发展壮大，为教育生态学的学科创立奠定了基石，为乡村工匠教育生态系统调控研究提供了理论基础。首先，乡村工匠教育生态系统是由教育生态环境和教育生态主体组成，本研究把教育生态系统作为主要的研究对象，就要研究教育生态环境，教育生态环境也就成为乡村工匠教育生态系统的重要研究内容。其次，教育生态环境在维持乡村工匠教育生态系统动态稳态运行的过程中起着主导作用。当教育生态环境良好时，能促进乡村工匠教育生态系统良性运行；当教育生态环境恶化时，乡村工匠教育生态系统将进入失衡运行状态。最后，教育生态环境对教育生态主体成长产生较大影响。不同的工匠教育生态环境孕育不同的工匠教育生态主体。如从国家层面来看，在中国的工匠教育生态环境中成长的工匠教育生态主体具有中国的价值理念，在美国的工匠教育生态环境中成长的工匠教育生态主体会具有美国的价值导向；从省级层面来看，在湖南省的乡村工匠教育生态环境中成长的乡村工匠教育生态主体会具有湖湘文化特色，在广东省的乡村工匠教育生态环境中成长的工匠教育生态主体会具有粤地文化特色。

五 高技能人才成长理论

（一）高技能人才成长理论的意涵

一般而言，高技能人才是指具备精湛专业技能，在生产、运输和服务等领域中发挥关键作用，能够解决生产操作难题的高职业素养人员。而高技能人才成长理论是关于高技能人才培育和发展的思想和理论。高技能人才成长以人才学、教育学、心理学和经济学为理论基础，主要受外部因素（时代发展、时代需求、政策导向和环境孕育）和内部因素［三观（世界观、人生观和价值观）、奋斗目标、专业知识水平、专业操作能力和创造力］的影响，成长规律主要有外部规律（包括时势造就规律、师徒传承规律和系统优化规律）和内部规律（包括内因驱动规律、优势积累规律和年龄效应规律）。还有一些研究提出成长周期规律、岗位成才规律、用进废退规律、金字塔规律等理论观点[①]。乡村工匠属于掌握乡村传统技艺的高技能人才，其成长规律也是以高技能人才成长理论为基础。

（二）高技能人才成长理论的发展历程

高技能人才理论起源于高技能人才的概念，国外，中世纪随着工厂制度出现，最初，工厂的师傅相当于高技能人才，但称谓有异。日本叫"技能士"或"技术士"，美国叫"工艺师"或"技术师"，他们一般把工程技术人员、操作能手和软件工程师都称为高技能人才。国内，古代"能工巧匠"就是高技能人才。随着社会的发展，高技能人才的称谓发生了古代的"匠人"——近代的"师傅"——现代的"知识工人"的转变。

高技能人才成长因素作为研究重点，在国外其研究早期开始于心理学界。1966年，Bilodeau经过实验提出人格是影响人动作技能获得的重要因素；Adams研究得出工作压抑与疲劳也直接影响技能学习的动机和效率。之后，Tampoe的研究进入管理学、经济学界，认为个体成长、工作自主、业务成就和金钱财富等因素决定了知识工人的成长。国内研究分为两个方面，一是微观的个体因素研究，代表人物有宋兴川、张琪、张志华等学者；二是宏观的社会因素研究，代表人物有毕结礼、许瑞东等学者。

接着，高技能人才成长规律也被纳入了研究范围，国外，Dreyfus、Rauner等学者研究技能型人才从新手到专家的成长过程。国内学者主要从技能形成机理、知识获得层面、高技能人才成长的总体规律三个方面来进行研究。

此外，归纳和总结培养模式使得该理论进入成熟发展阶段，德国的"双元制"培养模式、澳大利亚的TAFE模式、美国的合作教育培养模式和日本的企业本位模式受人推崇。在国内，校企合作模式、企业培训模式

---

① 文苗：《高技能人才成长规律及培养模式研究》，硕士学位论文，湖南农业大学，2016年。

和学校培训模式①也符合国情,具有中国特色。

(三) 高技能人才理论的意义

高技能人才理论产生于职业教育的职业人才培养实践活动,对于当今的现代乡村工匠培养具有很好的指导意义:从高技能人才的概念来看,随着社会的发展,紧跟时代的脚步,这一概念的内涵也在不断地丰富和发展,加深了人们的理解,也为乡村工匠教育生态系统中的湖湘工匠概念的形成找到了学理依据;从高技能人才成长因素来看,研究涉及因素越来越广,从生物的因素拓展到社会的因素、心理的因素等研究视域,乡村工匠教育生态系统调控研究视域更广泛;从高技能人才成长规律来看,随着研究的细化和深入,规律发现得越来越多,为乡村工匠的培养奠定了基础;从高技能人才培养模式来看,各国研究者立足本土,借鉴国外培养模式,形成了符合各自国家特色的高技能人才培养模式,为优秀乡村工匠的培养提供了借鉴和启示。

第二节 乡村工匠教育生态系统调控相关概念界定

概念具有本质和真理的特性,因而,任何科学研究都起始于对事物概念的认识和理解。对概念本质的理解和探寻是本研究的一项重要任务。只有准确把握研究事物的概念(内涵和外延),研究问题和对象才能明确地呈现出其本质。本研究着重界定系统、生态系统、教育生态系统、乡村工匠教育生态系统和乡村工匠教育生态系统调控的概念及其内涵。

一 系统

"系统"一词最先来自古希腊语,表示由部分构成的整体。随着技术的发展,人们对系统的理解和认识越来越全面和深刻。到目前为止,对系统进行解释的比较多,如奥地利理论生物学家贝塔朗菲(L. V. Bertelanffy, 1901—1972)认为"系统就是相互联系的诸要素的综合体"②。此外,还有下列一些解释,如"系统是有组织的和被组织化的全体","系统是诸元素

---

① 文苗:《高技能人才成长规律及培养模式研究》,硕士学位论文,湖南农业大学,2016年。
② 曹凑贵、展著主编:《生态学概论》,高等教育出版社2015年版,第21页。

及其顺常行为的给定集合","系统是有联系的物质和过程的集合","系统是许多要素保持有机的秩序,向同一目的行动的东西","系统是有相互作用和相互依赖的若干组成部分结合而成的,具有一定结构,行驶一定功能的有机整体"①,等等。从这些概念可以看出系统的一些特征:其一,系统是一个集合或整体,具有自己独特的结构,且不可分割;其二,系统内各构成要素或元素相互联系,发生一定的关系,既发生直接关系,也发生间接关系;其三,系统是一个相对封闭且相对开放的有机整体或无机整体。系统相对封闭是指系统只有在边界内才能发挥功能和作用;系统相对开放是指系统只有与外界发生联系进行物质、信息和能量的交换才能生存和发展,否则将不复存在。有机整体是具有生命活动功能的个体或组织,如一个人或一个家庭;无机整体虽然不具有生命功能,可输入能量后能为人类的生产和生活提供便利,如汽车或飞机。其四,系统有大小之分,可以分为宏观系统、主观系统和微观系统;系统也有结构之分,一个系统可以包含子系统、子子系统……直至最小单位的子系统。

"系统"现在普遍应用于社会研究和自然研究的各个方面。当然,不同的研究领域对系统内涵的理解也会有所不同。不管研究专业领域差异多大,但是只要运用系统进行研究,系统的绝对本质却永远不会改变。综合以上关于"系统"的概念,本研究认为,系统是由相互联系的要素构成,在内部相对封闭且发挥一定功能,在外部又相对开放且与外部进行物质转换、能量流动和信息传递的有机或无机整体。

系统是人们在生活实践中通过对客观事物规律的认识而提出的现广泛应用于人类或与人类密切相关的生产或生活各个方面的一个高频词语。我们可以根据不同的标准和使用原则来划分系统的种类。如按学科所涉及的应用领域可分为自然系统、社会系统和思维系统;按人类是否参与其中可分为自然系统和人工系统;按系统是否与外部环境发生联系可分为划分开放系统和封闭系统;按系统是否有形的特点可以分为硬件系统和软件系统;按系统存在的状态可分为动态平衡系统、动态非平衡系统、动态近平衡系统和动态远平衡系统。随着人们对系统的认识越来越深刻、越来越全面,应用系统解决问题将成为一种常态。总之,系统具有整体性,而整体性一定又具有生态特点。因而,本论文研究系统的目的在于找到乡村工匠

---

① 邹冬生、高志强:《生态学概论》,湖南科学技术出版社2007年版,第20页。

教育生态系统，进而发现其失衡的状态，分析其产生原因，以此调控其系统结构、理顺各要素关系，达到能够实现最佳目标（培育乡村工匠）的状态。

二 生态系统

"生态系统"作为专业词汇最早是由英国的植物生态学家坦斯列（Tansley）提出的。他在1935年对植物的构成及其与自然的关系进行研究时，创新性地提出了该理论术语，并做出了解释。他认为生态系统就是一个构成地球表面基本单元的自然系统，主要由生物和环境构成。1942年，苏联植物生态学家苏卡乔夫（Sukachev）通过对区域生物功能的研究，提出了"生物地理群落"这一专业术语并对其进行了概念的解释，认为生物地理群落是地球一定区域内，生命体（动物、植物、微生物）与环境组成的功能单元。"生物地理群落"和"生态系统"两个词语称谓虽不相同，但其概念描述的实质内容是没有差异的。1965年在丹麦哥本哈根召开的生物科学国际学术会议上，学者们一致认定，这两个词语是同义词[1]。后来，美国生态学家奥都姆（Odum）更全面、更深刻地对"生态系统"下了定义：生态系统是生物群落与生存环境之间，以及生物群落内生物之间相互联系和作用，具有占据一定空间、具有一定结构和功能的动态平衡整体[2]。该解释与"现代生态系统"的内涵基本趋同。现在，有许多学者在解释"生态系统"时就借鉴了这一概念。如有学者提出，生态系统是指在一定时间和空间内有机生命体与周围环境组成的且各组成要素间相互联系、相互制约，具有自调节功能的一个复合整体[3]。也有学者认为，生态系统主要是功能上的单位，是生物与生物，生物与环境之间通过能量、物质、信息的转换相互联系和相互作用并构成的一个有机生命整体[4]。生态系统是一定空间内生物和非生物成分通过物质循环、能量流动和信息传递而形成的一个生态功能单位[5]。

综上所述，生态系统作为生态学中一个重要的概念和术语，其作用和

---

[1] 戈峰：《现代生态学》，科学出版社2008年版，第352、353页。
[2] 邹冬生、高志强：《生态学概论》，湖南科学技术出版社2007年版，第20页。
[3] 戈峰：《现代生态学》，科学出版社2008年版，第352、353页。
[4] 曹凑贵、展茗主编：《生态学概论》，高等教育出版社2015年版，第24页。
[5] 周鸿：《人类生态学》，高等教育出版社2001年版，第100页。

影响不言而喻，它是生态学家们在进行科学研究时必须要回答的命题。随着研究方法和研究视域的拓展，学者基本形成了一致的认识：生态系统是在一定的时间和空间内具有一定结构和功能的一个有机动态整体，生物之间以及生物群落与其环境之间，通过物质转换、能量流动和信息传递而相互联系、相互制约。由此，我们可以看出生态系统具有的基本特质：第一，由生物（生命体）和环境（非生物）构成，具有独特的结构；第二，具有一定生态功能，系统内外进行物质转换、能量流动和信息传递，抑制熵的增长，可自我调节和可持续发展，但当熵达到不能恢复的失衡状态时，就必须借助外力的作用；第三，是一个更加客观存在的有机动态整体，里面的各组分缺一不可，共同完成整体任务，已达到整体目标；第四，是一切有机生命体生存和发展的基础，这些生命体如果脱离了此生态系统，有可能消亡或变异。

当前，生态系统被应用于各个学科领域，并根据不同的研究方向被分类。如根据是否有人工干预可分为自然生态系统和人工生态系统。自然生态系统根据所处地域可划分为陆地生态系统和水域生态系统；人工生态系统根据大的社会应用领域可进一步分为社会生态系统、文化生态系统、政治生态系统、经济生态系统和教育生态系统等。但不管怎样划分，各生态系统之间都会相互联系、相互作用。乡村工匠教育生态系统属于人工生态系统和自然生态系统的复合有机体，其边界的形成对于调控有重大意义。因此，乡村工匠教育生态系统要遵循人工生态系统和自然生态系统规律，才能进行有效调控。

三 教育生态系统

教育生态系统是在生态系统的基础上发展而来的，可以说，教育生态系统是教育生态学成为一门成熟的学科的主要标志。自美国哥伦比亚师范学院教授劳伦斯·克雷明（Lawrence Cremin）在 1976 年提出"教育生态学"这一术语以来，教育生态系统就成为教育生态学的主要研究对象。从所查找的文献资料来看，当前对于教育生态系统的概念界定大致可以归纳为两种。第一种观点认为，教育生态系统是教育与生态环境之间组成的多维复合系统[①]；第二种观点认为，教育生态系统是一个由主体部分的教学

---

① 吴鼎福、诸文蔚：《教育生态学》，江苏教育出版社 2000 年版，第 92 页。

双方与客体部分的环境（自然生态环境、社会生态环境和文化生态环境因素）构成的特殊系统①。以上学者对生态系统的概念解释表明，前者是把"教育"作为一个生命有机体（生态主体），泛化了教育的内涵，使得教育生态系统的概念显得模糊不清；后者虽然提到了"主体"，但主体不仅仅包括学生和教师，还有学校管理者、后勤服务者等生命体。教育生态系统应该具有自己独特的属性：首先，教育生态系统是一个人工生态系统，因为教育生态系统的创立与发展、运行与调适、结构与功能无不包含着人们的意志；其次，教育生态系统是生态系统的特殊类型，教育生态系统之所以特殊，根本原因在于其生物组分的特殊性——教育者和学习者；再次，教育生态系统是典型的开放生态系统，需要外部环境不断地输入物质、能量和信息，才能维持系统的平衡和稳定，是一个远离平衡态的结构耗散系统；又再次，教育生态系统属于人类生态系统的重要组成部分，教育者几乎包括了所有的社会人，学习者也是如此，涉及家庭、学校、社区和社会；最后，教育生态系统属于行为生态系统的范畴，因为教育是一种极其重要的社会活动，其目的就是引导受教育者向着真、善、美的方向发展，使之成为符合社会发展的合格公民，为国家的建设事业做出应有的贡献。

教育生态系统具有一般生态系统的物质循环、能量流动、信息传递三大功能，其最高目标是把学生培养成社会需要的人才。从现代教育系统的功能来看，主要有四大功能：人才培养、科学研究、社会服务、文化传承与创新。这四大功能是教育的使命和职责，在人类历史发展的长河中永远具有普遍意义。教育生态系统除具有自然生态系统的一般规律外，还具有独特的社会运行规律，在研究其内涵时还需两者兼顾。因此，通过已有研究文献，结合本研究的理解，我们认为，教育生态系统是教育生态主体之间，以及教育生态主体与教育生态环境之间通过物质循环、能量流动、信息传递等功能实现相互联系、相互制约，以达到动态平衡的一个复合有机整体。那么，乡村工匠作为教育生态的特殊主体，在其成长过程中，与环境又构成怎样的生态系统呢？即乡村工匠教育生态系统是怎样的生态系统呢？

---

① 任凯、白燕：《教育生态学》，辽宁教育出版社1992年版，第40页。

四 乡村工匠教育生态系统

乡村工匠教育生态系统是教育生态系统的一种分支类型，以"培育乡村工匠"为中心，既要遵循教育和生态的普遍规律，又要有其特殊的运行本质。在对其概念进行界定之前，我们必须先了解相关概念。一是"工匠"的概念；二是"乡村工匠"的概念；三是"乡村工匠教育"的概念。所谓"工匠"，是指在家庭作坊、工厂工地等生产一线从事操作、具体制造、具有一定技术技能的工人、技师、工程师等。"乡村工匠"首次在2017年中央一号文件中提出，但对其没有进行内涵阐释。有学者认为"乡村工匠是具有传统技艺特长和专业水平的人才"①。本研究认为，乡村工匠是具有乡村传统技艺的高技能人才，人社部对乡村工匠的评选制定了严格的标准，如在职业精神上能吃苦耐劳，有服务乡村产业的气质；在职业技能上技艺精湛，具有高超专业技能；在职业素养上爱岗敬业，专业知识扎实过硬，具有坚韧不拔的勇气；在技术应用上敢于突破陈规，具有创新能力。这些是乡村工匠的核心内涵。鉴于此，我们认为本研究所讨论的乡村工匠，是受乡村文化浸润的、具有劳模精神、经过传习掌握了乡村传统技艺并服务和造福于乡村社会的工匠型人才的总称。

本研究厘清了"乡村工匠"的概念，还要理解"乡村工匠教育"的概念。结合以上的概念解释，研究认为，"乡村工匠教育"是指通过各种合适的教育内容、方式、技术和手段把乡村工匠学习者培养成乡村社会需要的优秀乡村工匠的活动过程。再结合"教育生态系统"的内涵，本研究认为：乡村工匠教育生态系统是以培养乡村工匠为中心，在生态主体之间、生态主体与生态环境之间通过物质转换、能量流动和信息传递而相互作用、相互制约形成的一个人工生态仿真系统。本概念包含以下特性：其一，该系统以"培养乡村工匠"为最高目的，目标专一，不夹杂其他目标；其二，该系统是一个人工生态仿真系统，既要遵循自然生态系统规律，又要遵循社会生态运行规律；其三，生态主体包括教育者（教师）、学习者（学生）、学校管理者和后勤服务人员，生态环境包括自然生态环境、社会生态环境和规范生态环境；其四，该系统要维持动态平衡，必须从外部投入各种资源。这些资源包括教学硬件资源、软件资源、活件资源

---

① 伍慧玲：《农业供给侧改革下高职院校培育乡村工匠研究》，《农村经济》2018年第2期。

和经济资源。教学硬件资源如校园（教学楼、图书馆、实训基地、餐厅、宿舍、活动场所等）的建设，软件资源如文化知识、教学内容、所传技能等，活件资源如学生、教师、管理者等，经济资源即投入的经费。综上，乡村工匠教育生态系统的内涵为我们提供了认识乡村工匠教育生态系统调控的前提条件。

五 乡村工匠教育生态系统调控

根据《现代汉语词典》的解释，调控即调节、控制，目的是达到计划的目标。有学者认为调控就是对数量、程度、规模等方面的调整与优化，方式、主体与手段是调控须重点把握的三大核心要素[①]。也有学者认为，调控就是调节控制系统各部分的构造、功能和相互关系，包括调控的组织体制、调控的指导思想或原则、调控的政策和法规及调控的措施等。调控主体、调控对象与调控工具是调控的三个主要层面[②]。其实，调控是一种协调系统各种结构要素关系、达到设定目标的活动过程，是目标、对象和策略的统一。调控因标准不同，有不同的分类方法。从调控的范围划分，可以将调控分为宏观调控和微观调控；从调控的对象划分，可以将调控分为调控主体和调控客体；从调控的程度划分，可将调控分为粗放调控和精细调控；从调控的方向划分，可将调控分为内部自我调控和外部施力调控。这些调控的分类方法，给乡村工匠教育生态系统调控研究带来了学理方面的启示与思考。

结合以上对调控概念的界定，本研究主要从调控内容、调控策略与调控政策来定义乡村工匠教育生态系统调控。与已有研究不同的是，本研究将教育生态主体、教育生态环境和教育生态功能三个维度作为调控的对象，在审视这三个维度的失衡状态、成因的基础上提出调控对策。因此，从整体来看，乡村工匠教育生态系统调控是包含调控对象、调控内容和调控策略在内的有机活动过程。具体来说，乡村工匠教育生态系统调控是以培养优秀乡村工匠为核心，调节教育生态主体和教育生态环境两者之间进行相互的、合理的物质转化、信息传递和能量流动，以形成稳态运行的局

---

① 范涛、梁传杰、水晶晶：《论高校学位授权点动态调整机制之构建》，《研究生教育研究》2016年第2期。
② 侯东阳：《中国舆情调控机制的渐进与优化——改革开放以来舆情调控机制研究》，博士学位论文，暨南大学，2010年。

面的一种复杂控制活动。调控的目的是促进乡村工匠教育健康、有序发展；调控的内容和对象是教育生态主体、教育生态环境和教育生态功能；调控的策略是"三维共诊"调控模式，即通过对教育生态主体、教育生态环境和教育生态功能的"望、闻、问、切"，判断病名（失衡状态），寻找病因（失衡成因），然后对症下药（调控对策）以实现乡村工匠教育生态系统的稳态运行。

第三节 乡村工匠教育生态系统建构

乡村工匠教育生态系统的建构对湖湘工匠教育生态系统的动态平衡及稳态运行起着关键的作用。根据建构规律，本研究从建构原理、功能和结构三个方面来阐释乡村工匠教育生态系统的建构特征。

一 乡村工匠教育生态系统建构原理

（一）普遍联系观

从哲学层面来说，普遍联系观属于唯物辩证法观，即一切事物普遍联系（直接联系和间接联系）的观念。普遍联系是指一切事物之间以及事物内部各因素之间的相互影响、相互制约和相互作用的关系，是事物存在的基础。从唯物辩证法来说，世界上的一切事物都是直接或间接地关系联系在一起而不是孤立存在，共同组成一个紧密联系的有机整体。乡村工匠教育生态系统普遍联系观就是用生态观来研究系统内各组分之间的动态联系，如生态主体与生态主体之间、生态主体与生态环境之间的联系，我们不能用一元观、静态观来看问题，一定要用联系的观点看问题。

普遍联系观把世界上的万事万物发展的规律用真理的命题方式进行了抽象的总结，是乡村工匠教育生态系统的重要原理。一切都在联系之中，一切都相互促进、相互制约、相互作用。普遍联系观提升了乡村工匠教育生态系统研究的方法论层次。

（二）动态平衡观

动态平衡观是在动态的过程中寻求相对平衡[①]的观点，其应用领域非

[①] 李翔海：《论邓小平的动态平衡观》，《毛泽东邓小平理论研究》1998 年第 6 期。

常广泛，如在政治学、经济学、人口学、社会学、教育学等学科中都能见到其身影。乡村工匠教育生态系统根据联系和发展理论，用生态分析方法寻找系统内各因子之间、因子与生态环境之间最佳的物流、能流和信息流，从而达到系统内外的动态平衡。在乡村工匠教育生态系统中运用动态平衡观，一是要具有开放的眼光，乡村工匠教育生态系统只有与外界进行交流，才能保持一种负熵，有序地演进，并保持动态平衡，实现可持续发展；二是要具有动态发展的眼光，运动是所有生命有机体的本性，乡村工匠教育生态系统本身就处于运动的状态，用动态发展的眼光看问题才具有哲学意蕴。

（三）整体性发展观

整体性是指"系统结构的有序性，即构成系统的诸要素之间或内部在协调关系的基础上所形成的一种稳健有序的结构，从而使系统拥有了不同于个体的部分或要素的整体性功能"①。乡村工匠教育生态系统的整体性发展是指构成本系统的生态因子之间和动态的发展阶段之间本质的、稳定的联系。在乡村工匠教育生态系统中，横向构成的是一种稳定的结构关系，纵向构成的是一种前后相继的传承发展关系，一横一纵共同维持着系统持续发展的基本样态。乡村工匠教育生态系统把乡村工匠学习者看成整体人，就是告诉我们要推动人的全面发展；乡村工匠教育生态系统从低阶向高阶演替，也表明系统中各要素升级和发展是整体性的，系统的整体性利益大于各部分利益简单相加的总和，是系统维持稳定和持续发展的根本动力。

二 乡村工匠教育生态系统建构功能

乡村工匠教育生态系统是一个特殊的仿生系统，所有投入的资源（人力、物力、财力、时间和信息）是为了最终得到高质量的产品——乡村工匠。直接的投资得到的是间接回报，即培养出服务于社会的乡村工匠。乡村工匠教育生态系统在遵循社会生态系统的生态功能运行规律的同时，也要遵循自然生态系统的生态功能运行规律。

（一）物质循环和能量流动功能

自然生态系统是一个开放的系统，它需要不断地从外界获取物质、信

---

① 邱耕田：《论整体性发展》，《北京大学学报》（哲学社会科学版）2017年第5期。

息和能量，在生态系统中实现能量的流动、物质的循环和信息的传递。生物物质在生态系统中通过食物链从生产者到消费者再到分解者，最终又回到生产者，实现物质的循环利用。能量从生产者流向消费者再流向分解者或直接回到大自然。信息通过生产者传递给消费者，使消费者产生响应，以便采取捕食行动，满足消费需求。

乡村工匠教育生态系统也是一个开放的社会生态系统。该系统与所在的社会人员、信息和资源进行交换和循环。它也需要从外部获得能量，这种能量主要是指政府拨付的职教财政经费。这些费用又通过购买教学资源和给教育者、学校管理者和后勤服务者发工资（用来购房、生活和休闲等活动）而重新流向外部（社会）。

乡村工匠教育生态系统也有物质循环，如教学资源的循环。教学资源被购买，然后被学习者利用，随着技术和知识的更新，教学资源某些内容可能过时，就需要分解或重组，淘汰不能利用的部分（通过回收公司回收实现物质循环）；对于可以再利用的部分，通过重组和补充新的内容，创造出新的教学资源，实现教学资源的循环利用。

（二）信息传递功能

乡村工匠教育生态系统传递的信息主要有知识、技能、品德等内容，主要从生态主体中的教育者、管理者和后勤服务者传递给乡村工匠学习者。这些信息存在内隐的和外显的区别，外显的信息传递容易被学习者接受，而内隐的信息传递很难被学习者察觉以致不容易被接受。乡村工匠教育生态系统为了保障信息传递的畅通，就要对内隐信息的传递进行合理的调控，以促进乡村工匠学习者顺利地接受信息。

（三）生态阈及适度的自我调节功能

生态阈是指乡村工匠教育生态系统中包含在既定环境条件下所允许的最大种群的数量。不同层面的系统有其自身的生态阈，如对于一个乡村工匠教育职业学院来说，其所容纳的乡村工匠学习者数量是有一定限度的。在这个限度内，教学质量能得到保障，如超过这个限度，教学质量就不能得到保障，也会影响乡村工匠教育职业学院的声誉和信誉。如对于省级层面的乡村工匠教育系统，相较于单个职业院校，涵盖的范围更广，管理的幅度更大，职教学生和老师也更多。

乡村工匠教育生态系统具有自我调节功能，内部发生的问题基本在系统内部能够解决。如在省级层面的问题，职业教育行政部门能通过政策调控来调节，减少外部因素的影响。又如在院校层面，乡村工匠教育职业学院也可以通过调整自身的行为来适应社会环境，维持自身的稳定运行。

（四）协同进化功能

乡村工匠教育生态系统具有协同进化功能。在这个系统中，有国家级和省级职业教育行政部门、乡村工匠教育职业院校、乡村工匠学习者群落。国家级和省级职业教育行政部门与乡村工匠教育职业院校之间存在协同进化关系。一方面，国家级和省级职业教育行政部门作为乡村工匠教育生态系统的规划者和构建者，能为乡村工匠教育职业院校提供较好的生存和发展环境，乡村工匠教育职业院校也能根据在实际情况调整发展。另一方面，乡村工匠教育职业院校在实践的发展过程中把出现的问题反馈给教育行政部门，让其调整管理策略和制度，不断完善管理功能，从而实现两者的协同进化。

乡村工匠教育职业院校与乡村工匠学习者群落之间存在协同进化关系。乡村工匠教育职业院校通过教育、管理、调控、考核和评估等手段来引导乡村工匠学习者群落不断调整自身的学习方法和行为，以适应职业院校的管理和发展。同样，乡村工匠学习者群落在学习实践中可以对乡村工匠教育职业院校的教育、管理、调控、考核和评估工作做出反馈，乡村工匠教育职业院校通过这些反馈，不断调整管理和评价功能，促进自身正常发展，从而实现乡村工匠教育职业院校与乡村工匠学习者群落之间的系统进化。

（五）生态平衡功能

乡村工匠教育生态系统也具有生态平衡的功能。如乡村工匠教育生态系统招收的每届学生人数在三年后毕业时要能满足社会的发展需要，如果人数不能满足社会的发展需求，乡村工匠教育生态系统就要扩大招生规模；如果人数超过社会的发展需求，乡村工匠教育生态系统就要减少招生规模，以此实现动态的发展平衡。当然，教师人数与乡村工匠学习者人数也需要有合适的比例，当教师人数比例大于学习者比例时，就要减少教师人数；当学习者比例大于教师人数比例时，就要减少学习者人数，以达到相互的平衡状态[①]。

[①] 曾祥跃：《网络远程教育生态学》，中山大学出版社2011年版，第90—93页。

三 乡村工匠教育生态系统建构结构

乡村工匠教育生态系统由两大部分组成，即教育生态主体和教育生态环境。教育生态主体由乡村工匠学习者、教育者、教育管理者和后勤服务者构成，但后三者是以前者为核心，为培养乡村工匠服务。教育生态环境由教育自然生态环境、教育社会生态环境和教育规制生态环境三大部分组成，这三部分又各自分为校内和校外两类，共同为乡村工匠学习者服务。在这样的系统结构中，有一个核心，即乡村工匠学习者，其他的主体和生态环境都为这一生态主体服务（见图2—1）。

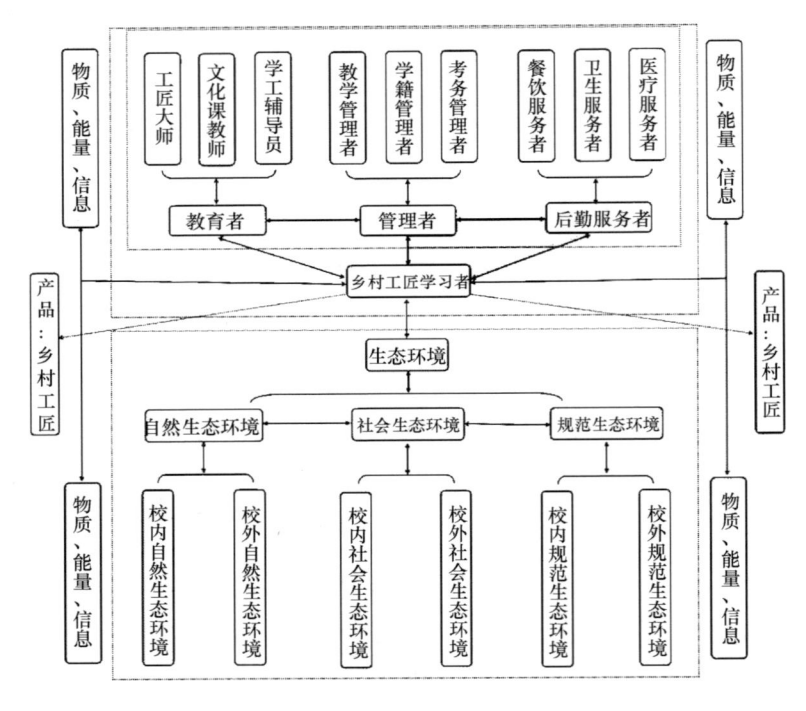

图2—1 乡村工匠教育生态系统模型

（一）生态主体

1. 乡村工匠学习者

乡村工匠学习者是重要的生态主体，即学习乡村传统技艺的在校职教生，也就是未来的乡村工匠。没有学习者（学生），乡村工匠教育生态系统也就没有存在的意义。所以，学习者是该生态系统的中心，一切活动都必须围绕"培养乡村工匠"这一核心目标进行。

在乡村工匠教育过程中应该发挥学生的生态主体作用,积极调动他们的学习潜能,提高他们的学习效率。主要体现在三个方面。第一,在教学方法上要精心设计。要根据教学内容考虑每个学生的学习情况和学习特点,设计不同的教法,采用启发式教学,多进行诱导教学,让学生主动成为探索新知识的主体。教学应以培养学生动手能力为重点,突出学生的实践操作能力。加强对学生自主学习的引导,提升学生独立思考和解决问题的能力。第二,教学形式上增加学生讨论练习的时间。教学中要改变教师满堂言的局面,应多留时间给学生,鼓励学生多问、多思考、多说,培养他们的创新思维和探究意识。要多给学生独立发现问题、分析问题、解决问题的时间,课后要求学生自主独立预习,给学生表现的机会,激发他们的学习兴趣。第三,考核评价方式要尊重学生的学习主体作用。重视学生学习过程的评价,改变单一的考试分数定等级的人才评价观,建立起自评、生评、师评三位一体的评价模式。在评价中,既重视基本理论和基础知识的考核,也注重学生的自学能力、操作能力、研究能力和创新能力的考核。考核方式也可以多样化,如实验、社会调查、科研论文、课程设计等,主要目的是提高学生认识问题、分析问题和解决问题的能力,为适应社会发展打下基础。①

学习者作为未来的乡村工匠,必须要具备健全的人格。美国心理学家卡特尔教授将人格特质分为 16 种:稳定性、恃强性、乐群性、聪慧性、兴奋性、有恒性、敢为性、敏感性、世故性、怀疑性、紧张性、幻想性、忧虑性、实验性、独立性和自律性。随着现代心理学的发展,心理学家基本赞同遗传与环境是人格发展的两大因素。遗传因素通过与生物因素关系密切的智力和气质对人格产生影响;后天环境通过价值观、信念、性格等社会因素对人格产生影响。学习者表现在人格方面的主要问题有:思维比较简单,知识面不宽阔,缺乏责任感,情绪悲观沮丧,总认为自己比不上别人,难以适应新的环境,没有独立自主能力,思想封闭,不喜欢探索新事物,依赖性强。这些问题主要受生物遗传、家庭环境、学校教育和社会文化等因素的影响。我们可以从自我、家庭、学校和社会四方面来培养乡村

---

① 周光明:《浅谈高职教育中学生主体与教师主导的双重作用》,《成人教育》2004 年第 8 期。

工匠学习者的健康人格①。

2. 乡村工匠教育者

乡村工匠教育者，是指传授乡村传统技艺的技能大师和传授文化知识的教师。他们也是重要的生态主体，对于乡村工匠的培育举足轻重。教育者作为产品（学习者）的生产者决定着产品（学习者）的质量，即决定着培养的乡村工匠是否能传承乡村传统技艺和适应社会发展的需要。因此，乡村工匠教育者（技能大师和教师）应具备一些良好素质。

技能大师技艺精湛毋庸置疑，但若要把绝技顺畅传给徒弟应具有以下特质：一是热爱乡村传统技艺，具备无私传授技艺的高尚品德；二是具有选材的好眼光，选取的徒弟一定要品行端正，技艺学习上领悟能力强；三是要举行仪式活动，徒弟要学艺，师傅就要举行传统的拜师仪式，以增加徒弟从事该职业的归属感、自豪感和神圣感；四是能因材施教，具有独特的育人方法，提升教学威望。如国家级技能大师李建国，1993年加入天津职业大学的教师团队，他始终坚持品德和技艺育人的理想和信念，用实际行动培养和带领了一支"金牌"实训教学团队，该团队拥有13名天津市技术能手、6名全国技术能手以及40余项专利，将5000多名学生培养为高技术技能工匠，在开展技术革新技能攻关、创新实践教学模式、传承工匠精神等方面取得了显著成效并发挥着榜样示范引领作用②。

文化课教师作为知识传授者，应发挥主导作用，这主要包括三个方面。第一，教师要改变知识传授者和灌输者的角色定位，成为知识的引导者、指导者和帮助者。教师在教学中要培养学生独立学习的能力，使他们能够自我体验、自我教育、自我发展。当学生遇到疑难问题需要解决时，教师应发挥引路人的作用，合理的启发和指导，使学生的学习得以继续和深入。第二，教师应成为学生学习的促进者。教师要激发学生的学习动力和学习热情，帮助学生掌握正确的学习方法，让学生真正达到爱学、乐学。第三，教师教学设计应以培养学生能力为中心。教师分析教材、研究课程内容、设计教学方法时应考虑让学生通过自己的学习活动来发现掌握新的知识。因而，培养合格的职教师资应成为在当前的职业教育改革事业

---

① 陈新、周丽娟：《高职学生人格特征及其影响因素分析——以北京农业职业学院为例》，《北京农业职业学院学报》2014年第2期。

② 江珊：《国家级技能大师李建国带出"金牌"实训教学团队》，北方网，http://news.enorth.com.cn/system/2018/09/11/036104920.shtml，2018年9月11日。

中的首要任务，应处理好两个基本属性问题，即学科性和师范性、工程性和职业性问题，同时要设置好职教师资培养的课程①。

3. 教育管理者

教育管理者是指对教育行使管理职权并对教育活动产生主要影响的人员，一般指乡村工匠教育职业院校校（院）长、院系主任，招生处、教务处、学工部、校团委、武装部等教育管理人员。在乡村工匠教育生态系统中，教育管理者作为生态主体，对于乡村工匠学习者也会产生直接或间接的影响。

职业院校校长是学校形象的代言人。职业院校校长经常要在开学典礼、毕业典礼进行演讲或作教学工作报告，演讲能力和水平既体现他们的学识、科研、专业素养，也直接影响学生的思想和行为。职业院校校长应明白学校是培养乡村工匠的基地，必须努力争取好的办学条件，包括教学楼、实验实习用房、学生食宿条件，也包括校外实习实践和活动基地等；除此之外，校长要争取财政拨款、社会资源和行业企业协助等②。

院系主任作为二级专业机构的负责人，对于乡村工匠的培养负直接责任。他们除了按照学校的总体目标执行教育任务之外，还要按照自己院系专业人才培养特点设计培养计划并认真实施，以保障乡村工匠培养的特色。协调内外部教学资源，促进学生的学习生活条件的改善是院系主任要优先考虑的问题。

此外，招生处管理人员要把握好学生的招生质量关，促进职教毕业生（乡村工匠）的就业，要与企业经常联系，使毕业生能全部进入对口企业工作；教务处管理人员要做好学生的学习、学分及学籍等管理工作，使学生按时修满学分、顺利毕业；学工部管理人员对学生的成长影响也较大，他们要经常督促学生的学习，规范学生的日常行为，做好学生的思想工作；校团委管理人员在学生的思想政治教育活动中作用重大，为学生在以后的社会主义建设事业中思想永不变质奠定了基础；校武装部管理人员作为国防教育者，对于学生国防意识的培养责任重大。

4. 后勤服务者

后勤服务者一般指教学楼、实验楼、图书馆、食堂、宿舍及学校生活

---

① 徐朔：《职教师资培养的基本属性和课程设置问题》，《职教通讯》2005年第10期。
② 周建松：《正确把握高职院校长的职责与使命》，《中国高等教育》2013年第22期。

用品超市等部门的管理者或服务者。乡村工匠教育职业院校作为教育机构，具有与普通高等教育院校相同的后勤服务机构和服务者。作为后勤服务者，一是提供硬件设施的服务，包括学生学习的硬件设施如教育教学设备、教育场地、实施工具等和学生的硬件服务系统（包括学生的食堂、宿舍、日常用水、用电硬件设备）；二是提供软件设施的服务，包括学校对学生的教育教学服务、生活服务、住宿服务、卫生服务、安保服务、物业服务、医疗服务、图书资料服务、信件收发服务和水电管理服务等①。

后勤服务者的服务态度、服务礼仪、服务用语和服务技术直接影响学生走上社会后的服务意识和服务理念。因此，后勤服务者应该意识到职业院校的后勤服务也是培养人才的重要途径，丝毫不能马虎。服务态度是反映服务质量的基础，良好的服务态度，会让学生产生亲切感、热情感和温暖感，主要表现在以下几个方面：第一，尽量满足学生的服务要求，急学生之所需，想学生之所求；第二，主动为学生提供方便，力求事事仔细；第三，待学生如亲人，耐心细致听取学生倾诉；第四，善于体察学生需要，体贴入微；第五，加强文化修养，文明礼貌待人。服务礼仪是后勤服务者根据自己在所在行业标准所要达到的素质和基本行为准则。"爱人者，人恒爱之；敬人者，人恒敬之"，后勤服务者在服务中注重仪表、仪容、仪态，对学生友好，也一定能够感染和教育学生。服务用语反映着后勤服务者的礼貌与服务专业能力。当前，乡村工匠教育系统内的后勤服务者因本身素质和服务意识较差，基本不了解服务用语的作用和意义，甚至不使用服务用语，影响了对学生文明素质的培养。服务技术是后勤服务者从事某一职业要具备的技术要求，反映着后勤服务者的专业服务水准。要有效地完成学生的后勤服务工作，尽量减少学生的等待时间，需要后勤服务者较高的服务技术，这也间接地教育了学生——只有把自己所在专业传统技艺学精了，以后才能更好地服务社会。

（二）教育生态环境

教育生态环境，即围绕在乡村工匠学习者周围，对乡村工匠培育产生影响的物质因素和非物质因素的总和。本文所指的教育生态环境包括学校内部生态环境和学校外部生态环境。学校内部环境主要由校园自然生态环境、文化生态环境和规制生态环境构成，属于微观生态环境；学校外部环

---

① 陈磊：《浅谈职业院校后勤服务与管理》，《品牌》2014年第9期。

境主要由自然生态环境、社会生态环境和规范生态环境构成，属于宏观生态环境。苏联著名教育家苏霍姆林斯基就很重视学生的教育生态环境，指出"我们要把孩子周围的一切都用来服务于对他进行体、德、智、美诸方面的教育"①。这里的"周围的一切"即环境生态。由此表明，教育环境生态对学生影响巨大而深远。

1. 教育自然生态环境

美好的自然生态环境促进乡村工匠学习者的身体健康。一般来说，建设健康型的自然生态环境主要从校内和校外两方面发力。就校内而言，学校生态规划要"顺势"，即保持地势原貌。如醴陵市陶瓷烟花职业技术学校以打造"醴陵产业人才摇篮、三湘特色职教样板、全国知名示范职校"品牌为目的，构建了健康型的校园自然生态；就校外而言，政府生态规划要"造势"，即营造教育园区。如贵州清镇职教城依托三水和四湖，借助"避暑之都"的美誉，建设了自然生态环境优美的职业教育休闲生态园区②。

2. 教育社会生态环境

良好的社会生态环境促进乡村工匠学习者的心理健康。建设良好的社会生态环境应以家庭、邻里和社区为重点。就家庭方面而言，主要在于软环境的建设，家庭成员之间要形成互敬互爱、和睦、尊老爱幼的家庭生态环境；就邻里方面而言，主要在于邻里友好关系环境的建设，使邻居之间形成和谐相处、互帮互助、友爱协商的邻里生态环境；就社区方面而言，主要在于服务环境的建设，使社区形成以满足社区居民生活需求、提高社区居民生活质量为目的的良好社区生态环境③。

3. 教育规范生态环境

严格的规范生态环境促进乡村工匠学习者的道德和人格健康。建设规范生态环境要"内""外"兼修。就"内"而言，要呈现可感知和可循序的培养标准和教育价值理念。如职业院校可以要求学生记住职业道德规范

---

① ［苏联］苏霍姆林斯基：《帕夫雷什中学》，赵玮、王义高译，教育科学出版社1983年版，第122页。

② 聂清德、周明星：《现代化背景下城市教育生态危机及其修复》，《中国教育学刊》2018年第3期。

③ 聂清德、周明星：《现代化背景下城市教育生态危机及其修复》，《中国教育学刊》2018年第3期。

和技术安全操作规程等规章制度。就"外"而言，可以建设看得见的规范生态环境，分区规划，比如可以在院校校园公布栏张贴文明公约，在教室墙壁上悬挂班级制度和班训，在校园草坪张贴标语等①。

第四节 乡村工匠教育生态系统关键因子之间关系

在自然生态系统中，各组成因子相互影响、相互作用，共同维护系统的稳态运行。因乡村工匠教育生态系统是一个仿生系统，在遵循自然生态系统运行的一般规律时，还要遵循教育生态系统运行的特殊规律，其核心目的是培育乡村工匠。因而，本文主要论述乡村工匠学习者与教育者的关系、乡村工匠学习者与教育生态环境的关系、乡村工匠学习者与教育生态政策的关系，以及乡村工匠学习者与乡村工匠杰出人物的关系。

一 乡村工匠学习者与教育者的关系

（一）乡村工匠学习者是消费者，教育者是生产者

从生态的视角来看，乡村工匠学习者和教育者都属于生态主体，只是乡村工匠学习者是消费者，教育者是生产者。学习者通过吸收教育者传授的知识、信息、技能，转变为能量储存在自己的大脑里，但并不是一次就能消费和吸收就能满足学生走上社会的职业需要，学生需要经过不断的由浅入深、由简到繁的学习，知识能量和技能才可以无限地增长。这与自然生态消费者有区别，但学习者同样需要吸收营养物质，保障身体健康，才能学习和吸收教育者传授的知识技能。每个学习者个体对教育者一次传授的知识技能可能全部吸收消化也可能部分吸收消化；每个学习者个体对教育者传授的全部知识技能可能全部吸收消化也可能部分吸收消化。学习者作为消费者的生态主体，就可以对教育者传授的知识技能做出排斥反应。假如学习者学习动机、学习意志力、学习兴趣不足，就可能排斥教育者传授给他们的知识技能，引起知识技能不能接收的无效效应。这种无效效应既可能表现在学习者个体对某个教育者、某个教育者种群或教育者群落，也可

---

① 聂清德、周明星：《现代化背景下城市教育生态危机及其修复》，《中国教育学刊》2018年第3期。

能表现在学习者种群对某个教育者、某个教育者种群或教育者群落，还可能表现在学习者群落对某个教育者、某个教育者种群或教育者群落社会。

（二）乡村工匠教育者影响乡村工匠学习者的条件

教育者作为生产者，应该是尽最大效能完成知识技能的传授任务，最大限度地提高乡村工匠学习者的学习效率和效益。教育者作为个体来说，应具备足够的知识能量和技能，掌握教育规律和教育方法，具有令学习者爱戴的人格魅力，能控制和利用好教育场域，能发现各种教育活动中产生的问题，及时反馈处理，成为至善至真至美之人。教育者作为种群来说，有一定生态位重叠竞争的效应，但教育者种群的使命是培养未来的乡村工匠，要加强教育知识技能和信息等方面的沟通和交流，教育者种群个体要取长补短，互相学习，同一生态位形成不同的知识技能传授本领，让教育者种群实力整体提升。教育者作为群落（如一所职校由校长、教师、教学和后勤管理者组成的团体）来说，应该从校园文化整体来规划教育体系。校园文化的建设包括物质文化建设、精神文化建设和制度文化建设。物质文化建设，如完善的设施、合理的布局、各具特色的建筑和场所，将使人心旷神怡、赏心悦目，将有助于陶冶湖湘工匠学习者的情操，塑造他们的美好心灵，激发他们的开拓进取精神；精神文化建设具体体现在校风（包括校训、校徽、校歌和校旗）、学风（指学习习惯、生活习惯、卫生习惯、行为习惯）、教风（教师工作作风）和学校人际关系四个方面，可以使乡村工匠学习获得共同文化观念、价值观念、生活观念等意识形态；制度文化建设包括制度建设、组织机构建设和队伍建设三个方面，只有建立起完整的规章制度、规范了学习者的行为，才有可能建立起良好的校风，通过组织机构建设和队伍建设，确保制度建设落到实处，才能真正规范校园学习者言行，因此制度文化建设对校园文化建设起着重要的、决定性的作用。

二 乡村工匠学习者与教育生态环境的关系

乡村工匠学习者与教育生态环境之间是适应与被适应、改造与被改造的关系。一方面，学习者作为乡村工匠教育生态系统的组成部分，受到教育生态环境的制约，需要适应教育生态环境的发展和演替；另一方面，学习者作为乡村工匠教育生态系统的主体，具有能动性，其活动会对周围的教育生态环境产生影响，使教育生态环境发生改变。乡村工匠学习者与教育生态环境相互作用，共同构成乡村工匠教育生态系统①。因教育生态环境分为自然生态环境、社会生态环境和规范生态环境，本研究将从这三方面说明乡村工匠学习者与教育生态环境的关系。

（一）乡村工匠学习者与教育自然生态环境的关系

乡村工匠学习者与教育自然生态环境的适应与被适应、改造与被改造的关系如下。乡村工匠学习者对教育自然生态环境的适应主要体现在：学习者身体适应校园内外自然、气候、饮食、住宿等自然条件，使自己以良好的生理状态进行学习。乡村工匠学习者对教育自然生态环境的改造主要体现在：教育决策机构和管理机构根据学生身体生长规律，通过人工规划、布局校园内的景观，让自然生态环境更好地促进学习者身体健康，使他们愉快学习知识技能。

（二）乡村工匠学习者与教育社会生态环境的关系

乡村工匠学习者与教育社会生态环境的适应与被适应、改造与被改造的关系如下。乡村工匠学习者对教育社会生态环境的适应主要体现在：学习者适应社会生活、伦理、信仰、价值观，为走上社会、适应社会的发展做好准备，形成积极的社会适应心态。乡村工匠学习者对教育社会生态境的改造主要体现在：不同时代的学习者会因为不甘于受陈旧的社会环境的束缚，通过学习者的力量或教育行政部门的力量积极改造旧的社会生态环境而产生新的社会生态环境。如"工匠"在古代地位较低，但在现代成为产业时代的弄潮儿，被赋予较高的社会地位。

（三）乡村工匠学习者与教育规范生态环境的关系

乡村工匠学习者与教育规范生态环境的适应与被适应、改造与被改造的关系如下。乡村工匠学习者对教育规范生态环境的适应主要体现在：学习者对于教育制度、纪律、条例、政策法规的遵守和适应。正是有了这些教育纪律条例的约束，学习者才能更专心地学习和吸收知识技能。乡村工匠学习者对教育规范生态环境的改造主要体现在：学习者、教育者和教育管理机构在教育活动过程中发现教育制度、纪律、条例、政策法规的缺陷和不足，进而修订这些规章制度，以较好地适应乡村工匠教育生态系统的发展，培育优秀的乡村工匠。

---

① 曾祥跃：《网络远程教育生态学》，中山大学出版社2011年版，第90—93页。

三 乡村工匠学习者与教育生态政策的关系

乡村工匠学习者"学生→新手→熟手→能手→高手→旗手（卓越乡村工匠）"①的升级需要不断地接受教育，成为旗手可以说是一个学习者终身追求的目标。而乡村工匠教育生态政策是为了培养乡村工匠而制定的规划性、前瞻性文件，主要是为了促进乡村工匠学习者的健康成长。

（一）支持与被支持的关系

从教育生态政策制定目的来看，乡村工匠学习者与教育生态政策之间是一种支持与被支持的关系。教育生态政策是为系统培养未来乡村工匠而制定的，具有服务性质和支持性质。教育生态政策是教育行政部门以官方形式颁布，对于作为学生的学习者来说是一种有力的文本支持，为乡村工匠教育生态系统的调控指明了方向。

（二）期望与被期望的关系

从教育生态政策制定标准来看，乡村工匠学习者与教育生态政策之间是一种期望与被期望的关系。教育生态政策制定标准是根据乡村工匠学习者当时的环境和状况，对未来的人才标准做出的预测，希望现在的学习者掌握成为未来乡村工匠所要具备的能力和素质。教育生态政策利用经济学、社会学、心理学、运筹学等学科知识，借助互联网、大数据等来制定，具有科学性。其对乡村工匠学习者的期望也符合当前社会的发展潮流。

（三）强迫与被强迫的关系

从教育政策制定内容来看，乡村工匠学习者与教育生态政策之间是一种强迫与被强迫的关系。教育生态政策的内容其实就是为达到培养未来乡村工匠的标准而制定的措施和实施步骤，体现了对学习者的一种强迫的意愿。因为不管乡村工匠学习者是否愿意接受这些政策内容，政策的实施和执行本身就对学习者采取了强制手段。

（四）理性与被理性的关系

从教育生态政策制定方法来看，乡村工匠学习者与教育生态政策之间

---

① 聂清德、张健：《中国现代职业教育理论逻辑体系构建》，《大学教育科学》，2016年第5期。

是一种理性与被理性的关系。教育生态政策制定方法是通过理性的分析作出的一种理性解决问题的决策，是理性的象征，为乡村工匠学习者理性地学习提供了先决的条件。乡村工匠学习者理性地获得是在教育政策制定的方法的引导下通过一段时间的实践完成的，具有后天适应性，并将最终达到对理性的超越。

四 乡村工匠学习者与乡村工匠杰出人物的关系

乡村工匠学习者从学生成为卓越乡村工匠的过程中，如果有榜样（乡村工匠杰出人物）的示范，成长效果会更快更好。榜样是教育乡村工匠学习者的最好的教材，用无声的语言和有形的事件来传递乡村工匠精神和文化，让乡村工匠学习者受到教育，找到从事该职业的精神寄托。乡村工匠学习者与乡村工匠杰出人物的关系如下。

（一）学习与被学习的关系

乡村工匠学习者与乡村工匠杰出人物之间是一种学习与被学习的关系。乡村工匠学习者可以学习乡村工匠杰出人物的优秀事件，如怎样对传统技艺进行传承与创新，怎样练就高超的技艺本领，怎样拥有伟大理想，感受和理解他们为改变社会命运甚至不惜以牺牲生命为代价的胆略和勇气。学习者可以通过观看电影、电视，阅读报纸、杂志，利用现代自媒体的网络平台来学习这些杰出人物的事迹，也可以通过实地参观考察他们工作和生活过的地方来体验和感受他们当时在艰难环境下对传统技艺的坚守精神。

（二）传承与被传承的关系

乡村工匠学习者与乡村工匠杰出人物之间是一种传承与被传承的关系。乡村工匠精神是由不同年代杰出的和普通的乡村工匠群体经过不断的实践和理论提炼而形成的精神财富，需要不断地传承和创新才能有永恒的生命力。每个时代的乡村工匠杰出人物都是乡村工匠学习者工匠精神的传播者。作为未来的乡村工匠，乡村工匠学习者是乡村工匠精神传承的最好载体，因为他们是乡村传统技艺的学习者。从非物质文化遗产保护的视角来说，乡村工匠学习者能很好地从乡村工匠杰出人物身上领悟乡村工匠精神的意蕴，达到更好的传承效果。

（三）超越与被超越的关系

乡村工匠学习者与乡村工匠杰出人物之间是一种超越与被超越的关

系。乡村工匠学习者作为刚入门的徒弟，对这些杰出人物怀有崇高的敬意，会勤奋地学习他们传承下来的技艺。学习者也会在乡村工匠精神的熏陶下成长，甚至成为杰出人物，创造新时代的技艺，完成对先辈们的超越。超越反映了乡村工匠学习者不拘泥于先辈们的理论思想，在继承的基础上完善先辈们的理论思想，适应时代的发展；被超越也反映了乡村工匠杰出人物的精神会随着时代和技术的进步，不断被后辈乡村工匠完善和修正，实现可持续发展。

第三章

乡村工匠教育生态系统调控依据：稳态运行条件

乡村工匠教育活动是一种培养乡村工匠的社会活动，其教育生态系统能否稳定运行，将直接影响乡村工匠的培养质量。那么，乡村工匠教育生态系统要稳态运行（即乡村工匠教育生态系统中在生态主体和生态环境之间进行信息传递、物质转化和能量流动的过程中所出现的量值保持在合理的区间内，不出现偏离的状态），需要哪些条件的支撑呢？本章基于前两章的理论分析，借鉴乡村工匠教育生态系统调控理论，结合乡村工匠教育生态系统运行特点，主要分析该系统稳态运行的优势和劣势、机遇和挑战，应然条件和实然条件。稳态运行是乡村工匠教育生态系统调控的终极目标，既是衡量乡村工匠教育生态系统失衡的标准，又是乡村工匠教育生态系统调控的准则。

第一节 乡村工匠教育生态系统稳态运行的 SWOT 分析

20 世纪 80 年代，美国管理学教授韦里克提出了 SWOT 分析法（也称 TOWS 分析法、道斯矩阵）即态势分析法，即任何一个部门或系统在发展的过程中都会有其内在的优势（strengths）和劣势（weaknesses），面临外在的机会（opportunities）和威胁（threats），其目的在于利用组织的优势和机会，尽量避开劣势和威胁，扬长避短来实现组织的发展。本研究利用 SWOT 分析的框架来全面分析乡村工匠教育生态系统的优势、劣势、机会和挑战，以探讨其稳态运行条件。

一 优势分析

(一) 技艺优势

乡村传统技艺是在三湘大地的孕育下而形成的,具有独一无二的乡村文化气质。如湘绣以它独特的技法、制品和发展,赢得了国内外的赞誉。传统湘绣有 72 种针法,分织绣类、网绣类、平绣类、纽绣类和结绣类五大类,还有后来不断发展完善的鬅毛针以及乱针绣等针法。

湘绣擅长以丝绒线绣花,绣品绒面的花形具有真实感;釉下五彩瓷烧制在设计、工艺、造型、装饰等技艺方面有着自己的特殊要求,工艺复杂,易学难精,其烧制技艺的独特之处在于坯釉选用、坯釉料配方、成型过程、彩绘过程和烧制温度控制过程等方面,这些特色成就了艺术品的价值魅力;湖南花鼓戏是湖南省的传统戏曲剧种,它综合了音乐、文学、舞蹈、美术、武术、杂技等艺术样态,通过唱、念、做、打的表现形式,反映着湖南人民的审美诉求和艺术创造[①];土家织锦是纺织技术的源头,在中国有着 3000 多年历史,以其高难度工艺和丰富的文化内涵,被视为纺织中最具价值与象征意义的文化艺术品,2006 年,"土家族织锦技艺"被列入国家首批非物质文化遗产代表作名录。此外,还有湘茶、湘竹等技艺也体现了独特的湖湘文化和精神价值。这些乡村传统技艺在今天湖湘人们的生活中具有不可替代性和很大的传承价值。

(二) 技艺传承人优势

乡村传统技艺之所以能传承与发展、焕发生机与活力,主要在于拥有优秀的技艺传承大师。如湘绣技艺大师、国家级非物质文化遗产湘绣代表性传承人、湘绣艺术学院工艺总监刘爱云,在培养湘绣专业教师、传授师生刺绣技艺方面形成了独特的技艺传授模式,她培养的弟子赵蓓瑛、彭慧霞现在也是省级刺绣大师,成为湖南工艺美术职业学院湘绣艺术学院的专业教师。邓文科大师和黄永平大师是釉下五彩瓷技艺传承人的代表,邓文科大师的四大嫡传弟子朱占平、李华军、黎建凯、付德毛现就职于湖南轻工高级技工学校,为培育陶瓷工匠而工作。2017 年,邓文科等 25 位醴陵陶瓷技艺大师被湖南工业大学醴陵陶瓷学院聘为客座教授。湖南花鼓戏技

---

① 朱咏北:《基于田野调查的湖南花鼓戏传承发展研究》,《音乐探索》2016 年第 5 期。

艺传承大师欧阳驹里先后培养出吴军等一大批在全国、全省颇具影响力的优秀学生和青年演员。土家族织锦技艺传承人现有叶水云、刘代娥、刘代英、刘代玉、田若兰、唐洪祥等大师，其中，叶水云是吉首大学客座教授，湖南十大艺术门类杰出传承人①。此外还有黑茶制作技艺代表性传承人刘杏益和李胜夫。刘杏益是黑茶茯砖茶制作技艺大师，李胜夫是黑茶千两茶制作技艺大师，他们是安化黑茶制作技艺传承的人才保障。

（三）科研优势

关于乡村传统技艺的研究文献也较多，以湘绣为例，研究从发展历史来进行梳理的文献有《湘绣史稿》②、《湘绣史话》③、《湘绣的历史渊源》④等；从工艺、艺术特征和文化特色来研究湘绣的有朱华的《湘绣的工艺及文化探索》、陈文菊的《从出土绣品看湘绣的源流及文化特征》、徐凡的《湖南湘绣艺术特色研究》等；从生态价值来研究湘绣的有刘咏清的《湘绣的原生态和市场态》；从品牌价值来研究的有陶赢的《浅谈湘绣的品牌价值》；此外还有从法律、营销、哲学、应用等视角对湘绣进行的研究，如杜炬的《湘绣产品出口的几个法律问题》、程醉的《湘绣突围：谁说便宜无好货？》、李湘树的《双面全异绣对莱辛理论的挑战》、欧阳舟等的《湘绣元素在现代包装设计中运用探析》、何兆芸的《简论湘绣首次全盛的内因》等。有大量的高校学位论文也表现出了对于湘绣艺术的研究热情，这些学位论文从各个不同的角度对湘绣艺术进行研究和分析，深化了我们对于湘绣艺术的认识，拓展了湘绣艺术应用研究的范围。此外，还有专门从艺术、市场开发方面来研究湘绣的硕士论文，如周文萍的《解析湘绣的艺术特点及对油画创作的借鉴意义》、许丛瑶的《湘绣旅游纪念品的开发设计研究》等⑤。这些研究成果为湘绣艺术的发展与繁荣提供了丰富的理论养分。

---

① 王文章：《西兰卡普的传人·土家织锦大师和传承人口述史》，中央编译出版社 2010 年版，第 1—249 页。
② 杨世骥：《湘绣史稿》，湖南人民出版社 1956 年版，第 1—48 页。
③ 李树湘：《湘绣史话》，海洋出版社 1988 年版，第 1—193 页。
④ 田顺国：《湘绣的历史渊源（上、下）》，《文艺生活（艺术中国）》2010 年第 3、5 期。
⑤ 韩延兵、曾润：《新世纪湘绣研究综述》，《艺术研究》2014 年第 5 期。

二 劣势分析

（一）教育经费投入不足

乡村工匠教育是一种社会事业，需要足够多的经济投入，而且培养出的乡村工匠可能面临待遇较低的问题。所以，乡村工匠教育职业院校为了生存、发展，只能多招与市场需求适应的专业职教生，这些专业虽也需要投入，但回报快，经济效益明显，因此对乡村传统技艺专业的招生规模也只能压缩，经济投入也减少。有时除了政府的财政支持的资金外，职业院校自身投入经费很有限。如湖南轻工高级技工学校在釉下五彩瓷的教学过程中，需要为学生提供学习用的颜料、瓷胚、绘画工具，并指导烧制，所要的教学经费太多，而学生每期缴纳的学费远远满足不了教学经费的需求①。又如土家织锦的制作，因要保持传统的手工技艺，就要保障纯手工的木机织锦，但木机织锦效率低，以2011年的日均收入计算，一个职工要整整3天才能织一幅锦，出售价格200元，减去所有成本，净利润只有150元，算起来，织工每天收入50元，低于当时在外打工的日均100元的薪水②。由此表明，经济投入的不足必然限制乡村传统技艺的传承和人才的培养。

（二）技艺后继无人危机

许多乡村传统技艺已被列入国家级非物质文化遗产，其项目代表性传承人称为"活着的国宝"，但因传承人年事已高，年轻一代又不愿学习，使得这些技艺面临消失的危险。如湖南省到2018年为止，获评"中国工艺美术大师"的24人中，只有17人在世③。土家织锦传承人、国家工艺美术大师唐洪祥曾十年间培养了一百五十六名徒弟，但因工资低，坚守到现在的不超过20人④。醴陵釉下五彩瓷被称为"国瓷"，但20世纪80年代市场经济的发展，对国有和集体湘瓷企业产生冲击，因这些企业经营不善，当地湘瓷研究机构衰落，国有瓷厂倒闭出售，老一辈的陶瓷工艺大师

---

① 明健飞、王一：《株洲醴陵釉下五彩瓷"西点军校"百年传承的新起点》，株洲文明网，http://hnzz.wenming.cn/wh/201312/t20131219_946186.htm，2013年12月19日。
② 李艳芳：《土家织锦生产性保护的现状研究》，硕士学位论文，中央民族大学，2012年。
③ 易禹琳：《湖南新增3名中国工艺美术大师》，《湖南日报》2018年5月15日第2版。
④ 李艳芳：《土家织锦生产性保护的现状研究》，硕士学位论文，中央民族大学，2012年。

和工匠年龄偏大，逐步退出湘瓷制造的历史舞台，新产品研发能力又因工匠的培育和储备不足遇到瓶颈。再加上年轻一代的湘瓷工匠缺乏系统的理论指导和实践的历练，工匠面临青黄不接的困境，阻碍了今天的釉下五彩瓷新品的研发和创新①。曾经50多个湖南花鼓戏剧团因得不到资金支持，现在只有20多个了②。随着老一辈的戏剧家相继过世，加之年轻人对湖南花鼓戏漠然置之，优秀的花鼓戏演员的改行，使得全省从事湖南花鼓戏表演的艺人由原来的万多人锐减到几百人③。

（三）技艺传承创新能力不足

乡村工匠教育的目的不仅在于继承优秀乡村传统技艺，还在于适应市场经济的发展需求，激发乡村内生活力，自力更生，自我发展。但培育的乡村工匠一般对传统技艺只继承，缺乏科研创新实力，不能适应新时代观众的文化娱乐需求，不利于技艺的传承。如湖南花鼓戏内容迂腐陈旧，跟不上时代的发展步伐，缺少内容和题材上的创新，没有结合现代社会实践赋予自身新时代的内涵。随着现代互联网、自媒体技术的发展，陈词滥调的湖南花鼓戏在现代市场中难以满足观众的欣赏口味。近年来，醴陵釉下五彩瓷的产品开发同质化现象严重，制作工艺单一；普遍图案化、平面化、程式化，使得立意、构图、用色、器型和装饰手法大同小异；器型外观不新颖，与时尚格格不入；传统题材的选择上主要以花鸟虫鱼为主，很少有山水或人物题材；装饰手法也单一，缺乏对虚实和气韵的把握能力，让很多新品看起来更像是画在瓷胎上的习作图案，丧失了传统表现手法原本具有的绘画性、层次感和多样性④。

三 机会分析

（一）财政支持强度加大

乡村工匠教育需要大笔的经费，离不开国家和省级政府的财政支持。

---

① 彭静昊：《当下醴陵釉下五彩瓷在设计创新过程中面临的主要问题》，《当代教育理论与实践》2013年第10期。

② 朱咏北：《基于田野调查的湖南花鼓戏传承发展研究》，《音乐探索》2016年第5期。

③ 吴朝辉：《浅谈湖南花鼓戏的现状与趋势》，人民网，http://people.rednet.cn/People-Show.asp?ID=1737741，2013年10月12日。

④ 彭静昊：《当下醴陵釉下五彩瓷在设计创新过程中面临的主要问题》，《当代教育理论与实践》2013年第10期。

2017年，教育部职教司发布的数据显示，职业教育经费总投入4342亿元，比2012年的总投入增加了1022亿元。同年，湖南省各地州市乡村工匠职业能力建设工作也得到了财政的大力支持。如长沙市近些年以产业发展为核心，开展了三届技能大师和五届技能大师工作室评选表彰活动，分别评选出了技能大师38人、技能大师工作室26个，财政资助经费共336万元。此外还实施了重点扶持计划，确定一批高技能工匠培训基础能力建设项目，2015—2017年，评选市级建设项目9个，拨付资金2250万元，基地培训能力年均达1200人以上，培养和选拔了一批高层次技能工匠。2015—2017年，长沙市选拔推荐全国技术能手1人、国务院特殊津贴2人、省政府特殊津贴6人。长沙市围绕市场需求，开展了一批高技能工匠培训。2015—2017年全市共培训高技能工匠2201人次，拨付补贴资金419.28万元①。2017年，在第44届世界技能大赛上，来自长沙建筑工程学校的梁智滨获得了砌筑项目冠军。国家和省委对此高度重视，特意开会进行表彰，并向他颁发了国家级和省级奖金共计40万元。政府财政支持促进了湖湘工匠教育事业的迅速发展。

（二）政策扶持力度加强

乡村工匠教育作为国家职业教育的主要组成部分，始终与国家的职业教育大政方针保持一致。自1996年颁布《中华人民共和国职业教育法》，职业教育的法律地位就已确立。随后各种促进职业教育的文件和政策纷纷出台，如1998年，国家教委、劳动部、国家经贸委三部门联合印发了《关于实施〈职业教育法〉加快发展职业教育的若干意见》为湖南省乡村工匠职业教育快速稳步发展指明了方向。2014年，《湖南省现代职业教育体系建设规划（2014—2020年）》颁布实施，提出"以校企合作、工学结合为核心"，"积极探索与企业开展定向培养、订单培养及联合招生、联合培养的现代学徒制试点，完善支持政策，推进校企一体化育人"。《湖南省贯彻〈中国制造2025〉建设制造强省五年行动计划（2016—2020年）》提出要大力发展职业技术教育，加快高技能技术人才培养，打造大批"工匠湘军"。2017年4月，湖南省委发布的《关于深化人才发展体制机制改革的实施意见》中，明确提出要"树立'湖湘工匠'品牌"。紧接着，株洲

---

① 陈尽美、陈童：《深入推进新时代职业能力建设 大力培养"湖湘工匠"》，湖南民生网，http://www.hnmsw.com/show_article_90637.html，2018年5月22日。

市委、市政府就印发了《关于进一步推进人才优先发展的 30 条措施》，实施人才引进"七大工程"。这些政策的颁布与实施，使湖湘工匠在作为湖湘传统技艺的高技能人才的同时，也在湖湘文化、社会身份等方面得到了很高的评价，赢得了口碑和声誉。

（三）社会认可程度加深

乡村工匠教育是在乡村振兴战略实施、国家大力提倡发展乡村职业教育的背景下率先提出的传统技艺工匠培养活动，受到了全社会的高度关注。如湖南省 2017 年 4 月至 12 月开展的"五湘"（湘茶、湘绣、湘瓷、湘酒、湘竹）竞赛在 2 万余名传统产业工人、乡村手工艺人参与下，全省共举办各级赛事一百多场，评选出了近千名县级以上工匠。这一竞赛活动在湖南省委、省政府的正确领导下，由省总工会具体牵头承办，并联合省直 17 个部门和 14 个市州总工会、省直机关工会共同开展。这一赛事在原来省级竞赛活动中还从没有见过，赛事规格高、规模大、影响深。在省级高规格的组织机构的示范引导下，市、县的竞赛组织机构都由市、县委副书记或常务副市长、县长担任主任，还有多部门一把手参与其中。省总工会也改变了以往技能竞赛唱"独角戏"的局面，成立了专门的竞赛组委会，注重协调调动各行业主管部门的组织优势，通过行业推进引导职工主动提高自身技能素质。在"五湘"和"十行百优"的竞赛活动中，全省报名参赛的职工人数达二十多万，参与服务和观战的职工和群众有一百多万人，崇尚工匠的良好氛围在社会上蔓延开来①。得益于政府部门的大力支持和积极宣传，以及赛事引进的竞争机制，乡村工匠教育的影响力度扩大，乡村工匠精神逐渐走进了人们的心田，促进了乡村传统技艺的传承和发展。

四　威胁分析

（一）市场竞争激烈

乡村工匠教育虽然培养的是优秀的乡村传统技艺工匠，但由于我国省份较多，各省在从事培养本土地域传统技艺工匠的教育活动时，必然会对市场传统技艺工匠的需求产生竞争。以湘绣为例，湘绣市场竞争分别来自

---

① 曾颖：《从"十行百优"到"五湘"竞赛：我省工会打造"湖湘工匠"的培养体系》，《湖南工人报》2016 年 6 月 13 日第 1 版。

省外和省内。省外，如湘绣与苏绣、蜀绣和粤绣一道被列为中国四大名绣，在刺绣市场受到粤绣、苏绣和蜀绣的挑战和威胁。其中，苏绣是湘绣的主要竞争对手。权威刺绣消费统计部门的数据显示，2012年，在国内刺绣市场上，湘绣的市场份额只有20%，比苏绣的市场份额低50%；在国外刺绣市场上，湘绣的市场份额占25%，比苏绣的市场份额低40%；目前，湘绣仅占据市场总量的12%，远远低于苏绣所占市场总量的83%，剩下的市场份额分别被蜀绣、粤绣、汴绣等占据。省内的竞争主要表现在低劣湘绣产品的冲击，早在2008年，湘绣大师刘爱云就指出："做湘绣艺术品的民营工厂，他们生产的湘绣成本低，价格低廉，消费者常常重价不重质，从而导致湘绣行业的恶性竞争严重，高质量的湘绣产品失去了市场。"现在，从事湘绣全职人员有六万多人，且整体素质和学历层次不高[1]，省外培养的刺绣工匠与省内培养的低端刺绣工匠严重威胁了高端湘绣工匠的培养。

(二) 市场对接不畅

市场是检验乡村工匠教育生态是否成熟的主要标志，如果培养的乡村工匠受到市场的青睐，就证明此种教育生态符合市场发展的需求。《湖南省现代职业教育体系建设规划（2014—2020年）》提出"职业教育与产业深度融合，与人力资源市场紧密对接"。2018年3月，株洲市职业教育协会（产教融合联盟）课题组发布《株洲市职业教育"产教融合、校企合作"调研报告》，指出企业与职业院校主要满足于就业合作，不愿意进行育人过程的合作，因为难以取得直接经济回报。这使得职业院校毕业生与高就业率相对应的是岗位工作低薪水、低地位，他们的工作岗位、收入都不能满足家长和学生的基本要求。而高技术含量的工种又面临供不应求、企业互相挖墙脚的问题，有不少工种甚至是无工可招。例如，南方航空高级技工学校是目前本市唯一的一所对接航空千亿产业群的职业学校，其高端技术人才特别是技术研发人才主要依靠外地培养，对株洲市航空产业的发展造成不利影响。虽然有权威报告指出"2017届高职高专毕业生半年后的就业率为92.1%"，首次超过本科生（2017届本科生毕业半年后的就业率为91.6%），但乡村工匠教育在培养适应市场发展的高技能工匠方面还

---

[1] 唐利群：《湘绣专业教育对行业企业经济推动作用研究》，《教育教学论坛》2014年第17期。

存在许多不足之处。

（三）市场需求高端技艺乡村工匠

国家职业教育培养的乡村工匠主要在乡村市场就业，由于传统技艺市场手工制造的成分大，生产效率不能与现代机械和智能制造相比，且生产同样的产品价格比机器制造的高，影响了产品的销售，限制了乡村高端传统手工艺产品市场的规模发展，最终导致市场对乡村工匠的总需求量减弱，而对现代高端技艺工匠需求量却越来越大。醴陵陶瓷产业是湖南十大标志性支柱产业之一。目前，醴陵全市有陶瓷企业650家，从业人员20余万人[1]，而其中低端陶瓷技艺工匠需求基本饱和，最紧缺的是陶瓷技艺研发高端工匠。以湖南工艺美术职业学院湘绣学院为例，该校2014届、2015届和2016届三届毕业生共104人，毕业人数较少与湘绣市场竞争力有较大关系。据预测，湖南省近年内传统手工艺美术工匠（乡村工匠）每年缺口在10万以上。而目前，湖南省传统手工艺美术市场共有五千多家公司，从业人员将近二百万，开设涉及陶瓷、湘绣、茶业、雕塑和工艺品设计等数十个专业的高职院校三十所，每年为社会培养的传统手工技艺工匠（乡村工匠）还不到二万人[2]。可见，传统手工技艺工匠（乡村工匠）的培养应成为乡村工匠教育今后一段时间的重点。

第二节　乡村工匠教育生态系统稳态运行的应然条件

一　教育生态主体

教育生态主体是指对乡村工匠教育生态系统运行产生影响的生命体（人）[3]。没有生命体的乡村工匠教育生态系统是不存在的。只有教育生态主体调整自身与教育生态环境的关系，才能保障乡村工匠教育生态系统的稳态运行。因而，教育生态主体是乡村工匠教育生态系统稳态运行的核心

---

[1] 龙腾：《2017中国醴陵国际陶瓷产业博览会28日开幕20项活动等你来》，华声在线网，http：//hunan.voc.com.cn/article/201709/201709202051459588.html，2017年9月20日。

[2] 张玲：《产学研结合，振兴湘绣产业》，《中国文化报》2012年10月8日第2版。

[3] 任凯、白燕：《教育生态学》，辽宁教育出版社1992年版，第37页。

条件和要素，为乡村工匠教育生态系统的有序性和多样性发展奠定了基础。本研究认为，乡村工匠教育生态系统生态主体由乡村工匠学习者、教育者、教育管理者和后勤服务者构成，这四者共同组成的生态主体系统既推动又制约着乡村工匠教育生态系统的发展。

（一）乡村工匠学习者

乡村工匠学习者的数量对乡村工匠教育生态系统产生制约。教育部在2010年公布的《中等职业学校设置标准》第六条规定"中等职业学校应当具备基本的办学规模。其中，学校学历教育在校生数应在1200人以上"；第七条规定生师比应达到20：1，即为了保障教学的质量和水平，要求根据学生人数配备一定师资。教育部在2000年颁布的《高等职业学校设置标准（暂行）》规定，全日制在校生规模不少于2000人。2008年，教育部印发《高等职业院校人才培养工作评估方案》对生师比的要求是18：1。湖南工艺美术职业学院现有在校生7000余人，教职工近500人，生师比粗略为14：1。从以上数据来看，目前湖南工艺美术职业学院乡村工匠的培养在数量上符合乡村工匠教育生态要求。

乡村工匠学习者的质量也会对乡村工匠教育生态系统产生制约。乡村工匠的培养需要乡村工匠学习者具有一定的天赋、较好的心理和道德品质。天赋是指的是乡村工匠学习者成长为乡村工匠之前就已经具备的特性和特征。就天赋而言，一定的天赋是学习者成为未来的乡村工匠的必备条件，如对乡村传统技艺具有较大的学习热情、天生具有执着信念且具备一些传统技艺知识和技能。心理是指学习者大脑对学习乡村传统技艺的主观意识反映。较好的心理是指学习者能够长时间坚守职业工作岗位，应具有"坚韧""坚强""坚持"的心理品质。道德是学习者对社会表现出的一种社会意识形态，是学习者学习乡村传统技能所应遵循的生活准则和行为规范。就道德而言，道德品质是学习者修身立命、传承乡村传统手工技艺的基本素质。学习者要成为乡村工匠就要先养成良好的道德，这是由高技能人才成长理论所决定的，不能违背。

（二）乡村工匠教育者

培养乡村工匠的教育者有着光荣的职业使命和责任，即培养出优秀的乡村工匠。乡村工匠教育者要培养出优秀的乡村工匠，在数量上就要合理，在质量上就要具备良好的教育素质和能力，因为乡村工匠教育者的数量和质量（素质）对乡村工匠教育生态系统的稳定运行有重要影响。

教育部印发的《中等职业学校设置标准》规定，中等职业学校专任教师一般不少于 60 人，师生比达到 1∶20，专任教师学历应达到国家有关规定。专任教师中，具有高级专业技术职务人数不低于 20%。《高等职业学校设置标准（暂行）》规定，大学本科以上的专任教师不少于 100 人，其中副高级以上的专任教师人数不应低于该校专任教师总数的 25%；每个专业至少配备副高级以上的专任教师 2 人，中级以上的本专业的"双师型"专任教师 2 人；每门主要专业技能课程至少配备相关专业中级以上的专任教师 2 人。《高等职业院校人才培养工作评估方案》对师生比的要求是 1∶18。乡村工匠教育生态系统同样需要执行教育部职业教育教师配备的标准和要求。

醴陵陶瓷烟花职业技术学校 2017 年专任教师 169 人，全日制在校生 3445 人，师生比 1∶20.38。湘西民族职业技术学院 2017 年专任教师 407 人，全日制在校生 11675 人，师生比 1∶28.69。湘西艺术职业学院 2017 年专任教师 282 人，全日制在校生 5603 人，师生比 1∶19.87。吉首市职业中等专业学校 2017 年专任教师 207 人，全日制在校生 4200 人，师生比 1∶20.29。这些乡村工匠教育职业院校还没有达到《高等职业院校人才培养工作评估方案》1∶18 的标准。影响乡村工匠的培养质量的不只有乡村工匠教育者的数量，而且还有乡村工匠教育者的质量。教育者的质量是指教育者为培养乡村工匠而应具有的各项素质的状况，主要由职业教育道德、职业教育知识、职业教育技能、职业教育方法等要素构成。如教育者这些素质越高，教育者的质量就越高，教育者就能更好地服务于乡村工匠的培养。

（三）教育管理者

教育管理者作为生态主体，对乡村工匠教育生态系统的稳态运行也会产生重要影响。当教育管理者在教育活动管理中情绪饱满时，就会促进乡村工匠教育生态系统稳态和良性运行，反之，就会使乡村工匠教育生态系统失衡运行。

教育管理者要在乡村工匠教育生态系统中发挥应有的作用，就要具备以下一些素质和能力：一是具有爱心。爱乡村工匠职业教育，爱师生，愿意把一生奉献给学校。有学者曾说，最好的教育是爱的教育。爱能感动一切，爱能温暖师生，能让教师甘愿清贫，也乐于把自己平生所学教给学生；能让学生忍受困难，也坚持刻苦学习知识和技能。二是具有教育科学、心理科学和管理科学知识。具有教学科学知识，才能知道怎样教育学生，怎样激励教师；具有心理科学知识，才能知道学生心理问题和教师心理问题，进行正确的心理疏导和治疗；具有管理科学知识，才能运用管理原理和方法来提升乡村工匠教育管理效率和效果。三是具有团队精神。团队精神能让教育管理者具有高尚的人格魅力，把全校师生员工团结在一起，为了实现乡村卓越工匠人才的培养而努力奋斗。同时，团队精神也能让教育管理者为全校师生员工创造良好的教育生态环境，实现环境育人的目标。四是具有担当精神。担当精神是教育管理者必备的素质。教育管理者的担当精神主要体现在教育决策和行动上，对出现的问题勇于承认错误，敢于担责，不推诿。敢于担当、勇于担当的教育管理者在乡村工匠教育活动中起着表率作用，能让全校师生员工不惧艰难险阻、勇往直前。

（四）后勤服务者

后勤服务者在乡村工匠教育生态系统中起着辅助作用，但也不能缺少他们的有效参与。优质的后勤服务是以高素质的后勤服务者为基础的，所以，要使乡村工匠教育生态系统的后勤工作更好地为乡村工匠教育教学服务，就必须要有有素质高、意识新的后勤服务者。乡村工匠教育生态系统中，提升服务能力，建设优质后勤是后勤服务者义不容辞的责任。如近年来，湖南工艺美术职业学院后勤处以《湖南工艺美术职业学院创建湖南省文明高校实施方案》为契机，为了提高后勤服务水平，专门到职业兄弟院校后勤处学习交流，就基建维修、临时用工、垃圾清理、水电管理、资产管理、物资采购、食堂管理、社会化项目等各项工作进行了细致的咨询。回校后，召集所有后勤人员开会，讨论本校后勤工作的优点和缺点，制定整改方案。一切改进措施的推行以全校师生的满意度为衡量标准。

对于每一年度学校的大型活动，该校后勤处提前安排后勤服务者的任务，包括场地布置，卫生清扫等，做到任务到人，责任到人。减少了后勤服务者推诿、扯皮、偷懒等恶习行为，为全校师生树立了良好的榜样，对乡村工匠学习者树立正确的世界观、人生观和价值观产生了积极影响。后勤服务者在"为师生服务"的理念引导下，把主动、热情、耐心、周到带到了平时的服务工作中，提升了自己在学校师生员工心目中的形象，提高了工作效率，增强了学校内部的凝聚力。

当前，如何提升后勤服务者的服务素质和服务意识成为乡村工匠教育系统主要的研究课题。

二 教育生态环境

因生态环境是影响某种生物（包括人类）的个体、种群或某个群落的各种生态因子的综合①，据此，本研究认为，乡村工匠教育生态环境是指存在于乡村工匠学习者周围并对他们的成长产生影响的物质要素和精神要素的总和，主要由自然生态环境、社会生态环境和规范生态环境构成②。自然生态环境主要影响学习者的身体健康，社会生态环境主要影响学习者的心理（精神）健康，规范生态环境主要影响学习者的道德和人格健康。

（一）自然生态环境

自然生态环境是指存在于乡村工匠学习者周围的对他们的身体健康产生直接或间接影响的各种天然形成的物质和能量的总和③。乡村工匠教育活动必须要通过建立占据一定地域和范围的职业院校来实施。良好的自然环境就成为乡村工匠教育选址的重要考虑因素，因为地理环境影响着学习者的生长发育。

古代的学校一般建立在自然条件较好、农业发达、水草丰茂的江河边，如古埃及最早的学校——宫廷学校、寺庙学校和书吏学校，又如古代印度和流域的吠陀学校。我国古代学校除了上述特点外，还有的建在名山大川。如建在洙泗二水之畔的齐鲁名学、建在成都平原的巴蜀名学、建在岳麓山下的岳麓书院。这些学校优美的自然环境有利于读书治学、修身养性。

现代的乡村工匠教育职业院校同样需要选择自然环境好的地域作为校址。苏联著名的教育家苏霍姆林斯基在评价帕夫雷什中学所处的自然环境时说："学校地处村边僻静的环境，周围是大自然，附近又有大面积的水域——这一切对孩子们的身体发育和健康，都是十分有利的"④。现在，乡村工匠教育职业院校一般选址在城市郊区自然地理环境好的地方。这些地方自然环境优美，交通便利，正是闹中取静的世外桃源。如湖南艺术职业

---

① 吴鼎福、诸文蔚：《教育生态学》，江苏教育出版社2000年版，第10页。
② 吴鼎福、诸文蔚：《教育生态学》，江苏教育出版社2000年版，第11页。
③ 吴鼎福、诸文蔚：《教育生态学》，江苏教育出版社2000年版，第10页。
④ ［苏联］苏霍姆林斯基：《帕夫雷什中学》，赵玮、王义高译，教育科学出版社1983年版，第124页。

学院就坐落于风景秀丽的岳麓山下。

乡村工匠教育职业院校的服务半径和布局规划也是建校重要的考虑因素。许多乡村工匠教育职业院校因国内交通发达,服务半径已经覆盖全国各省市,面向全国招生,扩大了职业有效的影响力。同时,校园选址应充分考虑土质结构、水位、给排水系统,优先选择水电资源丰富,空气清新,阳光充足的区位;充分利用已有地形,顺势而为,少挖土方,少占农业用地,减少拆迁①。

(二) 社会生态环境

社会生态环境是指存在于乡村工匠学习者周围的对他们的心理健康产生影响的各种关系的总和。从宏观方面来说,社会生态环境包括政治环境、经济环境、技术环境、文化环境等;从微观方面来说,包括家庭环境、学校环境、社区环境等②。

1. 宏观社会生态环境

一是政治环境对乡村工匠教育的影响。政治环境是指对乡村工匠教育产生影响的外部政治形势、国家方针政策及其变化。其对乡村工匠教育的影响主要表现在:首先,政治环境影响乡村工匠教育的办学方向、培养目标、理想、信念和价值观。乡村工匠教育是社会主义职业教育的重要组成部分,培养的是社会主义事业中美丽乡村的建设者。其次,政治环境影响乡村工匠教育的结构和内容。资本主义鼓励发展个人主义教育,社会主义强调集体主义教育。

二是经济环境对乡村工匠教育产生影响。经济环境,即围绕在乡村工匠教育活动外部的经济条件。它对乡村工匠教育产生影响。一方面,社会经济为乡村工匠教育的发展提供物质基础,不仅提供办学经费、办学设施设备,还提供受教育的乡村工匠学习者;另一方面,社会经济对乡村工匠教育事业发展提出了客观要求,不仅对乡村工匠教育发展的速度、规模提出量的需求,而且对教育的产品(培育的乡村工匠)规格提出质的规定。

三是技术环境对乡村工匠教育的影响。所谓技术环境,即对乡村工匠教育产生影响的技术条件及其发展状况。首先,技术革命会改变乡村工匠的教育使命和目标。以蒸汽机为标志的第一次工业革命,乡村工匠

---

① 范国睿:《教育生态学》,人民教育出版社1999年版,第156页。
② 吴鼎福、诸文蔚:《教育生态学》,江苏教育出版社2000年版,第17页。

只需要小学文化水平；以电气为标志的第二次工业革命，乡村工匠需要初中文化水平；以原子能、电子计算机、空间技术和生物工程为标志的第三次工业革命，乡村工匠需要高中以上文化水平；以人工智能、清洁能源、机器人技术、量子信息技术、虚拟现实以及生物技术为标志第四次工业革命，对乡村工匠的文化科学素质和技术水平又提出了更高的要求。另外，技术的进步也推动乡村工匠教育教学的改革发展，现代的慕课、微课和翻转课堂对于乡村工匠教育教学质量的提升起到了一定的作用。

四是文化环境对乡村工匠教育的影响。文化环境是指影响乡村工匠教育活动基本价值、观念、偏好和行为的风俗习惯和历史因素。乡村文化对乡村工匠教育的影响：一是乡村文化意识决定乡村工匠教育观念。如"心忧天下、敢为人先"的湖湘文化孕育了湖湘工匠的爱国情怀、担当意识和开拓创新精神；"经世致用、兼容并蓄"的湖湘文化孕育了湖湘工匠的实事求是和包容开放的特质。二是不同时期的乡村文化对乡村工匠教育的认识和态度不同。在等级森严的封建社会，工匠的地位比较低，受儒家文化影响的乡村文化也不重视工匠的地位，造成了"万般皆下品，惟有读书高"的观念的出现，扭曲了乡村工匠的社会形象。而现代的乡村文化重视传统手工艺文化的传承，重视乡村传统技艺的历史意义和艺术价值，乡村工匠教育成为国家职业教育事业的璀璨明珠，促进了乡村工匠市场的壮大和发展。

2. 微观社会生态环境

首先，家庭环境对乡村工匠教育的影响。家庭作为社会生活的基本单位，是由婚姻关系、血缘关系来维系的组织。家庭对学生的影响作用甚至大于学校，S. 魏斯曼（S. Wiseman）在调查研究中发现，儿童的家庭环境对其成绩的影响比较，如按分量来算，家庭是邻居和学校两者影响之和的两倍。因为家庭是个人成长的起点，父母亲对子女最了解，容易因材施教，传递爱的教育理念。家庭成员相互的态度和感情、家庭氛围、言行举止、兴趣爱好都影响着乡村工匠学习者的性格与态度、积极与消极的情绪。良好的家庭环境促进学生良好心理品质的发展，哈巴特曾说："一个父亲胜过一百个校长。"[①] 鉴于此，父母应起表率作用，以身作则，言传

---

① 吴鼎福、诸文蔚：《教育生态学》，江苏教育出版社 2000 年版，第 18—19 页。

身教。

其次,学校环境对乡村工匠教育的影响。学校是一种人工生态环境,作为社会生态环境中的一个小生态环境,对乡村工匠学习者的影响显而易见。学校的人文精神环境、文化活动、教学氛围都会对学生的德育、美育、技能教育产生心灵的震撼和洗礼,促进学生的全面发展。因为良好的学校环境能培养学生的学习兴趣,激发学生的学习热情,培育学生正确的生活态度,所以社会各界应更加重视乡村工匠教育学校环境的建设,为培养优秀乡村工匠献计献策。

最后,社区环境对乡村工匠教育的影响。所谓社区环境,是指乡村工匠教育院校周围社区的生活习惯、人际关系状况、消费状况和治安状况等。主要表现在饭店商店的影响(影响学习者的消费观念)、书店的影响(非法盗版、色情书籍影响学习者的心理健康)、网吧的影响(让学习者沉迷网络游戏)、安保的影响(生命、财产安全状况和治安状况影响学习者能否安心学习)、通信环境的影响(垃圾短信、网络诈骗、校园网贷、通信费用负担等对学习者产生的负面影响)、社区棋牌活动的影响(棋牌赌博活动对学习者的负面影响)、公益活动(促进学习者的慈善意识的形成)、环保活动(促进学习者的劳动意识和环保意识的提高)等。因此,社区管理者需要有长远培育乡村工匠的意识,努力建设一个好的社区环境,促进乡村工匠的成长。

(三) 规范生态环境

规范生态环境是指存在于乡村工匠学习者周围的对他们的人格和道德健康产生影响的法律、条例和规章制度等因素的总和[①]。乡村工匠教育规范生态环境主要由国家各级乡村工匠职业教育行政主管部门制定的规划、制度和乡村工匠教育职业院校制定的发展规划、教育管理制度、规章条例组成。

中共中央、国务院2017年2月在《关于深入推进农业供给侧结构性改革,加快培育农业农村发展新动能的若干意见》中提出"鼓励高等学校、职业院校开设乡村规划建设、乡村住宅设计等相关专业和课程,培养一批专业人才,扶持一批乡村工匠"。

湖南省教育行政部门的规划、制度如2016年湖南省教育厅印发的

---

① 吴鼎福、诸文蔚:《教育生态学》,江苏教育出版社2000年版,第28页。

《湖南省建设教育强省"十三五"规划》（湘教发〔2016〕45号）提出"职业教育产教融合工程"，即"卓越职业院校建设计划"（到2020年，全省遴选建设30所左右国内一流、国际知名的卓越职业院校）、"特色专业体系建设计划"（到2020年，中、高职各立项建设30个左右省级示范性特色专业群）、"农村中等职业教育攻坚计划"〔全省87个农村县市，每个县市建设好1所示范（骨干）公办农村中职学校〕、"职业院校对接区域产业生产性实习实训基地建设项目"（到2020年，支持30所左右高职院校、100所左右中职学校每所学校建设1个生产性实习实训基地）、"职业教育基础能力建设"（支持50所左右中职学校、5所高职学院改善基本办学和实习实训条件，强化相关专业建设；支持4所普通本科高校向应用型转变，重点加强实验实训环境、平台和基地建设），为乡村工匠教育生态系统向现代职业教育体系转型提供了很好的政策保障，对乡村工匠学习者的人格和道德健康产生了间接的影响。

乡村工匠教育职业院校制定的发展规划、教育管理制度、规章条例，如2016年湘西民族职业技术学院印发的《湘西民族职业技术学院"十三五"事业发展规划》的总体目标是："通过'十三五'建设，形成比较完善的技能型人才培养体系和办学保障体系，学院办学条件明显改善，招生结构、专业结构、师资结构明显优化，教育教学质量明显提升，师德校风明显改进，综合办学实力明显增强，社会影响力明显扩大，党的建设明显加强。力争用5年时间将学院建成办学特色鲜明、服务产业发展和精准脱贫的省内一流卓越高职院校。积极创造条件实现2—3个专业向本科专业提升"，此外还在人才培养体制、管理体制、人事管理和收入分配制度、科研管理制度、招生和就业工作、后勤管理体制、产业管理制度等方面提出了改革的具体目标。《湖南艺术职业学院"十三五"发展规划》的总体目标："坚守艺术为本，在立足办好艺术中专与高职的基础上，力争在2018年中部地区本科院校设置的时间节点上，实现筹建湖南艺术学院的战略目标"，此外还提出了艺术中专、高职、本科教育三位一体的教育模式。《吉首市职业中等专业学校"十三五"发展规划》的总体目标："为西部大开发、促进湘西经济发展和提高湘西地区人口素质服务，力争成为国家中等职业教育改革发展示范校"，此外还提出深化人才培养模式和课程体系改革目标，以对接湘西人才市场需求。这些发展规划对乡村工匠教育生态系统在人才培养规格和质量上提供了制度保障，对乡村工匠学习者的人格和道德健康产生了直接的影响。

三 教育生态功能

教育生态功能是指乡村工匠教育生态系统在运行时所发挥的生态效能。自然生态系统主要有物质循环、能量流动和信息传递三大基本功能。根据自然生态学理论，本研究认为乡村工匠教育生态系统主要有三大生态功能，即物质循环功能、能量流动功能和信息传递功能。

（一）物质循环功能

物质循环是自然生态系统中各种化学元素在生物与环境之间转换循环的动态变化过程。而物质循环平衡，即各种化学元素在生物与环境之间转换循环的动态变化过程中量和质的均衡流动现象。乡村工匠教育生态系统中物质循环平衡主要是指用于乡村工匠教育的人力、物力和财力的平衡，这些物质元素在乡村工匠教育生态系统中传递时形成顺畅的生态链流动，使得各环节紧密衔接，呈现良好的生态循环样貌。这种循环主要通过社会库与乡村工匠教育职业院校库的物质流通得以实现，社会库向乡村工匠教育职业院校库输入人力、物力和财力，而乡村工匠教育职业院校通过对乡村工匠学习者三年的培育把他们培养成乡村工匠，再输送到社会库，社会库把新的一批乡村工匠学习者输入乡村工匠教育职业院校库，又用三年完成新的一轮循环。这种循环是以乡村工匠学习者的三年学习为一个周期，其流量就是每一年招收的乡村工匠学习者人数。

1. 人力循环

乡村工匠教育生态系统中的人力是指所有进入乡村工匠教育生态系统、为培养乡村工匠做出贡献的人员，主要包括学习者、教育者、教育管理者和后勤服务者四类人力资源。学习者，即学生，未来的乡村工匠；教育者，即技能大师、专业教师和文化课教师；教育管理者，即校长、招生就业管理者、教务管理者、辅导员人员；后勤服务者，即图书管理者、生活食宿服务者。该系统正常的循环模式是，这些人力资源从外部进入学校这个容量库后，分别成为学习者、教育者、教育管理者和后勤服务者。教育者、教育管理者和后勤服务者服务于乡村工匠教育活动，孕育学习者成为乡村工匠。学习者通过学习达标以后进入乡村社会就业，成为乡村工匠，或又通过职业院校招聘、培训成为技能大师，成为培育新生代乡村工匠的教育者，又进入下一轮人力循环（见图3—1）。人力循环平衡主要表现在：第一，学习者的平衡。即想从事乡村传统技艺学习的人数适中，进入学校的技艺学习者是真心喜欢该门技艺。第二，教育者的平衡。即作为技艺的主要传授者技能大师人数适中，既能进行技艺教学，又能进行道德品质教育。第三，教育管理者和后勤服务者的平衡。即职业院校在招聘教育管理者和后勤服务者时，要考虑乡村工匠学习者每年的招生计划，按照教育管理者和后勤服务者人数与技艺学习者人数的合理比例进行配置。

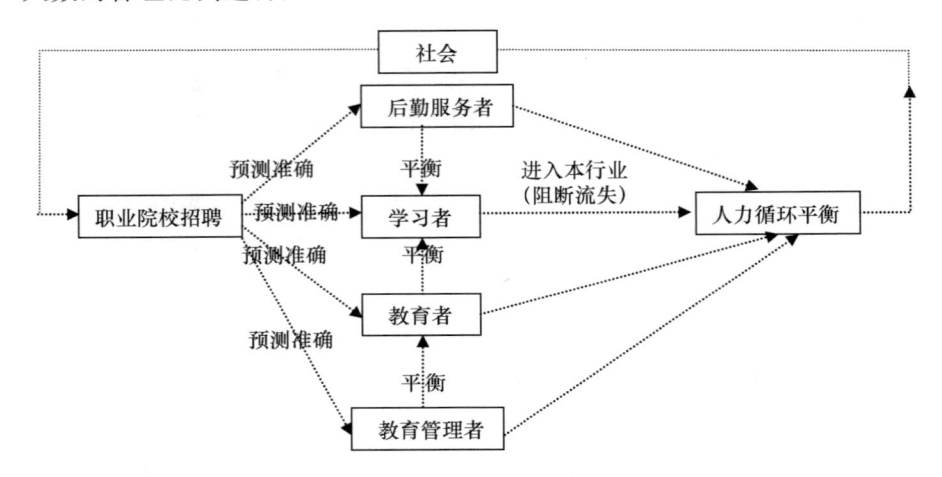

图3—1　乡村工匠教育生态系统人力循环平衡

2. 物力循环

乡村工匠教育生态系统中的物力是指投入到乡村工匠教育生态系统中可供使用的全部物质资源。教育物质资源进入职业教育生态系统后就变成教育场所、教学设备设施、教育资料等。教育场所成为教育者和学习者教育学习的自然场域，教学设备设施和教育资料在乡村工匠教育过程中变成了教育的媒体介质，旨在促进教育者的教学和学习者的学习。教学设备设施和教育资料通过教育者和学习者带入教育消费之中，被消费完成以后又通过废品回收公司和制造公司重新生产再回到学校，完成下一轮循环利用。物力循环的平衡表现：第一，教育场所能满足所招收的乡村工匠学习者的学习需求，实现物尽其用，使教育场所得到优质高效利用；第二，能考虑实际招生人数合理购买教学设备设施和教育资料，做到不闲置（图3—2）。

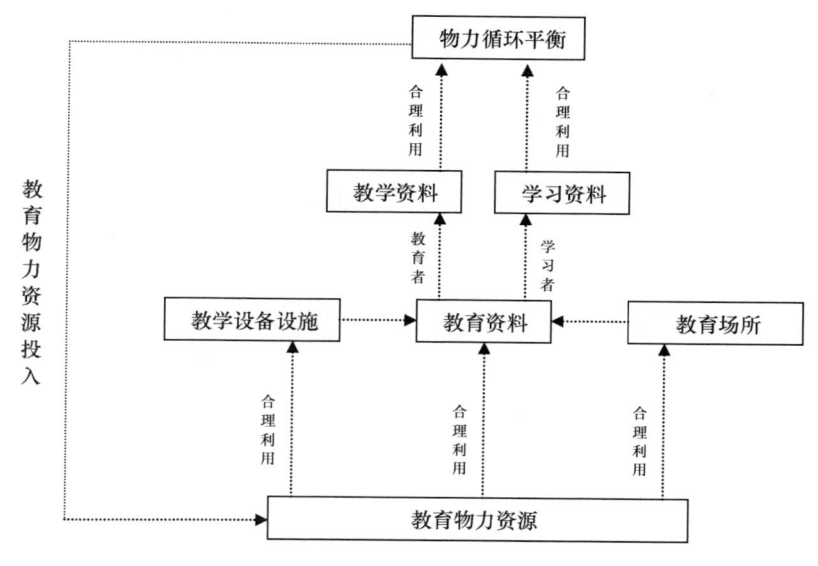

图 3—2　乡村工匠教育生态系统物力循环平衡

3. 财力循环

乡村教育生态系统中的财力是指为了培养乡村工匠所投入的经费。财力一部分通过购买教育者的劳动以支付工资的形式转移到教育者身上，让教育者在基本生活得到保障的前提下把所学知识和技能通过各种教学活动传授给学习者；另一部分通过购买教育场所、教育设备设施、教学资料等媒介，让其转变成教学条件，以保障乡村工匠培养活动的正常进行。学习者通过学习成为乡村工匠后，进入社会生产领域，创造社会财富，他们创造的财力一部分留给自己生活和家庭费用开支，而另一部分则以财政税收的形式进入国家财政系统，国家财政系统又以教育投入的形式把这一部分财政税收（财力资源）投入到乡村工匠教育生态系统，进行新的循环。财力循环要平衡，一是投入到乡村工匠教育生态系统的财力资源（资金）要适量，能促进乡村工匠的优化培养；二是购买教育者劳动的价格符合市场职业价值需求，能让教育者在乡村工匠教育生态系统内积极主动地从事职业教育；三是教育投入培养的乡村工匠毕业后从事该门技艺工作时应能得到合理的待遇，使他们愿意终生从事该门职业，减少培养的乡村工匠的流失（图3—3）。

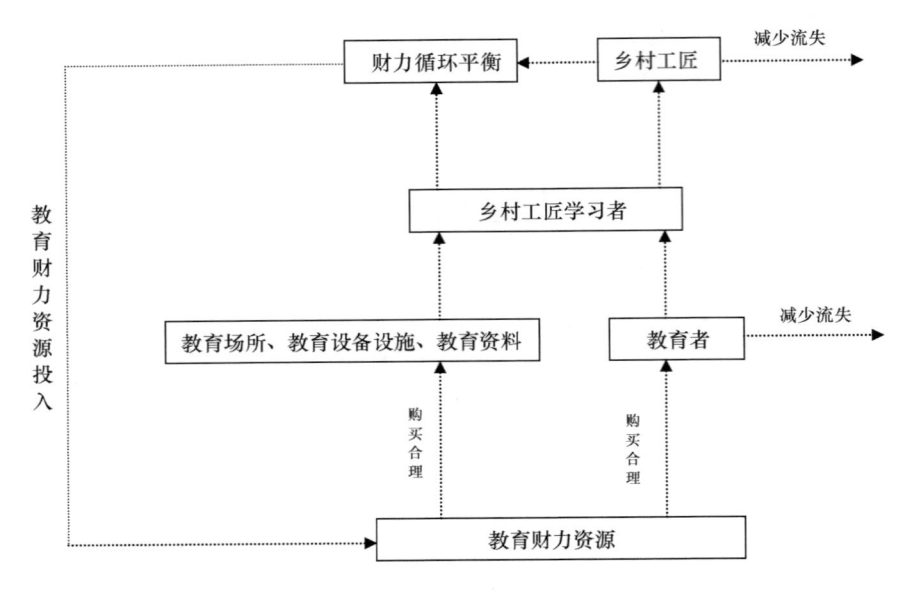

图 3—3　乡村工匠教育生态系统财力循环平衡

（二）能量流动功能

能量流动功能是自然生态系统得以演进的基础，是一切生物活动的前提条件。根据热力学第一定律，能量既不会消失也不会产生，它只是由一种形式转变为另一种形式。能量流动也体现了生物不断地更新换代，完成新旧交替，是自然生态系统的基本功能之一。根据热力学第二定律，能量流动呈单向性和逐级递减性，要保持生态系统的有序运行，需要不断地提供能量，抑制正熵的增加。自然生态系统的能量流动按照"生产者—消费者—分解者"的方向进行单向流动并逐渐递减，是因为在能量流动过程中生物不能全部消化吸收上一级能量，有一部分能量会以呼吸、废物的形式向下一级生物流动。这是不以人的意志为转移的自然生态系统能量流动的客观规律。

作为社会生态系统的乡村工匠教育生态系统，其主要能量是乡村传统技艺，包括技艺制作工艺、技艺知识、技艺技能和技艺文化。该系统的能量流动与自然生态系统相似，是沿着"生产者（教育者）—消费者（学习者）"进行流动，如果乡村传统技艺能量流动正常，就能一代代传承下去，实现可持续发展。乡村工匠教育生态系统能流有别于自然生态系统能流，其能量在流动过程中可能增强也可能减弱，即教育者（乡村工匠教育者）

掌握的技艺通过学校教育流动到乡村工匠学习者身上时，可能因为乡村工匠学习者的学习能力较强全部掌握，或乡村工匠学习者根据环境的变化对传统技艺不断改进或优化，实现技艺能量的递增，但也可能因为乡村工匠学习者的学习能力较弱不能全部掌握教育者传授的技能知识，导致一部分技艺能量流失，不能被学习者吸收。在乡村工匠教育生态系统中，如要实现乡村传统技艺能量的正常流动，就要控制教育者的教学方法和教学意愿、学习者的学习能力和学习环境（图3—4）。

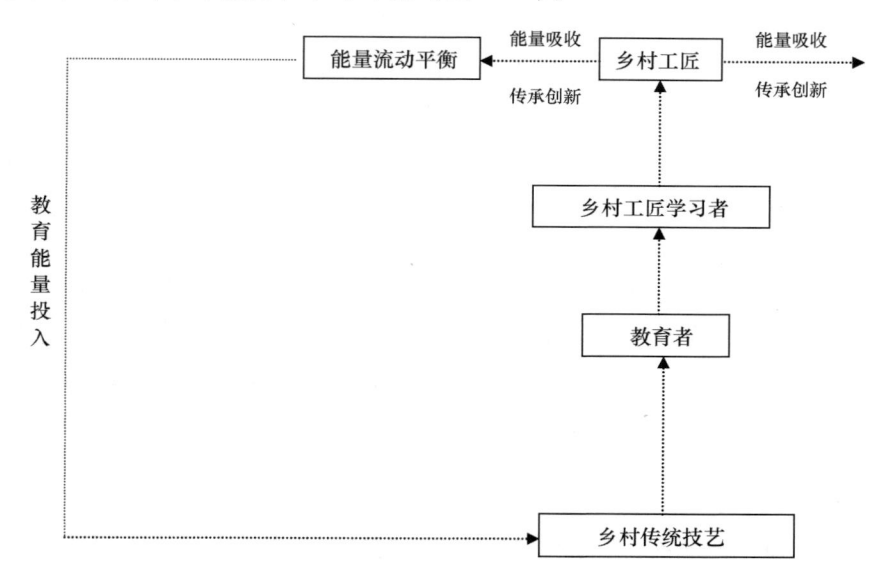

图3—4　乡村工匠教育生态系统能量流动平衡

（三）信息传递功能

1. 信息传递过程

信息传递是乡村工匠教育生态系统的基本要求，是通过语言、文字、图像、颜色等形式由信息源向信息接收者进行传播的活动。自然生态系统中生产者、消费者和分解者会根据接收到的信息不断地调整自己的行为，以适应环境的变化和发展。信息传递是乡村工匠教育生态系统的功能之一，是系统内主体之间相互协调、主体与环境之间相互适应的基础。当系统失衡时，信息传递能够及时发出警报，为系统及时调控提供保障。乡村工匠教育生态系统中信息的传递主要发生在教育者与学习者之间，有四个基本环节。

第一环节，教育者的信源。信源是信息产生的起始点，是教育系统中事物运动的结果。当信息在信源产生时，教育者将接受的各种信息（包括传统技艺信息）进行筛选、分类、整理，然后通过语言、文字、图像进行编码。

第二环节，借助教学媒介传递。教学媒介是乡村工匠教育生态系进行信息传递的桥梁。教育的信息通过教材、图表、投影仪、照片、幻灯片、电影、录音和录像设备等教学媒介传递给学习者。

第三环节，学习者接受信息。学习者在接受信息时一定要对信息进行解码，即对教育者发出的信息进行辨识。最后才能接收到教育者通过教学媒介发出的有关传统技艺的信息。

第四环节，信息反馈。信息反馈是乡村工匠教育生态系统信息流的重要环节，即对已有信息传递的效果进行分析评价，为下一轮信息精准传递做好准备。教育者将信息通过教学媒介传给学习者之后，一定要检查学习者是否全部准确接收了信息。检查的形式有复习、竞赛、考核或考试等，如果学习者全部掌握传递的信息，教育者就可以进行新一轮的信息传递；如果学习者只部分掌握传递的信息，教育者和学习者就还要研究信息传递中的问题，找出原因，进行修正后再进行传递，直到学习者全部掌握为止。

2. 信息传递平衡条件

在乡村工匠教育生态系统中，要保障信息传递准确通畅，就要合理控制教育环境、教育者传递的方式、学习者学习的方式等因素，让系统信息传递保持正常（见图3—5）。

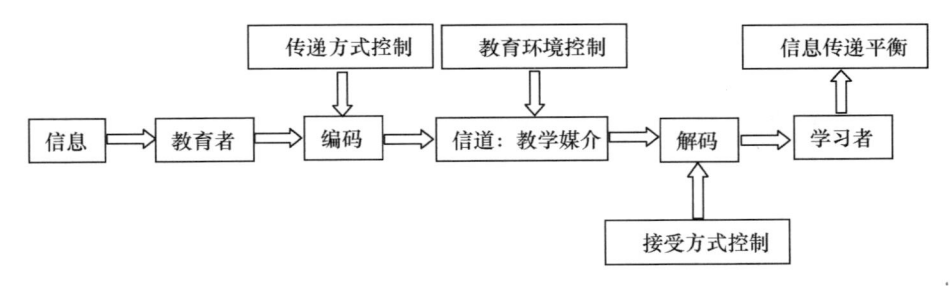

图3—5 乡村工匠教育生态系统信息传递平衡

其一，控制教育环境干扰。主要从学校内部环境干扰和学校外部环境干扰两方面进行控制。学校内部环境干扰控制，如减少课堂噪音、控制课堂教育者和学习者的说话声和情绪；学校外部环境干扰控制，如提升乡村工匠的经济地位、社会地位和政治地位，让乡村工匠教育者的教育情绪和学习者的学习情绪高涨。

其二，控制教育者不当传递方式。咨询学习者教育者以什么样的传递方式传递知识信息时，容易完整正确地接受，从而确定教育者以什么样的传递方式进行传递。这样，信息就完整而准确地向信息接收端传递，保障信息高度真实。

其三，控制学习者不当接受方式。教育者应了解学习者准确接收信息的恰当方式，运用学习者易于接收知识信息的方式进行信息传递，保障学习者完整准确地接收信息传播端的信息，使学习者正确解码和接收信息。

第三节　乡村工匠教育生态系统稳态运行的实然条件

因研究条件的限制，本研究以湖南省乡村工匠为研究样本，以《湖南省国民经济和社会发展十三五规划纲要》和《湖南省中长期人才发展规划纲要》为蓝本，分析现有乡村工匠教育生态系统稳态运行所需具备的实然条件，即分析湖南省乡村工匠的需求总量。

一　乡村工匠需求总量控制意义

乡村工匠作为非物质文化遗产的传承人，对于传统技艺的继承和发展具有重要的作用。我们根据未来市场对乡村工匠的需求进行总量的培育和调控，有利于乡村传统技艺市场的健康发展。

首先，对需求总量进行控制有利于乡村工匠资源的充分利用。培养乡村工匠的目的是合理使用乡村工匠，适应乡村传统技艺市场的发展要求。市场发展需求是乡村工匠培养数量首先要考虑的问题。没有市场发展预期，盲目招收和培养乡村工匠，就会出现人才培养的浪费，导致培养资源的浪费，违背经济发展的投入、产出规律。

其次，对需求总量进行控制有利于乡村工匠培育资源的合理利用。乡村工匠培育资源要针对培养数量和质量进行比例配置，当培养数量增加时，就必须要相应地增加培育资源，如专业教师人数、教学设备、实验实习基地等；但当培养的乡村工匠超过市场需求时，不但影响乡村工匠的就业，更重要的是也浪费了培育资源。只有合理预测未来一定时期的需求，进行工匠需求预测，确定乡村工匠培养数量，配备适用的工匠培育资源，才能做到"物尽其用，人尽其才"。

最后，对需求总量进行控制有利于高技术技能工匠市场的高效运行。高技术技能工匠除了包括在非物质文化遗产传承的乡村工匠之外，还包括现代新兴产业的工匠。如果我们在乡村工匠人才需求上进行预测，确定合理的培养数量，不盲目扩招，就能够给其他产业的高技能工匠培养数量提供借鉴，促进其他产业的适度发展，使得高技能工匠市场形成高效运行的态势。

二 乡村工匠需求总量目标分析

乡村工匠是人才，是乡村社会经济发展的核心动力，如何科学合理地培养和利用人才已成为国家各级政府重点考虑的问题。2011年，中央组织部、人力资源社会保障部印发的《高技能人才队伍建设中长期规划（2010—2020）》预测，到2020年，我国技能劳动者需求将比2009年增加约3290万人（不含存量缺口930万人），其中，高技能人才（工匠）需求将增加约990万人（不含存量缺口440万人）。《湖南省国民经济和社会发展十三五规划纲要》明确指出，湖南省为了实现"十三五发展目标"，到2020年人才总量要达到770万以上。《湖南省中长期人才发展规划纲要》也提出，湖南省人才到2020年达到780万人左右，比2008年增长76%。此外还制定了高技能人才（工匠）队伍建设目标：适应我省新型工业化发展和产业结构优化升级的要求，以提升职业素质和职业技能为核心，以技师、高级技师为重点，造就一支门类齐全、技艺精湛的高技能人才队伍。到2015年，湖南全省高技能人才（工匠）总量达到102万人左右；到2020年，达到139万人左右，其中技师、高级技师占20%左右。有"工匠湘军"之称号的湖湘工匠作为高技能人才的重要组成部分，对建设制造业强省起着引领和带动作用。目前，如湖南省国家级工艺美术大师、省级工艺美术大师、行业大师及高级工艺美术师只有600多人[①]，因此，有学者

---

① 沈国泉：《向着工艺美术强省迈进——湖南加快发展工艺美术产业的分析报告》，《中国集体经济》2012年第29期。

提出，到 2020 年，要培养 10000 名"芙蓉工匠"，标杆企业"芙蓉工匠"占技术工人比例达到 20% 以上①。也就是说，当前乡村工匠的培养还不能满足市场需求，需要乡村工匠教育生态系统加快工匠培养的步伐，以适应市场的发展。

三　乡村工匠需求现状分析

从乡村工匠需求现状来看，近年来，湖南省高技能人才（工匠）数量稳步增长，素质结构不断优化。在 2010 年，湖南省高技能人才数量是 85 万人，截至 2017 年，数量已达 112 万人②。在这七年中，高技能人才（工匠）增加了 27 万人，平均每年增加 3.86 万人。《2018 年湖南省"芙蓉人才行动计划"重点产业人才需求目录》显示，乡村工匠短缺现象严重。以湘绣专业人才（湘绣工匠）需求为例，2015 年，湘绣研究所需要 15 人，沙坪湘绣需要 70 人，湘绣城集团需要 126 人。③ 而湖南工艺美术职业学院的湘绣艺术学院 2015 届湘绣设计与工艺专业毕业生才 23 人，远远低于市场需求。

四　乡村工匠需求旺盛原因分析

乡村工匠需求旺盛，说明社会和市场对乡村工匠的创造价值和审美价值的认可度在逐步提高。具体来说，主要有以下三方面的原因。

第一，各级政府重视非物质文化遗产的保护。许多乡村工匠的手艺和创作的作品已被列入国家级或省级非物质非文化遗产，体现了深厚的历史文化价值，具有传承意义。目前有许多传统手工艺因使用价值不大，遭到市场的淘汰，使得一些手艺传承人不得不另寻出路。政府的重视和经费支持使得手艺传承人（乡村工匠）解除了后顾之忧，让更多的新生代原意投入到非物质文化遗传保护的队伍中来。一些传统手工企业因为有政府的经费补贴，原意多招传统手艺人才。

第二，人们的审美水平的提高加大了对乡村传统手工艺品的需求。随

---

① 刘显泽：《打造"芙蓉工匠"助推"制造强省"》，《湖南日报》2016 年 10 月 26 日第 4 版。

② 刘银艳：《湖南高技能人才达 112 万人》，新浪新闻网，http://news.sina.com.cn/o/2017-09-25/doc-ifymeswc9705429.shtml，2017 年 9 月 25 日。

③ 王飞：《湖南湘绣专业人才培养模式改革研究》，硕士学位论文，湖南师范大学，2013 年。

着人们的文化内涵和品位的提高，对于手工艺术品的艺术价值的认识也提高了，使得乡村工匠创造的手工艺品的数量需求加大，以致乡村工匠的市场需求也不断扩大。

第三，乡村工匠的艺术创作能力不断提升。乡村工匠的培养是一项复杂而艰巨的教育活动，重视素质、技能和学历的提升，比过去的培养标准和质量都要高。在这种高标准、严要求的教育过程中，乡村工匠的艺术创作能力也得到了提升，赢得了企业的喜爱和青睐。

五　乡村工匠需求结果预测分析

乡村工匠需求受国家政治、经济、文化、社会环境的影响，受技术技能产业发展的影响，也受各省高职高专人才毕业人数的影响，更受乡村工匠从业人员本身素质和专业技能掌握程度的影响。受资料的限制，再加上有些搜集的资料与乡村工匠需求的关联度不大，无法全面综合考虑各方面因素对乡村工匠需求量的影响。因而，本研究主要预测湖南省乡村工匠（湖湘工匠）需求。根据图3—6、图3—7，2007—2018年湖湘工匠需求人数随着湖湘工匠人力资源增量的增减而增减，这说明湖湘工匠人力资源增量与湖湘工匠需求人数具有线性相关关系，湖湘人力资源增量对湖湘工匠人数需求具有决定性作用，因此，本研究选择湖湘工匠人力资源增量作为湖湘工匠需求的重要影响因素，运用一元线性回归模型对湖湘工匠人数需求进行预测。

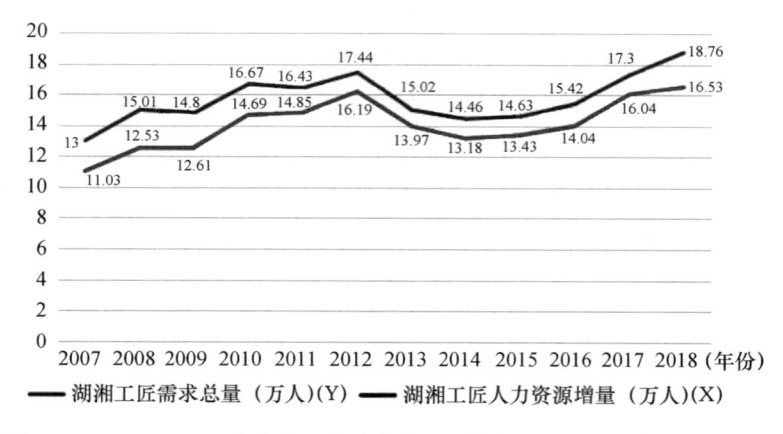

图3—6　2007—2018年湖湘工匠人力资源增量与湖湘工匠需求总量的关系

数据来源：国家统计局、湖南省统计局、湖南省教育厅和麦可思研究院网站。

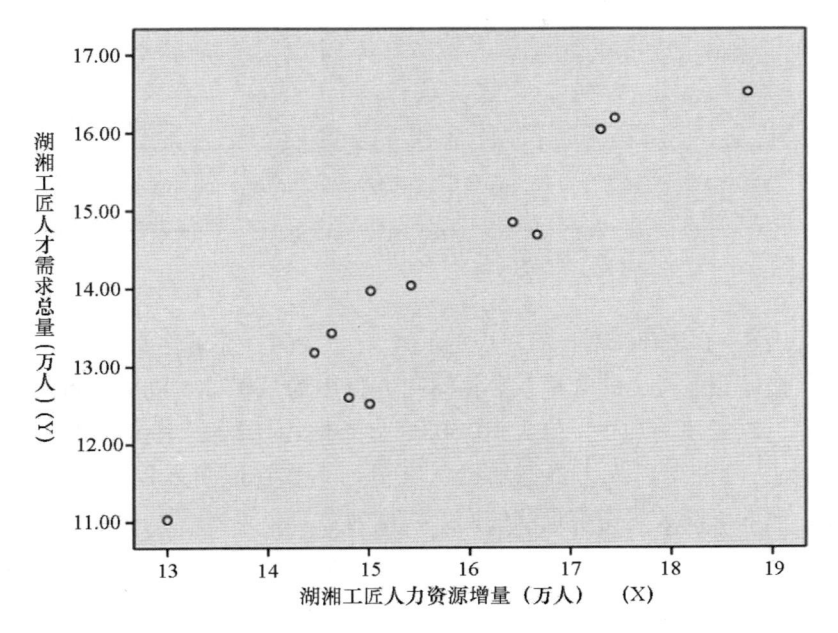

图 3—7 2007—2018 年湖湘工匠人力资源增量与湖湘工匠需求总量散点图

图 3—6、图 3—7 显示，湖湘工匠人力资源增量与湖湘工匠需求总量呈现高度相关关系。从这十二年的情况来看，虽然湖湘工匠人力资源增量与湖湘工匠需求总量有起伏，但总体呈增长态势，大约平均每年增长 3.39%，二者增长趋势呈高度的线性相关关系。

（一）湖湘工匠需求预测模型

因湖湘工匠人力资源增量与湖湘工匠需求总量呈现高度的线性相关关系，本研究采用一元线性回归预测法对湖湘工匠需求进行预测。其模型为：

$$Y = a + bX \qquad (式3—1)$$

（说明：式中，X 为自变量，Y 为因变量，即预测值，a 和 b 为回归参数）

这里，以湖湘工匠需求数量为因变量 Y，以湖湘工匠人力资源增量为自变量 X，将图 3—6 的数据输入 SPSS21.0 统计软件，运用 SPSS21.0 统计软件求解方程（式3—1）的回归参数，得出以下结果：回归模型参数值 $a = -1.530$（常量），$b = 0.992$。

表 3—1　　　　　　　　　　　　　　**系数**

模型		非标准化系数		标准系数	t	Sig.
		B	标准误差	试用版		
1	（常量）	-1.530	1.524		-1.004	0.339
	湖湘工匠人力资源增量（万人）（X）	0.992	0.096	0.956	10.302	0.000

a. 因变量：湖湘工匠需求总量（万人）（Y）。

从表 3—1 来看，常量所对应的 t 值为 -1.004，显著性为 0.339，大于 0.05，接受原假设，即常量系数在回归方程中为"0"。"湖湘工匠人力资源增量"变量所对应的 t 值为 10.302，显著性为 0.000，小于 0.05，拒绝原假设。"湖湘工匠人力资源增量"变量的系数在回归方程中不为"0"。因此，湖湘工匠数量需求预测的回归模型为：

$$Y = -1.530 + 0.992X \qquad （式 3—2）$$

（二）湖湘工匠需求预测模型显著性检验

1. 回归方程的检验（F 检验）

从表 3—2 的方差分析来看，回归方程所对应的 F 值为 106.121，对应的显著性为 0.000，小于 0.05，所建立的一元一次线性回归方程有效。

表 3—2　　　　　　　　　　　　　　**方差分析**

模型		平方和	df	均方	F	Sig.
1	回归	27.756	1	27.756	106.121	0.000[b]
	残差	2.616	10	0.262		
	总计	30.372	11			

a. 因变量：湖湘工匠需求总量（万人）（Y）。
b. 预测变量：（常量），湖湘工匠人力资源增量（万人）（X）。

2. 拟合程度判定（决定系数 R^2）

从表 3—3 来看，该回归模型的样本决定系数 R^2 为 0.914，说明在湖湘工匠需求数量变化中，能被湖湘工匠需求数量与湖湘工匠人力资源增量构建的一元回归方程所解释的比例为 0.914，其值接近于 1，模型对数据的拟合度很高，所建立的回归方程有效。

表 3—3　　　　　　　　　　模型摘要

模型	R	R 方	调整 R 方	标准估计的误差	更改统计量		
					R 方更改	F 更改	df1
1	0.956[a]	0.914	0.905	0.51142	0.914	106.121	1

模型	更改统计量		Durbin - Watson
	df2	Sig. F 更改	
1	10	0.000	0.654

a. 预测变量：(常量)，湖湘工匠人力资源增量（万人）(X)。
b. 因变量：湖湘工匠需求总量（万人）(Y)。

（三）湖湘工匠需求预测结果预测

1. 2019—2023 年湖湘工匠人力资源增量预测

根据湖湘工匠人力资源 2007—2018 年的年均增长速度为 3.39%，推测 2019—2023 年湖湘工匠人力资源增量，并根据 2018 年湖湘工匠人力资源增量情况适当进行修订，预测出 2019—2023 年湖湘工匠人力资源增量数（见表 3—4）。

表 3—4　　　　2019—2023 年湖湘工匠人力资源增量　　　（单位：万人）

年份	湖湘工匠人力资源增量
2019	19.40
2020	20.06
2021	20.73
2022	21.44
2023	22.17

2. 2019—2023 年湖湘工匠需求数量预测

把表 3—4 的年度预测数据一一代入回归方程（式 3—2），就可以预测出 2019—2023 年的湖湘工匠需求增量（见表 3—5）。

表 3—5　　　　　　2019—2023 年湖湘工匠需求数量　　　　（单位：万人）

年份	湖湘工匠需求数量
2019	17.71
2020	18.37
2021	19.03
2022	19.74
2023	20.46

由表 3—5 可以看出，2019—2023 年湖湘工匠需求数量分别为 17.71 万人、18.37 万人、19.03 万人、19.74 万人、20.46 万人，未来五年共需要 95.31 万人。这说明随着乡村传统技艺市场的可持续发展和现代乡村工匠培养规模的不断扩大，乡村工匠需求数量也不断增加。

第四章

乡村工匠教育生态系统调控依据：失衡分析

  乡村工匠教育生态系统需要充分利用其自身优势和机遇，避免其劣势，并做好充分应对挑战的准备，才能稳态运行。反观乡村工匠教育生态系统目前运行失衡状况，使我们不得不对其进行深入的探讨和思考。因为乡村工匠教育生态系统作为人工生态系统，与自然生态系统一样，在运行过程中会因各生态主体之间的功利导向性而产生恶性竞争，最终导致失衡状态的发生。为了更进一步论证乡村工匠教育生态系统调控的必要性，本章采用实地考察、调查和访谈等方法从生态主体、生态环境和生态功能三方面对乡村工匠教育生态系统失衡的现状、影响和成因进行了深入的研究和分析。在乡村工匠教育生态系统的运行过程中，不管哪些因子出现失衡，总会制约其他因子的功能，从而影响整个生态系统的运行。生态主体失衡、生态环境失衡和生态功能失衡这三种失衡不论从个体、从局部还是从整体的角度来说，都会给乡村工匠教育生态系统运行产生阻滞作用，影响物质转化、信息传递和能量流动。基于此，本章的研究为后续乡村工匠教育生态系统评价指标分析和调控模式构建做了铺垫。

第一节　乡村工匠教育生态系统生态主体失衡分析

一　生态主体失衡现状

（一）乡村工匠学习者失衡现状

  乡村工匠学习者数量的失衡。通过对5所高职院校调研发现，乡村工匠学习者的数量不多。以湘西民族职业技术学院为例，民族服装与服饰

（扎染）专业，从 2013—2018 年平均每年招生 46 人，2015 年招生人数只有 24 人。虽然 2018 年招收了 81 人，但包括中职生 33 人；民族传统技艺专业，从 2013—2018 年平均每年招生 18.83 人，2017 年甚至没有招到学生（见表 4—1）。乡村工匠学习者每年学习人数较少，对乡村传统技艺的传承造成了一定威胁。

表 4—1　　五所学校七个专业 2013—2018 年招生人数　　（单位：人）

	专业	2013 年	2014 年	2015 年	2016 年	2017 年	2018 年
湘西民族职业技术学院	民族服装与服饰（扎染）	35	49	24	35	49	81
	民族传统技艺	25	20	20	18	0	30
湖南艺术职业学院	戏曲表演（花鼓戏表演）	24	33	26	23	0	31
湖南工艺美术职业学院	湘绣设计与工艺（湘绣）	54	55	57	60	63	71
	陶瓷艺术设计	21	54	66	67	50	48
吉首市职业中等专业学校	服装设计与工艺（民族织绣）	124	76	70	72	76	23
醴陵市陶瓷烟花职业技术学校	陶瓷工艺（釉下五彩陶瓷彩绘）	118	96	94	90	86	70

乡村工匠学习者质量的失衡。其主要表现如下。第一，学习目的不明确。笔者在访谈中发现，有 86% 的学生认为学习乡村传统技艺对自己以后的事业发展作用不大，是父母送他们过来学习的，他们对该门技艺是非物质文化遗产要保护和传承的意识不明确。第二，学习兴趣不浓。在调研中，有 50% 的学生不喜欢现在所学专业技艺，觉得该门技艺学习难度大，学习枯燥无味。第三，学习文化基础差。在对 5 所高职院校 7 个专业调研中发现，所有专业都招收了 5 年制大专班的学生，这些学生因初中没有考上高中，就只能选择职业院校继续学习，所以文化基础较差。第四，接受能力较差。笔者所访谈的技能大师都认为，有大部分学生的领悟能力和接

受能力达不到学习要求,以致他们不想把自己最核心的绝技绝活传给这些学生。

(二) 乡村工匠教育者失衡现状

乡村工匠教育者数量的失衡。通过对 5 所高职院校调研,发现乡村工匠教育者的数量较多。以吉首市职业中等专业学校为例,服装设计与工艺(民族织绣)专业,文化课教师 5 人,专业教师 8 人,技能大师 1 人,共 14 人。该专业 2016—2018 年三届的学生共 171 人,师生比 1∶12,远远低于《中等职业学校设置标准》规定的师生比 1∶20。这主要是因为这些职业院校 7 个专业每年实际招生人数少于计划招生人数,导致乡村工匠教育者过剩(见表 4—1、表 4—2)。

表 4—2　　　　五所学校七个专业 2018 年教师人数　　　　(单位:人)

	教学	文化课教师	专业课教师	技能大师
湘西民族职业技术学院	民族服装与服饰(扎染)	10	15	4
	民族传统技艺	11	9	4
湖南艺术职业学院	戏曲表演(花鼓戏表演)	8	10	7
湖南工艺美术职业学院	湘绣设计与工艺(湘绣)	9	10	6
	陶瓷艺术设计	9	4	1
吉首市职业中等专业学校	服装设计与工艺(民族织绣)	5	8	1
醴陵市陶瓷烟花职业技术学校	陶瓷工艺(釉下五彩陶瓷彩绘)	15	14	4

乡村工匠教育者质量的失衡。其主要表现如下。第一,教育素养不高。中等职业学校任教的教师至少要达到本科学历。在笔者访谈的 12 位技能大师中,研究生学历的有 1 人,本科学历的有 4 人,而专科学历的有 7 人(占所访谈人数的 58%)。第二,艺术素养不高。许多技艺大师是在传

统的师徒传承或家庭传承方式中成长起来的，他们的技艺水平很高，但由于没有接受过正规的高等教育，艺术和审美素养较差。第三，教学热情不高。许多教师因学生的学习积极性不足，学校的待遇较差，对传统技艺的教学重视程度不高，导致自身教学热情不高。有的技能大师甚至不愿意到职业院校传授技艺，原因是担心徒弟抢自己的饭碗，进行市场竞争。第四，教育方法不当。笔者在观察教师的课堂教学时发现，教师教学方法单一，对全班学生采用统一的教学模式，技艺传授没有根据每一位学生的个性特点因材施教。

（三）教育管理者失衡现状

笔者在调研中发现，教育管理者失衡主要表现如下。一是教育管理者的管理意识不强。乡村工匠学习者作为未来的乡村工匠，将为乡村传统技艺市场的发展和非物质文化遗产的传承做出应有的贡献，而有些教育管理者却没有把乡村工匠教育作为职业教育发展的重点来抓，没有认识到乡村工匠的实践价值和文化价值。二是教育管理者的教育质量意识不高。招生部门招进来的乡村工匠学习者文化素质参差不齐，教育者在教学过程中又因教学任务重不能逐个进行辅导和补习，使得许多毕业生走上工作岗位以后不能适应社会的发展，降低了乡村工匠培养的质量。三是教育管理者的市场意识不足。虽然职业院校都把培养适应市场需求的高技能乡村工匠作为职业教育的出发点，但一些职业教育管理者在设置专业和培养模式，从而培养市场需求的乡村工匠时还存在不足，还不能适应新时代企业的工匠需求。四是教育管理者的创新意识缺乏。教育管理者在如何把乡村工匠学习者培养成适应市场需求的创新型工匠的认识上还存在欠缺，还是按照过去的传统技艺人才培养模式来培养乡村工匠，阻碍了乡村传统技艺的传承与发展。五是教育管理者的民族文化意识不浓。有些教育管理者对于乡村传统技艺的民族情结不深，没有认识到乡村传统技艺是非常珍贵的文化遗产，它们是先辈一代一代传承积累的文明成果，虽然在市场经济全面发展的今天有日渐式微之势，但作为培养这些非物质文化遗产传承人的基地的职业院校，应该真正担当起这份沉甸甸的培养乡村工匠的光荣责任。乡村传统技艺一旦失传，将是传统文化的巨大损失。

（四）后勤服务者失衡现状

后勤服务者失衡主要表现如下。第一，后勤服务者的服务理念不明确。大部分后勤服务者来自农村，无学历，他们只知道赚点钱养家糊口，不理解自己所从事的工作是服务工作，应该全心全意为职业教育服务、为乡村工匠学习者服务。第二，后勤服务者的服务素质较低。这些后勤服务者受教育年限较短，言谈举止比较粗俗，更谈不上细节服务和热心服务，与学习者交流也在无形之中把这种形象传递给了他们，给他们带来不好的影响，印证了"近朱者赤，近墨者黑"这一俗语。第三，后勤服务者的服务态度较差。有些后勤服务者服务态度恶劣，经常板着脸面对学习者。当学习者多询问几句话时，经常表现出不耐烦，甚至恶语相向或出现与人争吵、打架的现象。第四，后勤服务者的服务礼仪欠缺。有些后勤服务者不穿统一服装上班，不了解服务用语的作用和意义，也不使用服务用语，大部分不会主动上前去问："您好！请问需要什么帮助？"只有当学习者开口需要做什么时，才懒洋洋地回答一句，给学习者造成服务较差的印象。第五，后勤服务者的服务技术不高。当学习者宿舍门窗或电路有问题时，其检修时间较长，有时甚至查不出是什么原因，导致学习者不能及时安心地投入学习。第六，后勤服务者的服务不及时。有些后勤服务者在学习者上报服务维修项目时，故意拖延时间或推诿责任，抱着"多一事不如少一事"的心态来对待自己的工作，给学习者造成敷衍塞责的印象，不利于学习者的成长。

二 生态主体失衡影响

（一）乡村工匠学习者失衡影响

乡村工匠学习者数量失衡给乡村传统技艺的传承带来危机。众所周知，乡村传统技艺文化之所以能散发文明的灿烂光芒，是因为其在历史发展过程中所体现出的巨大的生活价值。历史发展到今天，乡村传统技艺的生活价值和经济价值逐步降低，但其艺术价值却逐渐提升。我们在醴陵市陶瓷烟花职业技术学校调研时，徐校长就专门谈到这一问题：随着现代化进程的加快，传统技艺传承土壤的丧失，能工巧匠的凋零，学习者数量的减少，一些乡村传统技艺已濒临失传境地。

乡村工匠学习者质量失衡给乡村工匠教育生态系统的人才培养质量带来危机。传统技艺人才的培养是一项系统化的工程，特别强调技能大师的口耳相传。乡村工匠学习者的基础较差，领悟能力不强，制约了传统技能的学习和掌握。技能大师传授精湛的技艺时，学习者不能吸收和运用，造成技艺的流失。这种教育生态也无法培养出优秀的乡村工匠。

（二）乡村工匠教育者失衡影响

乡村工匠教育者数量失衡造成教师资源的浪费。乡村工匠职业教育院校是根据招生计划来招聘师资的，且师资数量是在学生招生预算确定前就完成招聘计划。但因为乡村工匠职业院校每一年的实际招生人数少于计划人数，而教师数量是按计划招生人数足额配置，于是就出现了师资数量过多，造成教师资源的浪费。

乡村工匠教育者质量失衡造成乡村工匠培养质量的降低。乡村工匠教育者是双主体之一，其教育素养、艺术素养、教育态度、教育方法都直接影响学习者的学习效率和效果。正因为有些教育者的素养不高，使得学习者的学习质量也较低，造成乡村工匠培养质量下降和乡村工匠就业能力不足，乡村工匠的培养不能适应市场发展需求。

（三）教育管理者失衡影响

教育管理者失衡影响主要如下。一是教育管理者的管理意识不强，造成乡村工匠教育生态系统中学习者的学习目标模糊、学习动力不足和教育者的教育目标、教育动力不足；二是教育管理者的教育质量意识不高造成乡村工匠培养质量控制不严，影响乡村工匠培养的社会声誉和传统技艺传承质量；三是教育管理者的市场意识不足造成培养的乡村工匠不能满足市场的发展需求，阻碍了乡村传统技艺市场的高质量发展。四是教育管理者的创新意识缺乏，造成乡村工匠教育生态系统不能与时俱进，不能适应新时代中国特色社会主义思想的发展步伐。五是教育管理者的民族文化意识不浓造成乡村工匠教育生态系统在社会上的影响力不足，阻碍了传统文化的传播和流布，减少了乡村工匠走出国门、走向世界的机会，减弱了传统文化传承意愿。

（四）后勤服务者失衡影响

后勤服务者失衡影响主要如下。第一，后勤服务者的服务理念不明确，降低了乡村工匠学习者的培育效果，让他们不知不觉沾染了淡漠的职业态度和恶劣的工作作风。第二，后勤服务者的服务素质较低，使得乡村工匠学习者也容易产生粗俗的恶习和冷漠的服务心态。第三，后勤服务者的服务态度较差，传递给乡村工匠学习者较低社会责任意识。第四，后勤服务者的服务礼仪欠缺让乡村工匠学习者在毕业走上社会时，也会不太注意服务形象、服务礼仪,影响职业的发展。第五,后勤服务者的服务技术不高,使得乡村工匠学习者对传统技艺学习缺乏精益求精的精神。第六,后勤服务者的服务不及时让乡村工匠学习者在今后的学习和工作当中容易养成随意对待、拖沓懒散的习性,不利于乡村工匠教育生态系统优秀乡村工匠的培养。

三 生态主体失衡成因

乡村工匠教育生态主体失衡是指生态主体在物质转换、信息传递和能量流动中的异常。作为生产者的主要是教育者,作为辅助生产者的主要是教育管理者和后勤服务者,作为消费者的主要是乡村工匠学习者(学生),这些生态主体在生产和消费时出现了失衡。这种失衡主要是由社会因素造成的。

(一) 社会对乡村工匠劳动价值认同不强

乡村工匠是乡村社会物质文化和工匠精神的重要创造者。在历史发展的长河中,他们的足迹遍布神州大地,印在祖国的各个角落,甚至跨洋越海留在了异国他乡的土地上。他们不断传承乡村传统技艺,不断地拓展乡村工匠精神的内涵,不断留下优秀艺术作品,本应受到全社会的尊重和赞美。但在"技术至上、经济为主"的理性时代,掌握传统技艺的乡村工匠的劳动价值受到了社会的挑战,他们的劳动效率不高,个人每小时产品数量无法与机械和人工智能相比,导致两者产品价格差距较大,乡村工匠生产的产品价格远远低于其实际付出的劳动价值,出现了传统技艺产品"贱卖伤工(工匠)"的痛点。也就是说,乡村传统技艺产品因需手工制作,不能进行规模化、量产化而实现产业化发展,使得乡村工匠劳动价值得不到社会的肯定。如我们在湘西民族职业技术学院参观苗绣展览馆时,省级湘绣技能大师黄老师就谈到,苗绣手工技艺虽然比机械刺绣更灵动、形象,更有意境,但苗绣人才的作品的劳动价值还是没有得到社会的认可,作品价格较低,而当她们刺绣的作品无法及时卖出去时,也可能产生生计问题。

(二) 乡村工匠社会地位较低

职业社会地位的高低也影响学生的职业选择和学习热情。从历史发展规律来看,职业社会地位越高,想进入该职业的人数就越多;职业社会地位越低，想进入该职业的人数就越少。在以农耕为中心的封建社会中，工匠在"士、农、工、商"四类职业中排在较低位置，社会地位不高；在以经济为中心的现代社会中，工匠在"士、商、工、农"中排位也不高，社会地位仍然较低。乡村工匠社会地位较低，让许多学生不愿意选择乡村传统技艺进行学习，造成目前学习这些传统技艺的人数不多。想学习乡村传统技艺的人数不多，又导致进入湖湘工匠教育生态系统的原始产品或半成品（学习者）数量不足，造成教育传承传统技艺的种群数量危机。种群数量危机会危及乡村传统技艺的可持续传承，直至造成乡村传统技艺传承生态链断裂的后果。如在计划经济向市场经济转型时期，醴陵一些国营陶瓷企业因内部挖潜能力不足、外部对市场经济规律把握不好，陶瓷工匠的社会地位不高，纷纷破产倒闭，使得醴陵瓷业一蹶不振，给学校教育生态系统的工匠培养造成负面影响，出现学校的陶瓷专业近十年一度招不到学生的尴尬局面。

（三）乡村工匠经济待遇较低

乡村工匠作为传统高技能人才，除了社会地位较低以外，经济待遇也较低。从政策制定层面来看，国家政府虽然一直重视工匠待遇问题，制定了一系列提高工匠工资的政策，并积极推动政策的实施和执行。但从实际执行层面来看，以利润为核心的企业在产业发展过程中，对于国家提出的提高工匠待遇的政策的贯彻，因自身生存、发展问题和赢利能力问题而不得不大打折扣，实际给乡村工匠每月发放的薪酬并不高。如我们在具有"国际瓷谷"称号的醴陵市进行调研时，专门带陶瓷专业学生实习的邓老师告诉我们，在瓷厂实习的学生每月实习工资1000元，学生毕业后起初每月工资只有2000多元，还没有达到3000元。当前物价消费指数较高，工匠每月2000多元工资在基本生活消费满足的前提下，几乎没有剩余，限制了文化娱乐消费。物质文明是精神文明的基石，经济基础决定上层建筑。乡村工匠经济待遇较低，必然影响其职业的稳定发展，也成为乡村工匠教育生态系统主体失衡的主要成因。

第二节　乡村工匠教育生态系统生态环境失衡分析

一　生态环境失衡现状

（一）自然生态环境失衡现状

第一，扩建校区或整体搬迁进入新的地理区位。为了满足乡村工匠学习者的教育需求，一些乡村工匠教育职业院校只有加大校园面积的扩建。当校园不能扩建时，职业教育管理者就考虑买入新的地块来新建校园。虽然建起的教学大楼、实验楼、实训楼和图书馆威严气派，四周的人工绿化也赏心悦目，但缺少了历史的厚重感和自然生态的优美感。如湖南艺术职业学院老校区原来就坐落于风景秀丽的岳麓山下，但为了适应不断扩大的招生规模，就新建了北校区（地址：长沙市望岳南路086号）和新校区（地址：长沙市长沙县特立东路719号）。自然生态环境的变迁减弱了乡村工匠学习者的自然生态历史体验感。

第二，校园人工自然生态环境同质化严重。乡村工匠教育职业院校与其他职业院校人工自然生态环境基本相同，具有现代自然气息，少了一些与众不同的自然生态特征。笔者对这5所学校进行参观访问时看到，校内所种植的树木，所建设的图书馆、教学楼、实训室、宿舍，外观基本一致，不能在新入校的学习者眼里留下印象最深的自然生态画面，缺少自然生态环境的独特美感。

第三，校园自然生态环境受到污染。目前，由于乡村工匠教育职业院校随着市区的扩展已属于繁华的市中心，交通繁忙，车辆的轰鸣声干扰了校园的课堂教学，汽车排放的尾气污染了校园的空气，给学习者的健康带来隐患。再加上校园内车辆进进出出，也给学习者的健康和身体安全带来一定威胁。

（二）社会生态环境失衡现状

首先，家庭环境抑制乡村工匠教育生态系统。家庭是孩子成长的第一学校。在当前教育环境影响下，家庭父母给孩子选择的最好的教育道路是从好的小学到好的初中、高中，直至进入大学。而当这一方案走不通时，才帮子女选择进入乡村工匠教育职业院校学习。从教育目的来说，家庭父母是从教育的利益最大化,而不是从孩子的兴趣爱好来选择教育方式。家庭父母亲认为乡村工匠地位不高、待遇不好,因此不愿意把子女送到职业院校接受教育。除非没有别的选择,才勉为其难地让子女接受职业教育。笔者在访谈中了解到,乡村工匠学习者基本上是在中考或高考失利的情况下,通过父母的劝说才来学习传统技艺。

其次,经济环境干扰乡村工匠教育生态系统。现代经济的发展主要靠现代工业的支撑,需要现代技术工人。现代企业为了实现快速扩张,都愿意与职业院校联合培养高技能的技术工人,因为这些人才可以很快给企业创造利润,实现企业的发展目标。而作为传统技艺行业的乡村工匠,因传统技艺市场商业需求不是很旺盛,在求职时常常遇冷,以致企业不愿意出资来培养。作为非物质文化遗产的传统技艺只能通过政府政策拨款,以培养技艺传承人的方式才得以延续。从当前的经济环境来看,也对乡村工匠教育生态系统存在抑制效应。

再次,技术环境冲击乡村工匠教育生态系统。当前的第四次工业革命是建立在更先进的技术发展基础之上的,要求现代技能人才有更高的技术知识和技能。而技术的进步带来的是生产效率的提高,产品价格的下降,这必然抑制乡村工匠的需求。这种技术环境对乡村工匠教育生态系统带来强烈的冲击,因为乡村传统高技能工匠培养是乡村工匠教育生态系统的使命,而现在技术环境需要的是适应现代技术发展的技术工人而不是传统技能工匠。目前的技术环境使得乡村工匠教育生态系统不得不思考"如何来培养适应现代技术发展的乡村工匠"这一哲学命题。

最后,社区环境破坏乡村工匠教育生态系统。笔者在对5所职业院校的调研中发现,校园周围网吧较多,虽然学校管理较严,但还是有些学生趁着午休或晚自习进入网吧。所访谈的学生都接受过垃圾短信,有16%的学生遭遇过网络诈骗,有35%的学生对财物安全和治安状况感到不满,甚至有的书店还在出售非法盗版光碟和色情书籍。

(三)规范生态环境失衡现状

规范生态环境主要是为了推动乡村工匠教育生态系统的发展而形成的一种主观规范乡村工匠学习者学习行为的价值观念氛围,但在实际运行的过程中也可能阻碍乡村工匠教育生态系统的演进。从调查的情况来看,规范生态环境还存在一些弊端。

第一,重视普通教育,轻视职业教育(乡村工匠教育),导致乡村工匠数量的萎缩。自新中国成立以来，党中央和国务院就非常重视职业教育。"劳动最光荣"成为全国职业教育的最高理念，培养劳动高技能人才成为职业教育的最高目标。进入新时代，以习总书记为核心的党中央更加重视职业教育，指出了劳模精神和工匠精神的时代意义，并也制定了促进职业教育发展的规划和政策。但在当下，社会、家庭和个人的教育价值导向更重视普通教育，重视学术型人才的培养，轻视高技能人才（乡村工匠）的教育，导致想当高技能型人才（乡村工匠）的人越来越少。笔者在调研中发现，许多乡村工匠学习者只关注个人未来的经济价值，不关注社会价值和文化价值，以致有的人在学习中主动退出或毕业以后因待遇较差改行从事别的行业。即使是从事传统技艺行业的乡村工匠，对自己行业也不是真心喜爱，也没有尽心尽力去传承和创新该门技艺。如醴陵的一些花炮生产企业家认为烟花爆竹行业是传统技艺行业，不是高大上的、具有先进技术的行业，不想让自己的子女（富二代）从事该产业。这种现象如任其发展，可能出现后继无人、传统技艺失传的危机。

第二，民族传统技艺的艺术价值没有得到全社会的认同。乡村传统技艺之所以具有重要的艺术价值，是因为它们凝聚了一代又一代技艺大师的心血、精神和思想，具有传承价值和教育意义。可在现代文明和先进技术的冲击下，人们对其艺术价值的认识却越来越肤浅化、表面化。乡村传统技艺的地域特色、异质特色和历史特色是艺术价值的重要特性，是民族文化民族传承的基础。然而实用价值成为现代社会认识事物的主流价值，为商品化市场的发展积蓄了能量和动力。看重使用价值弱化了乡村传统技艺的艺术价值。笔者在调研中发现，这5所学校的传统手工艺品展览馆很少有社会人员慕名来参观，几乎整天处于关闭的状态。除了本校要求本专业学生来参观体验以外，本校其他专业的学生也很少进入。全社会对乡村传统技艺的艺术价值的认同感较低，为乡村工匠教育生态系统发展带来了不好影响。

第三，尊崇技能大师的风气没有形成。传统技能大师是传统文化的传承者，在传统技艺行业屈指可数，为培养乡村工匠呕心沥血，甘于奉献，其工作平凡，但其精神伟大。而在"互联网+"、大数据和人工智能的新时代，作为劳动者的传统技能大师却并没有被社会所接受和认可。虽然政府一直在宣传工匠精神，提倡全社会学习，但是并没有引起社会的重视。"重学历，轻技能"的观念还在全社会大行其道，相同级别的技能大师与高技术人才的待遇差距在各行各业普遍存在。传统技能大师的社会地位还处在较低层面，没有得到全社会的尊重。

第四，乡村工匠的社会价值没有得到认可。社会价值是指乡村工匠对社会奉献的价值，主要目的是为了满足社会的需求和促进社会的进步。社会价值的意义大于经济价值的意义。而在当前社会，乡村工匠的社会价值却没有得到社会的理解，社会还在把乡村工匠当作是低层的职业，没有看到乡村工匠的社会贡献。在娱乐至上的现代消费社会中，娱乐明星作为娱乐消费生活的生产者，成了社会的宠儿，受到社会的热捧，而乡村工匠所从事的职业是弘扬和继承优秀传统文化的光荣事业，却在以经济价值为主要衡量标准的社会中受到排斥和贬低。乡村工匠社会价值的不被认可使得许多学生放弃了本该喜欢的传统技艺的学习机会。这从5所学校7个专业每年的招生人数就不难看出，有的专业每年招生在20人左右，甚至出现某些年度招不到学生的现象。

二　生态环境失衡影响

（一）自然生态环境失衡影响

第一，扩建校区或新建校园改变了原有的自然生态环境，也改变了知识、技能和伦理道德教育的媒介，造成原有自然生态系统的破坏，也影响乡村工匠教育生态系统原有自然生态系统的恢复。第二，校园人工自然生态环境同质化，造成对乡村工匠教育生态系统自然生态环境多样性的破坏，不利于乡村工匠技艺多样性的培养。第三，校园自然生态环境的污染给乡村工匠学习者的身体健康和安静学习造成了一定威胁，虽然从表面来说影响不大，但这一问题逐渐积累，也将产生较大的问题。

（二）社会生态环境失衡影响

首先，轻视乡村传统技艺的家庭环境使绝大多数父母亲不愿意自己子女选择乡村传统技艺的学习，导致目前学习作为非物质文化遗产的乡村传统技艺的工匠锐减，传统技艺传承危机凸显。其次，发达的经济环境让许多的初中或高中毕业生不愿意选择将来待遇比较低的乡村传统技艺作为学习专业，而是纷纷选择那些就业前景好、待遇较高的专业，出现学习者在乡村工匠教育生态系统中门庭稀落的景象。再次，先进的技术环境促进了产品的大规模生产，降低了生产成本和消费价格，而乡村传统技艺的生产效率相形见绌，先进技术的发展正在快速抢夺乡村工匠的饭碗，乡村工匠教育生态系统的工匠培养受到挑战。最后，不良的社区环境让乡村工匠学习者的自律、好学、善良等品性受到考验，精神健康状况堪忧。据调查，有82%的学习者受到了不良社区环境的影响，有受到影响的50%的学习者不喜欢学习，还有极少数被学校劝退。

(三) 规范生态环境失衡影响

规范生态环境失衡影响主要如下。第一，"重普教，轻职教"，使得全社会自发形成了一种错误的乡村工匠教育评判观念，使乡村工匠教育生态系统出现了乡村工匠培养数量较少、乡村工匠培养质量较低的不良现状。第二，全社会对乡村传统技艺的艺术价值的不认同导致乡村工匠对自身掌握的传统技艺产生排斥，以致不想让后代来学习和继承该门技艺，传统技艺传承的动力减弱。第三，不尊崇技能大师的风气使得传统技能大师作为乡村工匠的主要培养者，不愿把自己的绝技绝活倾囊相授，出现所谓"留一手"的状况，不利于传统技艺的传承。第四，乡村工匠社会价值的不被认可，导致乡村工匠学习者的学习热情不高，甚至出现中途改到其他现代吃香的专业学习或干脆退学的现象。第五，现代学徒制要求学生每周要有2—3天的工厂实训，而教育行政主管部门因考虑学生安全问题不愿签字盖章，导致乡村工匠培养可能流于形式。

三 生态环境失衡成因

(一) 没有遵循教育生态发展规律

教育生态发展规律表明，教育生态环境失衡是外界压力和内部压力共同作用造成的不协调和不适当的结果。外界压力是外部因素带来的压力，如制定的不当政策、带有偏见的教育观念、投入不足的经济资源都可能导致乡村工匠教育生态环境的失衡；内部压力是乡村工匠教育生态系统内在一定范围内能自发产生的阻碍内部因子协同运动的一种压力，如自然生态环境与社会生态环境、规范生态环境自发产生的不协调，生态主体与生态环境相互作用产生的不相适应，也会导致乡村工匠教育生态环境的失衡。教育生态环境是人工生态环境，因为没有遵循教育生态发展规律，导致人工制造的生态环境失去应有的生态功能，出现了失衡局面，影响乡村工匠教育生态的演进和发展。

(二) 没有重视乡村工匠培养的社会公益性质

乡村工匠培养经历了传统的家族教育培养、师带徒教育培养、行会教育培养等模式后，逐渐过渡到现代的学校教育培养模式，再到当代的教育生态培养模式，形成了一条明显的教育传承脉络。前三种传统的教育模式适应了当时社会生产和社会生活的需求，满足了人们现实生活，培养的乡村工匠付出的劳动价值与卖出去的产品价格相符，主要体现的是乡村工匠培养的商业化性质，而不是社会的公益性质。随着社会的发展和技术的进步，规模化生产使得日常生活用品比起乡村工匠创造的产品（生活用品）更便宜、更实用，以致后两种现代的教育模式培养的乡村工匠的劳动价值与卖出去的产品价格不相符，这时主要体现的是乡村工匠人才培养的社会公益化性质，而不是社会的商业化性质，其制造的劳动产品主要是为了满足人们更高级的精神需求——艺术欣赏和审美需求。从目前社会现实来看，人们主要考量的是社会职业的商业性质，即薪水待遇较高的行业和职业是令人羡慕的，而没有重视社会的公益性所产生的重要作用，导致乡村工匠培养陷入窘境。

(三) 没有执行好乡村工匠教育政策

乡村工匠教育政策是为促进乡村传统技艺和非物质文化遗产的传承而制定的有利于乡村工匠培养的教育政策，如《中共中央国务院关于实施乡村振兴战略的意见》提出的"支持地方高等学校、职业院校综合利用教育培训资源，灵活设置专业（方向），创新人才培养模式，为乡村振兴培养专业化人才。扶持培养一批……乡村工匠、文化能人、非遗传承人等"。湖南省政府颁布的《关于加强技能人才培养建设技工大省的意见》提出"实施'湖湘青年蓝领培育计划'""夯实技能人才培养载体""加大对高技能人才的表彰激励力度"等，这些政策在政治地位、权益维护、职业发展、职称晋升等方面为乡村工匠培育和发展起到了积极作用，也极大地改善了乡村工匠教育系统。但在地方政府、职业教育行政部门和乡村工匠教育职业院校执行时或因财力不足，或因理解偏差，或因理念不一致，或因其他目标诉求不同而不能如期实现教育目标。这样，教育政策的预期效果因政策的执行出现问题而缩水，使得乡村工匠教育生态环境出现失衡。

第三节　乡村工匠教育生态系统生态功能失衡分析

一　生态功能失衡现状

生态功能失衡是指乡村工匠教育生态系统在进行物质循环、能量流动和信息传递的过程中出现了影响其动态平衡的现象，以致引起教育生态系统衰退的状况。从目前的情况来看，主要表现在三个方面，即物质循环失衡、能量流动失衡和信息传递失衡。

（一）物质循环失衡现状

物质循环失衡，即各种化学元素在生物与环境之间转换循环的动态变化过程中出现了量和质的不均衡现象。乡村工匠教育生态系统中物质循环失衡主要是指用于湖湘工匠教育的人力、物力和财力的失衡，这些物质元素在乡村工匠教育生态系统中传递时没有出现顺畅的生态链流动，使得各环节不能紧密衔接，呈现脱节的局面。乡村工匠教育生态系统物质循环失衡表现如下。

1. 人力循环失衡

乡村工匠教育生态系统中的人力循环失衡是指所有进入乡村工匠教育生态系统为培养乡村工匠做出贡献的人员（主要包括学习者、教育者、教育管理者和后勤服务者四类）因各种原因离开原来的岗位，导致现有岗位人力资源不够影响生态系统稳态运行的状态。受社会环境和家庭环境的影响，乡村工匠教育生态系统人力循环失衡主要表现在：第一，乡村工匠学习者的失衡。想从事乡村传统技艺学习的人数不多，而进入学校的技艺学习者有很多也不是真心喜欢该门技艺。笔者在调研中发现，有50%的学生是因为没有考上本科院校，父母才要他们来学习传统技艺，甚至有的学习者毕业以后没有从事所学技艺工作。第二，乡村工匠教育者的失衡。作为传统技艺主要传授者的技能大师较少，有的传统技艺教学甚至没有技能大师。第三，乡村工匠教育管理者和后勤服务者的失衡。职业院校在招聘教育管理者和后勤服务者时，已经考虑了乡村工匠学习者每年的招生计划，但每年实际招生人数没有达到预定计划，造成了教育管理者和后勤服务者人数的剩余，进而造成了部分浪费。

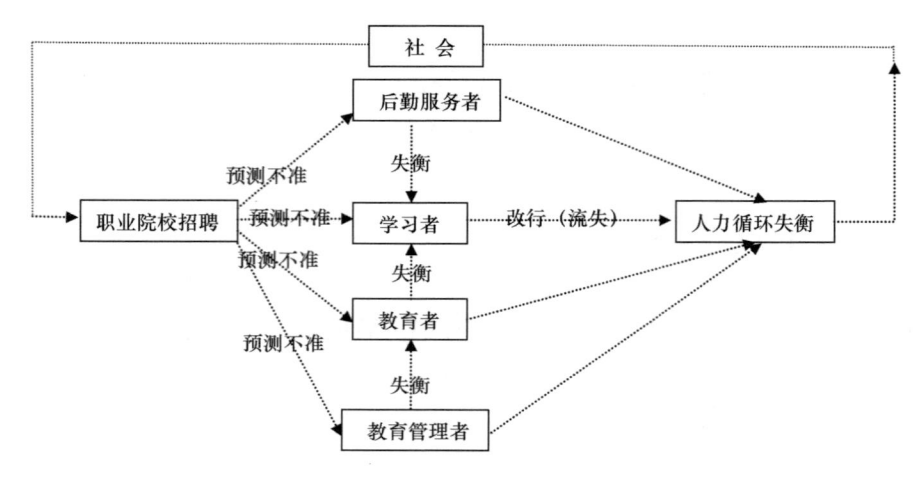

图 4—1　乡村工匠教育生态系统人力循环失衡

2. 物力循环失衡

乡村工匠教育生态系统中的物力循环失衡是指在乡村工匠教育生态系统中可供使用的全部物质资源与优秀乡村工匠教育之间适合度较差的状态。当前，物力在循环过程中却出现了失衡现象：第一，教育场所能满足一定量的乡村工匠学习者，但实习学习者没有达到该数目，造成教育场所一定程度的浪费。如吉首市职业中等专业学校服装设计与工艺（民族织绣）专业 2018 年计划招生 50 人，但实际只招到 23 人。第二，购买的教学设备设施和教育资料也因实际招生人数不足而出现部分闲置。本研究在调查中发现，有的职校有 20 个实操工位，而上课时只有 12 位学生在练习，造成物力资源在乡村工匠教育中出现循环的流失和浪费（图 4—2）。

3. 财力循环失衡

乡村教育生态系统中的财力循环失衡是指乡村工匠教育所投入的经费不足，导致乡村工匠人才培养质量不高的状态发生。乡村工匠教育生态系统中财力循环失衡主要表现在以下三个方面：一是投入到乡村工匠教育生态系统的财力资源（资金）不足，限制了乡村工匠的培养；二是购买教育者劳动的价格偏低，导致一些教育者离开乡村工匠教育生态系统，造成职业教育人才的损失；三是教育投入培养的乡村工匠因从事该门技艺待遇较低而出现离职的现象，导致培养的传统高技能人才严重流失（图 4—3）。如笔者在访谈土家织锦技艺大师叶水云时，她就透露自己培养的弟子因为

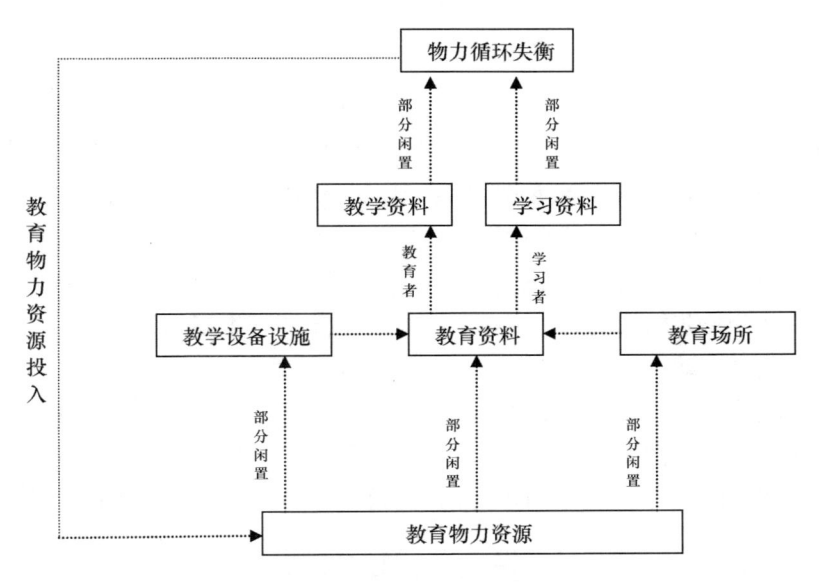

第四章 乡村工匠教育生态系统调控依据：失衡分析

图 4—2 乡村工匠教育生态系统物力循环失衡

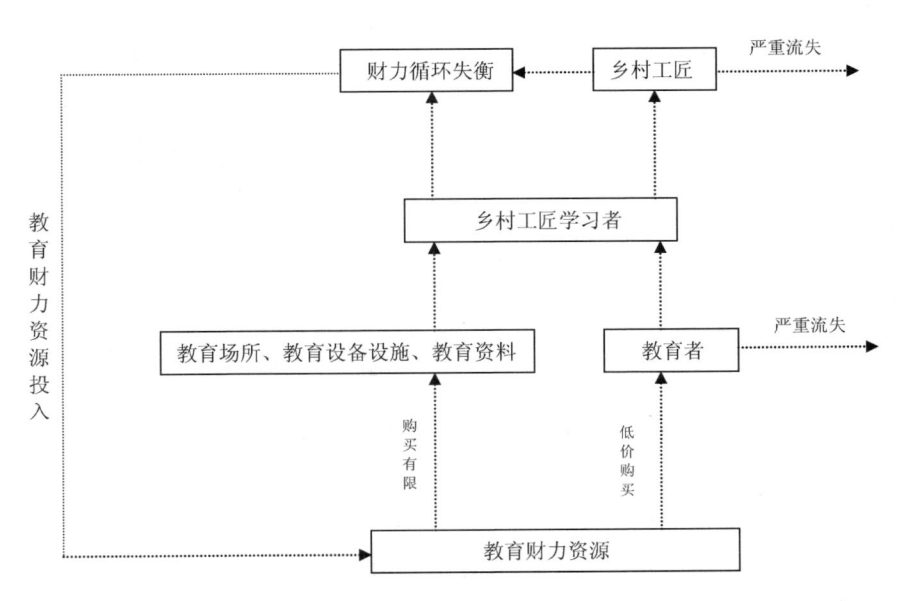

图 4—3 乡村工匠教育生态系统财力循环失衡

每月薪水较低而选择了新的职业，造成了土家织锦技艺传承危机。

（二）能量流动失衡现状

能量流动失衡是指作为社会生态系统的乡村工匠教育生态系统的主要能量（指乡村传统技艺，包括技艺制作工艺、技艺知识、技艺技能和技艺文化）在由能量释放者向能量吸收者流动时所出现的失衡状态。乡村工匠教育生态系统的技艺能量流动失衡，即乡村工匠学习者的学习能力较弱或学习禀赋不高，导致他们不能全部掌握教育者传授的传统技艺技能知识，使得一部分技艺能量流失。现在，在乡村工匠教育生态系统中，乡村传统技艺能量在流动过程中受教育者教学方法和教学意愿、学习者学习能力、学习环境等方面的影响，使乡村传统技艺能量部分流失，甚至消失，造成能量循环失衡（图4—4）。笔者通过调查发现，有46%的学习者因自身文化基础和领悟能力较差而不能顺畅接受教育者（技能大师）的技艺教学。

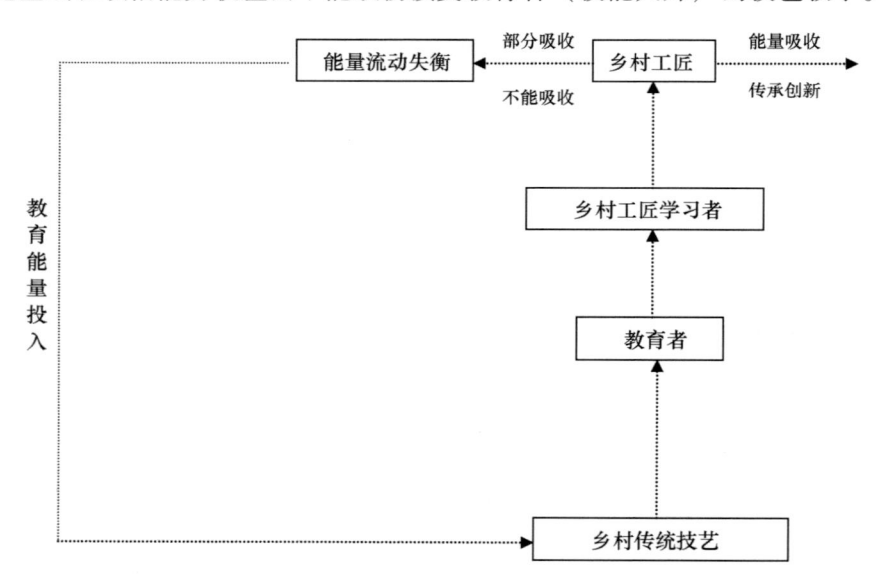

图4—4　乡村工匠教育生态系统能量流动失衡

（三）信息传递失衡现状

信息传递失衡是在乡村工匠教育生态系统中通过语言、文字、图像、颜色等形式由信息源向信息接收者进行传播时不能保真、保质完成传输的现象。也就是说，系统内生态主体之间、生态主体与生态环境之间信息传递出现了阻隔和障碍。目前,在乡村工匠教育生态系统中,信息传递受教育环境、教育者传递的方式、学习者学习的方式等因素的干扰使得信息传递出现失衡的现象,导致系统信息传递紊乱。主要表现在三个方面(见图4—5)。

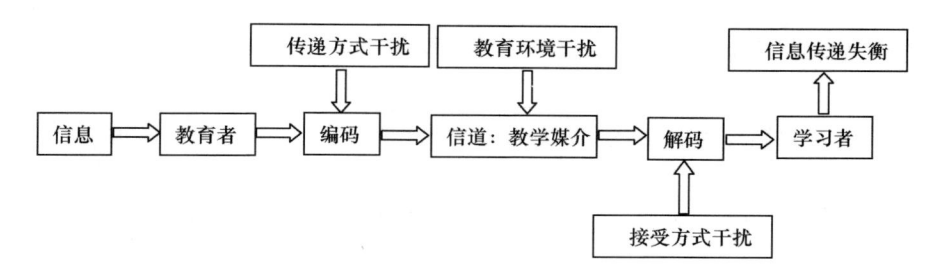

图4—5 乡村工匠教育生态系统信息传递失衡

第一,乡村工匠教育生态环境干扰导致的信息传递失衡。教育生态环境干扰主要分为学校内部生态环境干扰和学校外部生态环境干扰。学校内部生态环境干扰以课堂噪音和人为干扰为主,课堂噪音如来自工地的施工噪音、用电设备发出的噪音、汽车噪音等影响了教育者信息的传递和学习者信息的接收;人为干扰如课堂上学习者的吵闹声、说话声、烦躁情绪的爆发声、教育者的生气、批评情绪等也会导致信息传递失衡。学校外部生态环境干扰主要以间接形式影响信息传递,如乡村工匠的经济地位、社会地位和政治地位不高导致乡村工匠教育者的教育情绪和乡村工匠学习者的学习情绪不高,也影响了信息的正常传递。

第二,乡村工匠教育者不当传递方式导致的信息失衡。乡村工匠教育者作为知识技艺的传播者,因对知识和技艺的理解不同,导致他们在传递信息时的方式不一。当传递方式不恰当时,乡村工匠教育者的信息就不能完整而准确地向信息接收端传递,不利于乡村工匠学习者对信息的解码和接收,出现信息传递失衡。

第三,乡村工匠学习者不当接收方式导致的信息失衡。乡村工匠学习者作为知识技艺的接收者,因本身的学习基础和天赋的差异,导致他们在接收信息时的方式也不同。当接收方式不恰当时,接收者就不能完整准确地接收信息传播端的信息,乡村工匠教育者发出的信息就不能准确被学习者解码和接收,导致信息传递失衡。

二 生态功能失衡影响

(一) 物质循环失衡影响

物质循环失衡导致乡村工匠教育生态系统的物质不能正常转化，造成物质能量的富余或不足，影响乡村工匠教育生态链的顺畅运行，限制了乡村工匠的优化培养。

1. 人力循环失衡影响

一则，乡村工匠教育生态系统中的人力循环失衡使得教育管理者的管理资源受到影响。因学习者人数过少，教育管理者管理资源包括管理者人数、管理费用、管理设备等不能充分利用，从而造成浪费。二则，技能大师较少，而专业教师和文化课教师较多，技艺教学质量无法保障，使传统技艺学习者的技能受到社会的质疑。三则，因乡村工匠学习者实际招收数量过少，而后勤服务者因招聘过多，造成后勤服务资源利用不充分，产生闲置现象。

2. 物力循环失衡影响

第一，教育场所容量大于学习者实际学习人数，造成容量的闲置，带来乡村工匠教育物力资源的浪费。第二，学校购买的各种教学设备设施和教育资料等也因招生人数不足而出现闲置，使用效率不高，造成物力循环的不畅。第三，图书馆、宿舍、实训基地等也因学习者人数过少出现物力循环的流失或浪费，给乡村工匠教育生态系统的正常运行带来损失。

3. 财力循环失衡影响

一是乡村工匠教育生态系统的财力资源（资金）主要来自政府的支援，企业、社会、个人的捐助较少，不能满足优秀乡村工匠的培养，降低了乡村工匠教育品牌的声誉；二是职业教育者因工资福利待遇较低而主动流出乡村工匠教育生态系统，造成优秀乡村工匠教育师资的流失，不利于乡村工匠教育事业的发展；三是职业教育财力投入不足，使得乡村工匠教育规划目标难以实现，不能与市场实现无缝对接，使培养的乡村工匠难以适应市场的需求。

(二) 能量流动失衡影响

能量流动失衡影响乡村传统技艺能量的传承和创新。乡村工匠教育生态系统中乡村传统技艺能量主要包括技艺制作工艺、技艺知识、技艺技能和技艺文化。这些能量从教育者流向学习者时在中途受到外界因素和教育者、学习者的内部因素的干扰，使得全部能量不能全部流向学习者，造成乡村传统技艺的部分能量甚至全部能量白白流失。

能量流动失衡影响乡村工匠培养的质量。作为乡村传统技艺传授的教育者，如果自己没有完全掌握传统技艺，在传授时就造成传统技艺能量的不足，学习者学习和接收技艺能量时就处于饥饿状态，不利于学习者的技艺学习。如果乡村工匠学习者不能全部掌握乡村传统技艺，他们在走上社会后就不能创造优质的传统手工艺品，不能作为非物质文化传承人，从而发生传统技艺传承危机。

（三）信息传递失衡影响

信息传递失衡影响乡村工匠教育生态系统信息传递，导致信息失真，干扰乡村工匠培养的质量。信息传递是乡村工匠学习者接受知识、技能的必要方式。当信息（教学内容）通过教育者和教学媒介向学习者的传递发生失衡时，信息渠道因受外界或主体内部因素的干扰不能高度保真，造成的结果是学习者接受信息的失真，出现乡村工匠培养质量的失真。

信息传递失衡影响乡村工匠教育生态系统品牌的社会声誉。当信息传递失衡时，信息接受者（乡村工匠学习者）就不能储藏准确的信息，不能在走上社会后用准确信息（知识技能）来建设社会主义事业，为社会服务，从而引起社会对乡村工匠教育生态系统乡村工匠培养的质疑。如果持续发展下去，最终会让乡村工匠教育的社会声誉受损，此后名誉恢复的难度可想而知。

三 生态功能失衡成因

（一）乡村工匠教育生态系统内部自我调控能力失效

乡村工匠教育生态系统的生态功能主要有四种，一是为社会培养乡村工匠人才，二是进行科学研究、提供科研成果，三是用知识成果直接服务社会，四是对接市场实施产业化。根据系统论的观点，乡村工匠教育生态系统的关键不仅在于物质转化和能量流动，而且在于知识和信息的传递。从本质上来说，乡村工匠教育生态系统与生命系统一样，都是自组织系统，都能进行自我调节和控制。实践证明，只有当系统内部自我调控能力有效时，乡村工匠教育生态系统才能正常发挥生态功能。一般情况下，系统内部自我调控能力能够让其生态功能正常发挥作用，维持系统稳定运行。但当系统内部自我调控能力减弱或失效时，系统生态功能将偏离正常轨道，出现失衡，影响系统的稳定运行。系统内部自我调控能力主要是指对学校、教育者、学习者、财力资源的调控能力，以学校管理者对财力资源调控为核心。其中财力资源主要由两部分构成，即外部财力资源和内部财力资源。外部财力资源主要是政府的财政拨款，内部财力资源主要是学生的学费。内外部财力资源的不足直接导致系统内部调控能力下降或失效，导致生态功能失衡。

(二) 乡村工匠教育生态系统外部干扰力度过大

乡村工匠教育生态系统是一个开放交流的系统，需要更多的外部能量输入，同时输出的产品（毕业生/乡村工匠）也要适应市场的需求，才能维持系统生态功能的正常运行。一方面，外部输入的能量（主要指国家、地方的职业教育政策，财政支持经费）要充足，才能发挥该教育生态系统的生态功能。国家和地方的职业教育政策要从目标、任务、措施和保障等方面全面统筹制定，特别是对办学经费的支持标准要有明确规定，以促进乡村工匠教育的发展。但从实际情况来看，与普通教育相比，政府在乡村工匠教育投入上较少，财政支持力度较弱，乡村工匠学习者生均拨款经费低于全国平均水平，直接影响乡村工匠教育生态系统生态功能的正常运行。另一方面，乡村工匠教育生态系统输出的毕业生受商业化的影响和行业需求特殊性的影响，再加上成长周期长和社会偏见，改行的现象较多，致使乡村工匠服务传统技艺行业的生态功能减弱，干扰了乡村工匠教育生态系统培养的乡村工匠的成长和发展。这些外部因素以各种各样的形式干扰乡村工匠教育生态系统生态功能的正常运行，不利于乡村工匠的培养和发展。

第五章

乡村工匠教育生态系统调控：评价指标体系

对于乡村工匠教育生态系统运行失衡问题，我们如何来进行有效的调控呢？首要的任务是对引起乡村工匠教育生态系统失衡的因子进行评价，找出它们的影响权重，为科学调控提供依据。因而，本章研究调控评价指标，为第六章的调控策略研究奠定基础。评价指标是指对乡村工匠教育生态系统运行质量和效益进行考核、评估、比较的统计指标。它是乡村工匠教育生态系统调控运行质量、效益评价内容的载体，也是乡村工匠教育生态系统调控评价内容的外在表现。当然，评价指标更是乡村工匠教育生态系统实施精准调控的依据。构建调控评价指标既能促进乡村工匠教育生态系统协调发展，又能对乡村工匠教育生态系统进行合理的评价。调控评价指标体系构建依据是什么？如何构建调控评价指标体系？这些成为本章节重要的研究内容。

第一节 乡村工匠教育生态系统调控评价指标构建目的

一 促进乡村工匠教育生态系统协调发展

构建评价指标主要是为了准确调控乡村工匠教育系统，促进其协调发展。乡村工匠教育生态系统的协调发展，即乡村工匠教育生态系统内各因素之间的关系和谐一致或因素之间配合得当地发展。也就是正确处理乡村工匠教育生态系统内外各种关系，为教育生态系统正常运行创造良好的环境和条件，以实现乡村工匠教育生态系统的运行目标。

乡村工匠教育生态系统的协调发展主要体现在主体与主体之间、环境与环境之间、主体与环境之间的协调；乡村工匠教育的不断发展需要内部因子之间的协调发展，局部利益服从整体利益；在保证教育发展对主体和环境的需求的同时，严格控制教育失衡状态是乡村工匠教育生态系统协调发展的关键问题。实现乡村工匠教育生态系统协调发展就是要使教育系统内部因子之间相互协调，每个子系统都尽可能实现在高效运行的前提下获得最大的系统整体效益。

促进乡村工匠教育生态系统协调发展的主要目的是尽量降低该系统能耗和成本，以实现最优化的乡村工匠人才培养。乡村工匠教育生态系统要实现协调发展，还得遵循以下规则。一是生态主体全部参与的规则。乡村工匠教育生态系统内所有的生态主体（教育者、学习者、教育管理者和教育服务者等）必须明确该生态系统的目标、计划、自己的职责和与他人的工作关系，主动配合他人的工作，积极搞好协调。二是有效沟通的规则。有效沟通，即能够实现效能和效率的沟通。效能，即乡村工匠教育生态系统能够达到所要达到的目标；效率，即乡村工匠教育生态系统能及时迅速地实现协调的目的。因此在有效沟通时，沟通目的要清晰明了，信息表达要准确，注意沟通技巧，并对信息沟通的效果及时进行检查、反馈和调整。三是及时性的规则。一定要在制定乡村工匠教育生态系统人才培养计划时考虑各项教育活动有什么样的协调关系，并制定预案。在进行各项教育活动时，教育管理者应对可能发生的问题保持警惕，发现问题后能及时处理，避免更严重问题的出现。四是可持续性的规则。要根据乡村工匠教育活动的发展持续不断地进行协调。五是各生态主体直接接触的规则。主要从两方面进行，一方面是教育管理者应与教育被协调者直接接触，可以保证信息的准确传递，及时协调教育活动关系，避免错过最佳的协调时机；另一方面是尽可能使几方教育被协调者直接接触，这样既可以使各方想法摆到桌面上进行磋商，也可以使被协调者进行情感交流，而情感交流比协调本身更有价值。

二　对乡村工匠教育生态系统进行合理评价

构建评价指标主要是为了合理评价乡村工匠教育系统的效益，为下一阶段的精准调控指明方向。乡村工匠教育生态系统评价是指检查乡村工匠教育生态系统的目标、计划和实施是否实现了培养乡村工匠的教育目的，其实现的程度怎样，以判别教育活动设计的效果，并据此做出改进教育活动的决策。乡村工匠教育生态系统评价是一个教育价值判断的过程。教育价值判断要求在教育事实描述的基础上，体现教育评价者的价值观念和主观诉求。教育评价主体因不同的价值诉求和需求观念，会对同一教育活动或事件产生不同的判断。但教育评价主体对乡村工匠教育价值进行判断时应以客观性、准确性和成效性为标准，尽量去除主观性、私利性的评判。

对乡村工匠教育生态系统进行合理评价主要是检查系统运行是否按预定计划进行，是否达成了阶段目标或整体目标。乡村工匠教育生态系统评价的功能主要包括四类。一是鉴定功能。"鉴定"主要是仔细审查教育评价对象，得出结论，从而为教育系统后期的发展做出决策。如在对高职院校进行办学评价质量时，可以根据评价结果，决定其是继续招生还是停止招生或停办。二是导向功能。教育评价的导向功能是指通过评价来引导某项教育活动朝正确方向发展。例如职业院校教师职称评定中的"重视科研，轻视教学"现象，可以用加大教学权重的方法来克服。三是激励功能。恰当的评价结果能给人心理上的满足感，从而激励人们不断进取。对于优秀职业教育单位和个人来说，在肯定与表扬的环境下，会更加积极主动工作，以取得更大成绩；对于落后者，评价则是一种有力的鞭策，会激发他们的追赶热情。四是调节功能。调节功能是指乡村工匠职业教育评价对评价对象的教育教学或学习等活动进行调节的能力。调节功能可以通过评价者和被评价者的自我调节来实现。评价者是通过调低或调高目标来实现调节，被评价者是通过了解自己的优缺点，确定努力方向及改进措施，以实现自我调节。

乡村工匠教育生态系统评价的对象是教育活动的计划、措施、实施和结果等诸多要素的总和，其实质就是教育评价指标。乡村工匠教育生态系统评价对象的范围很广，它既包括教育计划本身，也包括参与教育实施的教师、学生、学校、管理者、服务者，还包括教育活动的结果，即乡村工匠学习者的发展状况。因评价对象范围具有广泛性，乡村工匠教育生态系统评价不可能选取涵盖的评价指标，所以，构建乡村工匠教育生态系统调控体系时，只能选取最能反映乡村工匠教育本质特征的评价指标。

第二节 乡村工匠教育生态系统调控评价指标体系构建

一 乡村工匠教育生态系统调控评价指标体系构建原则

（一）科学性原则

乡村工匠教育调控评价指标的选择与设计必须以区域教育理论、系统论等为依据，遵循客观规律，尽量科学合理，力求真实可靠地反映乡村工匠教育生态系统的协调发展水平，从而为系统调控提供准确信息。科学性原则的实质是用科学发展的眼光和科学的方法分析乡村工匠教育生态系统的调控指标，使选取的评价指标反映乡村工匠教育生态系统运行的本质特征。

（二）实用性原则

实用性原则是指，指标的选取注重解决乡村工匠教育生态系统运行出现的实际问题，体现实际效用，务实不务虚，避免中看不中用。为了准确反映乡村工匠教育生态系统的发展水平，一定要从实际应用的角度来选用调控评价指标，确保所选评价指标符合实用性原则，体现乡村工匠教育生态系统调控可操作性的特性。

（三）动态性原则

动态性是乡村工匠教育生态系统的原则之一。乡村工匠教育生态系统作为一个具有生命活力的有机体，其运动状态是绝对的，稳定状态是相对的，否则该系统就会消亡。乡村工匠教育生态系统不仅作为一个教育功能实体而存在，而且作为一种教育运动生命体而存在。乡村工匠教育生态系统内部各子系统的联系就是一种运动，生态系统与生态环境的相互作用也是一种运动。乡村工匠教育生态系统的功能是时间的函数，不论是该生态系统各因子的状态和功能，还是生态环境的状态或联系的状态都处在变化之中。因为乡村工匠教育生态系统本身就是一个动态发展系统，调控评价指标也应具有动态性和发展性，应符合该系统的动态发展规律，所以其评价指标体系也要尽量反映发展趋势和变化动态，反映乡村工匠教育生态系统的可持续发展状态。

(四) 系统性原则

系统性原则是指调控评价指标体系设计要根据逻辑顺序依次、系统、连贯地进行，以保证选取的调控评价指标能客观反映乡村工匠教育生态系统的运行规律。系统性是事物有序性发展的基础，对乡村工匠教育生态系统进行调控就必须依据系统理论来进行。因此，在选取各个层次的调控评价指标时一定要仔细考虑各种指标的相关性和联系性，形成一套系统、完整的调控指标体系。

二 乡村工匠教育生态系统调控评价指标体系构建

(一) 构建依据

乡村工匠教育生态系统的调控评价指标涉及的面比较广，包括了许多相关联的指标因素。本研究以《中共中央国务院关于实施乡村振兴战略的意见》（中发〔2018〕1号）、《国务院关于加快发展现代职业教育的决定》（国发〔2014〕19号）、《国家职业教育改革实施方案》（中办发〔2018〕67号）、《高等职业教育创新发展行动计划（2015—2018年）》（教职成〔2015〕9号）、《教育部等六部门关于印发〈现代职业教育体系建设规划（2014—2020年）〉的通知》（教发〔2014〕6号）等政策文件为依据，结合教育生态系统理论，从生态主体和生态环境两方面对乡村工匠教育生态系统的调控评价指标进行筛选构建，尽量做到客观、公正、全面。

1. 国家智能制造发展对乡村工匠的要求提高，是调控评价指标体系构建的理论依据。

我过已经进入智能制造发展的新时代。现代乡村工匠教育发展立足于国家智能制造的新时代，新的科学技术广泛应用于乡村工匠教育生态系统。国家智能制造的发展给乡村工匠教育生态系统提出了新的目标、新的培养方案。在这种百年未有之大变局的契机下，乡村工匠教育生态系统需要构建新的调控评价指标体系来调控其效益，才能适应国家智能制造发展。培养的乡村工匠要体现智能制时代的创造性、智能性、实用性、市场性和价值性。历史唯物主义告诉我们，一切事物都处于动态发展中。为了适应国家智能制造的发展要求，乡村工匠教育生态系统就要升级改造，包括构建新的调控评价指标体系。构建新的调控评价指标体系是乡村工匠教育生态系统发展的必然要求，能够优化乡村工匠培养的质量。

2. 国家关于大国工匠（包括乡村工匠）发展的规划、条例、通知和意见等，是调控评价指标体系构建的政策依据。

在世界新型工业革命浪潮的推动下，面对"工业4.0"的兴起，世界各国特别是发达国家纷纷提出工业发展新战略。我国在新工业战略的引领下也适时提出了《中国制造2025》。工业资源欠缺的欠发达省份为了追赶新型工业革命，也把传统工艺产业作为现代工业升级版引入到规划领域。但要实现传统工艺产业的高速发展，离不开传统工艺高端职业人才的培育。为了培育适应《中国制造2025》战略的传统工艺高端职业人才，各省也出台了相关政策。如湖南省委省政府先后制定了《湖南省现代职业教育体系建设规划（2014—2020年）》《湖南省贯彻〈中国制造2025〉建设制造强省五年行动计划（2016—2020年）》《关于深化人才发展体制机制改革的实施意见》等重要政策，明确提出"湖湘工匠"品牌的重要价值及培养路径。可见，国家关于大国工匠和乡村工匠发展的政策为乡村工匠教育生态系统调控评价指标体系的构建提供了可靠的政策依据。

3. 国内各级政府及乡村工匠教育职业院校关于乡村工匠培养的积极探索，是调控评价指标体系构建的实践依据。

国内各级政府对于乡村工匠教育培养也很重视，如湖南省各级政府及乡村工匠教育职业院校关于乡村工匠培养的实践活动从没有停止过。乡村工匠教育实践探索活动在湖南全省乃至全国范围内都产生了较大反响。这些实践活动就包括乡村工匠的培养和评价标准的制定。一方面，政府制定的乡村工匠的培养标准很高。如要成为乡村传统技艺大师，就要经受严苛的训练，接受较长时间的技艺磨炼，用脑、用心、用手，做出的作品要融入制作者的灵魂。一般人经不起这些磨难而早早退出乡村工匠舞台，留下来的往往是经历岁月铅华洗礼后的杰出乡村工匠。如亚太技艺大师刘爱云、中国工艺美术大师叶水云、黄永平、李露、罗利香等，他们几十年如一日从事湘土家织锦、湘瓷、湘绣的创作，几乎是用一生在述说着乡村工匠培养的不易。另一方面，政府制定的乡村工匠的评价标准很高。如要成为湘绣技艺大师，就要掌握几十种针法，要懂得湘绣的整个制作过程和方法，要有深厚的传统文化底蕴，要有敏锐的色彩搭配眼光。这些评价标准虽然为湘绣技艺大师的成长设立了很高的门槛，但也为湘绣技艺的传承赢得了美誉。由此可见，关于乡村工匠培养的实践探索是乡村工匠教育生态系统调控评价指标体系构建的实践依据。

（二）调控评价指标体系构建

乡村工匠教育生态系统调控评价指标严格遵照调控评价指标设计原则选取，且结合了乡村工匠教育生态系统的结构特征和发展规律，运用层级递进的方法，通过筛选、调整、合并和增减，最终选取了2个一级指标，6个二级指标和30个三级指标，并在此基础上构建了一套完整的调控评价指标体系（见表5—1）。

表5—1　　　　乡村工匠教育生态系统调控评价指标体系

调控评价体系	一级指标	二级指标	三级指标
乡村工匠教育生态系统调控评价体系	教育生态主体（A1）	乡村工匠学习者（B1）	学生（C1）
		教师（B2）	专业带头人（C2）
			专业教师（C3）
			技能大师（C4）
			文化课教师（C5）
		管理者（B3）	校长（C6）
			系主任（C7）
			班主任（C8）
			辅导员（C9）
			实习指导教师（C10）
	教育生态环境（A2）	自然生态环境（B4）	学校区位（C11）
			校舍面积（C12）
			实训基地（C13）
			实训工位（C14）
			学校生均图书册数（C15）
			教学设备（C16）
			师生比例（C17）
			生均寝室面积（C18）
			生均经费投入（C19）

续表

调控评价体系	一级指标	二级指标	三级指标
乡村工匠教育生态系统调控评价体系	教育生态环境（A2）	社会生态环境（B5）	教育政策（C20）
			乡村工匠地位（C21）
			社会舆论（C22）
			市场需求（C23）
		规范生态环境（B6）	入学条件（C24）
			课程设置（C25）
			技能标准（C26）
			教学氛围（C27）
			师徒关系（C28）
			校企关系（C29）
			校园文化活动（C30）

1. 生态主体评价指标及说明

教育生态主体作为乡村工匠教育生态系统的主要组成部分，在与周围环境进行物质转换、能量流动、信息传递时，本身也构成一个主要子系统。根据其影响大小，主要选取了 3 个二级评价指标：乡村工匠学习者、教师和管理者。

乡村工匠学习者：即学习乡村传统技艺的学生。他们是乡村工匠教育生态主体的核心。作为本系统的消费者，他们只有掌握了乡村传统技艺和应具备的其他各项素质，才能成为社会的生产者，适应市场的需求和发展。

教师：教师作为教学的主导力量，对学生的言传身教将影响学生一生。根据职业教育教师的作用，我们将专业带头人、专业教师、技能大师、文化课教师纳入指标体系，作为教师这一指标下的 4 个三级评价指标。专业带头人是指高职院校中负责专业人才培养方案设计、专业教育教学组织、专业学生管理、专业就业市场开拓等工作的负责人[①]。专业教师即对学生进行专业知识、专业技能和专业思想传授的教师。技能大师即在某一行业技艺高超、技术精湛的杰出人物。文化课教师是指传授知识性或艺术

---

① 周建松：《高职院校专业带头人建设机制研究》，《高等工程教育研究》2011 年第 6 期。

性知识的文化课程，提高学生文化艺术修养的教师。

管理者：管理者在保障乡村工匠教育秩序、鼓舞教育团队士气、完成教育组织目标任务等方面发挥着重要的作用。根据教育管理的组织结构，我们确定管理者主要由校长、系主任、班主任、辅导员和实习指导教师5个三级评价指标组成。

2. 生态环境评价指标及说明

教育生态环境是乡村工匠教育生态系统发展演化的基础，为乡村工匠的培养提供载体和平台。根据教育生态理论，本研究将教育生态环境分为自然生态环境、社会生态环境和规范生态环境3个二级评价指标。

自然生态环境：作为乡村工匠教育活动的自然物质基础，自然生态环境在本研究中既具有普遍性，又具有特殊性。根据其特性，我们将学校区位、校舍面积、实训基地、实训工位、生均图书册数、教学设备、师生比例、生均寝室面积和生均经费投入等9个指标纳入体系，作为自然生态环境的三级评价指标。

社会生态环境：作为生态环境的主要组成部分，以观念、生活习惯、舆论等因素来影响教育生态系统。我们将社会生态环境这个二级评价指标又分为教育政策、乡村工匠社会地位、社会舆论和市场需求4个三级评价指标。

规范生态环境：主要是为保障乡村工匠教育生态系统正常运行而制定的规章、制度、条例和各种关系规定的总和。从规范的角度出发，我们将规范生态环境分为学生入学条件、课程设置、技能标准、教学氛围、师生关系、师徒关系和校企关系7个三级评价指标。

三 乡村工匠教育生态系统调控评价指标权重确定

（一）乡村工匠教育生态系统调控评价指标分析方法：AHP层次分析法

层次分析法（Analytic Hierarchy Process，简称AHP）是美国运筹学家T. L. Saaty在20世纪70年代初期提出的一种适用于分析多目标、多准则、复杂系统的决策分析方法。该方法是将定性指标量化，把复杂系统的决策思维进行层次化，并利用数学方法计算每一层因素的相对重要性次序的权值，通过总排序计算所有元素的相对权重并进行排序。该方法自20世

80 年代初引入中国以来,已在很多研究领域广泛应用,具有较高的实用价值。层次分析法大体分为五个步骤。

1. 建立层次结构模型

这一步骤首先应确定决策问题的层次性,构建决策目标与决策因素的关系,按照层层递进的方法画出结构层次图(如图5—1),使得复杂的问题层次化、简单化。

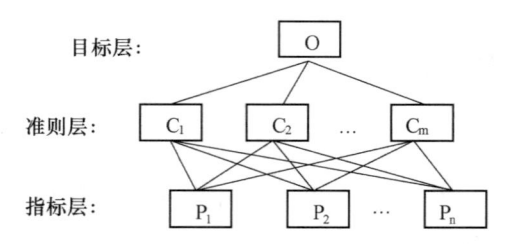

图 5—1 层次分析法结构模型

2. 构造判断矩阵

判断矩阵是在以上一层元素为判断准则的条件下,对本层次与之相关各元素进行两两比较所获得的相对重要性。这是层次分析法中重要的一步,也是计算各元素权重比的关键依据(见图5—2)。

$$\begin{vmatrix} Cs & P_1 & P_2 & P_3 & \cdots & P_n \\ P_1 & b_{11} & b_{12} & b_{13} & \cdots & b_{1n} \\ P_2 & b_{21} & b_{22} & b_{23} & \cdots & b_{2n} \\ P_3 & b_{31} & b_{32} & b_{33} & \cdots & b_{3n} \\ \cdots & \cdots & \cdots & \cdots & \cdots & \cdots \\ P_n & b_{n1} & b_{n2} & b_{n3} & \cdots & b_{nn} \end{vmatrix}$$

图 5—2 两两比较判断矩阵

为了定量化经验判断,还要用"1—9 标度法"来建构指标层与准则层、准则层与目标层的相对重要性的比较矩阵(见表5—2)。

表 5—2　　　　　　　　　判断矩阵标度

标度	相对标度	
1	同等重要	两个因素相比,具有同等重要性

续表

标度	相对标度	
3	稍微重要	两个因素相比，第一个比第二个稍微重要
5	明显重要	两个因素相比，第一个比第二个明显重要
7	强烈重要	两个因素相比，第一个比第二个强烈重要
9	极端重要	两个因素相比，第一个比第二个极端重要
2、4、6、8	处在相邻尺度的中间位置	上述两相邻判断的中值
倒数	因素i与因素j比较得到的判断bij，则因素j与i相比的判断bji=1/bij	

3. 求最大特征根和特征向量

运用几何平均法计算并判断矩阵的最大特征根和特征向量。

（1）运用几何平均法算权重，即计算判断矩阵中每行元素乘积的 n 次方，求得向量 $C = (C_1, C_2, C_3, \cdots, C_i)^T$ 进行归一化处理①。

（2）计算第 i 个指标对于上一层次单独排序的权重值，即求解特征向量：

$$w_i = \frac{c_i}{\sum_{i=1}^{n} c_i}, i = 1, 2, \cdots, n$$

（3）求判断矩阵最大特征根：

$$\lambda_{max} = \sum_{i=1}^{n} \frac{(AW)}{nw_i}, i = 1, 2, \cdots, n$$

（4）判断矩阵一致性检验

由于事物的复杂性和多样性，我们在进行因素两两比较时没有固定参照标准，致在对因素进行比较时的不一致性或一些不准确判断现象的发生。所以，在比较判断结果时，需要进行判断矩阵一致性检验。通常要分别计算它们的 C.I.（一致性指标，公式5—1）、R.I.（平均随机一致性指标）和 C.R.（随机一致性比率，公式5—2）②。

---

① 梁蕾：《层次分析法的演进及其在竞争情报系统绩效评估中的应用》，《理论与探索》2015年第6期。
② 成雁瑛：《新建本科院校生态位研究：逻辑、现实与策略》，博士学位论文，湖南农业大学，2016年。

$$C.I. = \frac{\lambda_{MAX} - n}{n-1} \quad \lambda_{MAX} = \frac{1}{n}\sum_{j}^{n}\frac{(AW)_i}{W_i} \quad \text{(公式5—1)}$$

$$C.R. = \frac{C.I.}{R.I.} \quad \text{(公式5—2)}$$

当 $\frac{C.I.}{R.I.} < 0.10$ 时，说明判断矩阵具有满意的一致性，归一化特征向量就是所要确定的各因素权重。

当 $\frac{C.I.}{R.I.} > 0.10$ 时，说明应该对判断矩阵进行调整再重新计算，直至通过一致性检验。

当 $\frac{C.I.}{R.I.} = 0.10$ 时，说明判断矩阵可以省略一致性检验。

（5）总层次排序

总层次排序是指最底层相对于最高层的重要性或优势的排序值的过程。总层次排序是针对最高层目标来进行的，其最高层次的排序也就是其层次总排序（图5—3）。当然，层次单排序的结果也可以作为总层次排序的结果。

P	$c_1, c_2, \ldots, c_m$	B层的总层次排序 P*C
C	$a_1, a_2, \ldots, a_m$	
P_1	$b_{11}\ b_{12}\ldots b_{1m}$	$\sum_{j=1}^{m} a_j b_{1j} = b_1$
P_2	$b_{21}\ b_{22}\ldots b_{2m}$	$\sum_{j=1}^{m} a_j b_{2j} = b_2$
…	… … …	…
P_n	$b_{n1}\ b_{n2}\ldots b_{nm}$	$\sum_{j=1}^{m} a_j b_{nj} = b_n$

图5—3 总层次排序

C 层 m 个因素 C_1，C_2，…，C_m，对总目标 O 的排序为（特征向量），$w = a_1$，a_2，…，a_m。

P 层 n 个因素对上层 C 中因素为 C_j 的层次单排序为（特征向量）b_{1j}，b_{2j}，…，b_{nj}（$j = 1, 2, \ldots, m$）

P 层的总层次排序为：

$$P_1: a_1 b_{11} + a_2 b_{12} + \cdots + a_m b_{1m}$$
$$P_2: a_1 b_{21} + a_2 b_{22} + \cdots + a_m b_{2m}$$
$$\cdots$$
$$P_n: a_1 b_{n1} + a_2 b_{n2} + \cdots + a_m b_{nm}$$

即 P 层的第 i 个因素对总目标的权值为 $\sum_{j=1}^{m} a_j b_{ij}$。

(二) 乡村工匠教育生态系统调控评价指标权重计算

评价指标权重对于乡村工匠教育生态系统调控体系的科学建构意义重大，因此在建构过程中必须遵循科学性、可行性、发展性和系统性原则。在本研究中，为了保证调控结果的客观性和准确性，对乡村工匠教育生态系统调控评价指标权重先通过专家（五所职业院校乡村工匠教育专家 200 名）问卷调查，然后对所有指标进行筛选，确定最终指标，并进行排序处理，最后运用层次分析法（Analytic Hierarchy Process，简称 AHP）计算得出评价结果。

本研究现在以乡村工匠教育生态系统调控评价指标体系中的二级评价指标判断矩阵进行演示。

1. 根据专家调查问卷结果，取 "乡村工匠学习者、教师、管理者、自然生态环境、社会生态环境和规范生态环境" 6 个二级指标的重要性平均值，两两比较，得到乡村工匠教育生态系统调控的二级评价指标判断矩阵如下：

$$
\text{比较矩阵 } A = \begin{vmatrix} 1 & 1/4 & 1/5 & 1/6 & 1/7 & 1/9 \\ 4 & 1 & 1/2 & 1/3 & 1/4 & 1/6 \\ 5 & 2 & 1 & 1/2 & 1/3 & 1/5 \\ 6 & 3 & 2 & 1 & 1/2 & 1/4 \\ 7 & 4 & 3 & 2 & 1 & 1/3 \\ 9 & 6 & 5 & 4 & 3 & 1 \end{vmatrix}
$$

2. 将判断矩阵按列进行归一化处理（使列之和为 1）。

$$B = \begin{vmatrix} 0.0313 & 0.0154 & 0.0171 & 0.0208 & 0.0273 & 0.0539 \\ 0.1250 & 0.0615 & 0.0427 & 0.0417 & 0.0478 & 0.0809 \\ 0.1563 & 0.1231 & 0.0855 & 0.0625 & 0.0638 & 0.0970 \\ 0.1875 & 0.1846 & 0.1709 & 0.1250 & 0.0957 & 0.1213 \\ 0.2186 & 0.2462 & 0.2564 & 0.2500 & 0.1913 & 0.1617 \\ 0.2813 & 0.3692 & 0.4274 & 0.5000 & 0.5740 & 0.4852 \end{vmatrix}$$

3. 每一列归一化后，判断矩阵按行相加求和。

$$V = \begin{vmatrix} 0.1658 \\ 0.3996 \\ 0.5881 \\ 0.8850 \\ 1.3244 \\ 2.6370 \end{vmatrix}$$

4. 再对特征向量进行归一化处理。

$$计算\ W = \begin{vmatrix} 0.0276 \\ 0.0666 \\ 0.0980 \\ 0.1475 \\ 0.2207 \\ 0.4395 \end{vmatrix}$$

5. 计算判断矩阵 A 最大特征值为 6.2494。

$$计算\ AW = \begin{vmatrix} 1.0183 \\ 1.0103 \\ 1.0281 \\ 1.0502 \\ 1.0693 \\ 1.0732 \end{vmatrix}$$

6. 对构造的判断性矩阵进行一次性检验，以保证 AHP 层次分析法结论的科学性和准确性。

计算 $CI = (6.2494 - 6) / (6 - 1) = 0.049875381$；

计算 $CR = 0.049875381 / 1.26$（查表 $R.I.$ 平均随机一致性指标表）$= 0.03958364 < 0.10$。

表明判断矩阵 A 具有满意的一致性。因此，乡村工匠教育生态系统调控评价指标体系中的二级评价指标判断矩阵建构合理。

根据上述计算过程，可以得出湖湘工匠教育生态系统二级调控评价指标"乡村工匠学习者""教师""管理者""自然生态环境""社会生态环境"和"规范生态环境"的指标权重分别是 0.1475、0.4395、0.0666、0.0276、0.2207 和 0.0980。

（三）乡村工匠教育生态系统调控评价指标权重求解

乡村工匠教育生态系统一级调控评价指标和三级调控评价指标判断矩阵构造与二级调控评价指标评判过程，因为每一层指标计算过程相同，所以在此不一一演示计算过程。经过各级指标计算，得出乡村工匠教育生态系统调控评价指标体系总权重表。

表 5—3　乡村工匠教育生态系统调控评价指标体系总权重表

调控评价体系	一级指标	二级指标	三级指标
乡村工匠教育生态系统调控评价体系	教育生态主体（A1）（0.6536）	乡村工匠学习者（0.1475）	学生（0.0464）
		教师（0.4395）	专业带头人（0.0675）
			专业教师（0.0945）
			技能大师（0.0945）
			文化课教师（0.0116）
		管理者（0.0666）	校长（0.0226）
			系主任（0.0162）
			班主任（0.0116）
			辅导员（0.0065）
			实习指导教师（0.0065）
	教育生态环境（A2）（0.3464）	自然生态环境（0.0276）	学校区位（0.0051）
			校舍面积（0.0041）
			实训基地（0.0464）
			实训工位（0.0162）
			学校生均图书册数（0.0086）

续表

调控评价体系	一级指标	二级指标	三级指标
乡村工匠教育生态系统调控评价体系	教育生态环境（A2）（0.3464）	自然生态环境（0.0276）	教学设备（0.0945）
			师生比例（0.0116）
			生均寝室面积（0.0041）
			生均经费投入（0.0675）
		社会生态环境（0.2207）	教育政策（0.0464）
			乡村工匠地位（0.0464）
			社会舆论（0.0162）
			市场需求（0.0319）
		规范生态环境（0.0980）	入学条件（0.0116）
			课程设置（0.0319）
			技能标准（0.0464）
			教学氛围（0.0319）
			师徒关系（0.0464）
			校企关系（0.0319）
			校园文化活动（0.0226）

四　乡村工匠教育生态系统调控评价指标分析

（一）乡村工匠教育生态系统调控评价指标评价结果

1. 一级指标教育生态主体权重值为 0.6536，教育生态环境主体权重值为 0.3464。

2. 教育生态主体二级指标乡村工匠学习者权重值 0.1475，教师权重值 0.4395，管理者权重值 0.0666；教育生态环境二级指标自然生态环境权重值 0.0276，社会生态环境权重值 0.2207，规范生态环境权重值 0.0980。

3. 乡村工匠教育生态系统三级指标共 30 个。从权重值来看，专业教师、技能大师和教学设备权重值最高，都达到了 0.0945；专业带头人和生均经费投入权重值排第二，都是 0.0675；学生、实训基地、教育政策、乡村工匠地位、技能标准和师徒关系权重值排第三，都是 0.0464；市场需求、课程设置、教学氛围和校企关系权重值排第四，都是 0.0319；校长和校园文化活动权重值排第五，都是 0.0226；系主任、实训工位和社会舆论权重值排第六，都是 0.0162；文化课教师、班主任、师生比例和入学条件权重值排第七，都是 0.0116；学校生均图书册数权重值排第八，为 0.0086；辅导员和实习指导教师权重值排第九，都是 0.0065；学校区位权重值排第十，为 0.0051；校舍面积和生均寝室面积排第十一，都为 0.0041。

（二）乡村工匠教育生态系统调控评价指标评价结果分析

1. 从一级指标来看，教育生态主体权重值大于教育生态环境权重值，且差距较大，表明乡村工匠教育生态系统在进行调控时应当更加看重教育生态主体的调控，积极协同对教育生态环境的调控，做到教育生态主体与教育生态环境协调发展，共同促进乡村工匠教育生态系统的良性运行。

2. 从二级指标来看，教师的权重值最大，达到 0.4395，说明教师在乡村工匠教育生态系统中的重要作用。"名师出高徒"，从古至今，教师在教育中的主导作用一直受到重视。自然生态环境权重值（0.0276）最小，表明对自然生态环境调控力度可以减弱一点。社会生态环境权重值仅次于教师的权重值，也相对重要，需要重点关注。而乡村工匠学习者作为学习主体，其权重值也比较高，应积极引导。社会规范生态环境和管理者权重值高于自然生态环境，也不能忽视对它们的调控。

3. 从三级指标来看，技能大师、专业教师和教学设备三个指标权重值最大，都是 0.0945，表明这三个指标影响力最大。校舍面积与生均寝室面积两个指标权重值都是 0.0041，说明在此教育生态系统中影响力最弱。生均经费投入和专业带头人两个指标权重值达到了 0.0675，仅次于技能大师、专业教师和教学设备，作用也较大，需要积极调控。其余指标权重值介于这些指标权重值之间，在这个整体系统中发挥着相应的功能。

第六章

乡村工匠教育生态系统调控："三维共诊"模式

前文对当前乡村工匠教育生态系统运行出现的失衡问题进行了阐述，对该系统可能引起失衡的关键因子进行了评价，那么，如何进行科学有效的调控呢？本章有的放矢，提出了"三维共诊"调控模式。"三维"即生态主体、生态环境和生态功能；共诊，即对这三个维度共同进行诊断，发现疾病，寻找病因。这三个维度之间既独立运行又相互联系，只有全面综合地对它们进行把脉诊断，弄清运行中的问题和成因，才能实施全面的、精准的、合理的调控。在此基础上，本研究认为，"三维共诊"调控模式是指对乡村工匠教育生态系统中的生态主体、生态环境和生态功能全面进行诊断，发现这三者在运行中的失衡问题，分析失衡成因，寻找应对方法，并合理利用调控资源进行适度调控，以实现乡村工匠教育生态系统稳态运行，培养优秀乡村工匠的方案与策略。该模式由目标、依据、原则、结构和运行构成，形成其独有的结构特征，为乡村工匠教育生态系统调控的保障政策和样本分析提供理论依据。

第一节 乡村工匠教育生态系统"三维共诊"调控模式的目标和依据

一 乡村工匠教育生态系统"三维共诊"调控模式的目标

乡村工匠教育生态系统是一个开放的人工仿真生态系统，因为人工仿真生态系统既具有自然生态系统的运行规律，又具有社会生态系统和教育生态系统的运行规律，复杂程度更高，往往会产生各种各样的问题，出现失衡或紊乱的状态。为了保证乡村工匠教育生态系统的良性和稳态运行，我们需要在它出现不好的苗头或刚产生问题时就进行诊断调控，使之沿着正常的轨道运行。因此，"三维共诊"调控模式（策略）是在科学分析乡村工匠教育生态系统的基础上提出的一种新的系统调控工具，旨在使该系统培养优秀的乡村工匠时达到最优运行状态。

二 乡村工匠教育生态系统"三维共诊"调控模式的依据

（一）由乡村工匠教育生态系统的结构决定

无论是无机系统还是有机系统，都有自己独特的结构。结构是系统得以存在的基础。历史唯物主义告诉我们，世界上不存在没有结构的系统。只有有了结构，系统才能发挥一定的功能。因而，要对系统进行调控就必须要弄清楚系统的结构。根据生态系统理论，结合教育生态系统发展规律，本研究认为，乡村工匠教育生态系统由教育生态主体和教育生态环境构成。教育生态主体由教育者（教师和技能大师）、学生（学习者）、教育管理者和教育服务者四大部分组成，这里扩展了生态主体的内涵，把教育管理者和教育服务者也纳入了生态主体。教育生态环境由自然生态环境、社会生态环境和规范生态环境组成。教育生态主体和教育生态环境既有各自的结构本质特征，又相互联系，协同推动乡村工匠教育生态系统的运行。因此，乡村工匠教育生态系统中的教育生态主体和教育生态环境是"三维共诊"调控模式中重要的两个维度。

（二）由乡村工匠教育生态系统的功能决定

乡村工匠教育生态系统的功能由其结构决定，但同时功能也可以改变结构。系统结构要保持稳定，系统功能就要正常运行。当乡村工匠教育生态系统的功能偏离轨道不能正常运行时，就必须要对其施加外力进行调控，让其回到正常的运行轨道。因此，乡村工匠教育生态系统的功能也是重点调控的对象。根据生态系统功能理论，我们也将乡村工匠教育生态系统的基本功能分为三种，即物质循环、信息传递和能量流动。物质循环功能是乡村工匠教育生态系统正常运行的载体，为人才培养奠定物质基础；信息传递功能是乡村工匠教育生态系统正常运行的动力，为人才培养创造信息利用价值；能量流动功能是乡村工匠教育生态系统正常运行的养分，为人才培养提供能量资源。维持乡村工匠教育生态系统生态功能的正常运行是调控的主要目的,也是"三维共诊"模式重要的分析因素。分析乡村工匠教育生态功能失衡的表征、成因是调控的前提条件。由此表明,"三维共诊"调控模式的实施只有以乡村工匠教育生态系统的功能为依据,才能保障调控的科学性、精准性和协调性。

第二节 乡村工匠教育生态系统"三维共诊"调控模式的原则

一 目标最优化原则

乡村工匠教育生态系统的目标是培养优秀的乡村工匠人才,实现社会效益、经济效益和生态效益的最优化。当然目标最优化是在乡村工匠教育生态系统受条件约束(没有不受约束的生态系统)的情况下,通过分析其优势和劣势、机遇和挑战,充分发挥优势,利用机遇,尽量克服劣势,应对挑战,从而实现的。这就需要各个生态主体的紧密配合,相互协同,尽量克服各因素的制约,提取稳态运行的最大公约数,实现各主体的互利共赢。目标最优化是决策科学首要考虑的事情,为在现实环境中解决效率和效益的统一性问题找到了最优解,符合实践应用科学的逻辑思维。在乡村工匠教育生态系统中制定的目标有很多,如何找到最优化的目标却很难。所以,乡村工匠教育院校一定要建立科学决策专家团队,保障目标的最优化决策。

二 利益整体性原则

利益整体性原则,即把乡村工匠教育生态系统看作由各个构成要素形成的有机整体,当局部利益与整体利益相冲突时,局部利益要服从整体利益,以实现系统的最优化发展。乡村工匠教育生态系统是一个由多个生态主体和多种生态环境构成的复杂系统,有时各个生态主体的利益诉求会与整体利益诉求产生矛盾或不一致。根据利益整体性原则,只有个人利益、局部利益服从整体利益,乡村工匠教育生态系统才能良性运行,才能科学合理地培养优秀乡村工匠。整体性表明系统中各子系统的简单功能之和不等于系统整体功能,而是会产生 $1+1>2$ 的效应,系统的整体性是由构成它的子系统的相互作用决定的。因此,我们对乡村工匠教育生态系统进行调控时，要从利益整体性出发，把系统当作有机整体来对待，从整体与要素的相互依赖、相互联系、相互制约的利益关系中揭示系统的整体性利益。

三 动态发展性原则

动态发展是一切生命有机体进化的基础。动态发展性原则是指乡村工匠教育生态系统各因子都处于发展变化的过程中，对这些因子进行调控时一定要用发展的眼光、动态运用调控策略来促进系统的发展。本原则告诉我们，对乡村工匠教育生态系统调控时，不能用一成不变的方法来处理其发展过程中出现的问题，而应因时、因地不断调整调控策略，以适应事物的发展规律。动态发展性原则主要是让乡村工匠教育生态系统满足受教育者（乡村工匠学习者）的未来价值需要，让他们创造更优秀的传统技艺作品，满足社会的审美需求。同时也体现人才培养的可持续发展理念，为乡村传统技艺的传承寻找道路。乡村工匠教育生态系统还要考虑学生（学习者）的全面发展和个性发展，培养出适应新时代发展的乡村工匠。

第三节 乡村工匠教育生态系统"三维共诊"调控模式的结构

对乡村工匠教育生态系统进行调控是因为乡村工匠教育生态系统出现了失衡运行的状态。但调控不能盲目进行，首先要对失衡运行状态进行分析，查找问题和原因。要查找问题和原因，就要弄清乡村工匠教育生态系统的结构。由于乡村工匠教育生态系统主要由教育生态主体和教育生态环境构成，这两个维度就成为调控需要诊断的主要对象。又由于教育生态主体与教育生态环境是通过生态功能进行互动的，所以，生态功能也成为调控需要诊断的对象。因此，教育生态主体、教育生态环境和教育生态功能三个维度在教育生态系统调控过程中既是诊断的对象，又是调控的对象，成为"三维共诊"调控模式的学理基础。该调控模式以培养优秀乡村工匠人才为核心，以实现乡村工匠教育生态系统良性运行为目标。调控模式的结果以调控效益（是否培养出优秀乡村工匠）为衡量标准。

一 结构原理

调控模式内部各维度的相互关系为：教育生态主体是教育活动的实施者和行动者，在乡村工匠教育活动中发挥着主导作用；但教育生态主体要发挥作用还需与教育生态环境进行物质转换、信息传递和能量流动。在此，教育生态环境作为一个容量库，为教育生态功能的正常运行提供了载体。由此表明，教育生态主体和教育生态环境通过教育生态功能实现互动，形成了调控模式的"铁三角"。根据教育生态学规律，只有教育生态主体和教育生态环境实现良性的教育生态功能互动时，教育生态系统才最稳定，教育生态系统才能培养出优秀的乡村工匠。而在现实和实践中，教育生态主体和教育生态环境在进行教育生态功能互动时会偏离稳定运行状态，出现失控局面，造成教育生态系统不能培养出优秀乡村工匠的结果。因为乡村工匠教育生态系统是一个人工仿生系统，人为因素（主观因素）导致教育生态主体和教育生态环境不能和谐发展的几率较高。为了实现乡村工匠教育生态系统的优产、高效，就要建立一个科学的诊断机制，全面筛查诊断对象，找出病灶，分析病因，为精准调控做好充分准备。全面诊断是对教育生态主体、教育生态环境和教育生态功能三个维度进行"望、闻、问、切"。望，即观看教育生态主体和教育生态环境之间现今的教育生态功能互动状况；闻，即听教育生态主体与教育生态环境之间以前的生态功能互动状况；问，即询问和收集教育生态主体和教育生态环境之间以前和现今的生态功能互动情况的信息；切，即分析判断乡村工匠教育生态系统病症和病因。因此，"三维共诊"是乡村工匠教育生态系统调控的前提条件，最终为实现调控效果的高效性和生态性奠定坚实的基础。为了便于理解这种调控模式，我们暂且将该模式界定为"三维共诊"调控模式，其原理结构见图6—1。

二 结构布局

"三维共诊"调控模式是以生态学和教育学理论知识为逻辑起点，借助中医辨证理论，采用全面诊断方法，通过动态联系观建构的一套调控系统。因而要具备一些基本条件。首先要设立"共诊—调控"组织和职能机构，提供系统的诊断和分析资源，建立支持和调动人力、物力和财力的平台。其次，要整合教育生态主体和教育生态环境的互动，优化生态功能，

第六章　乡村工匠教育生态系统调控："三维共诊"模式

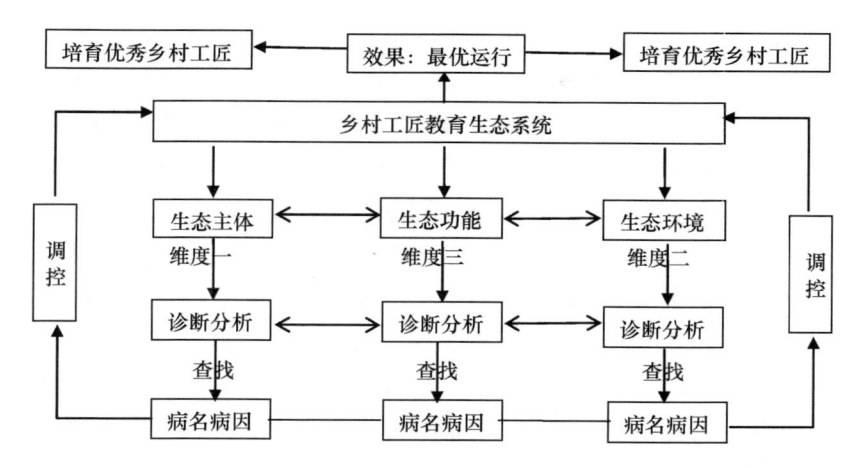

图 6—1　乡村工匠教育生态系统"三维共诊"调控模式原理

把这三个维度看作一个高度融合的有机生命体。最后，要有泛乡村工匠教育的理念，一切事物和因素都会影响乡村工匠教育生态系统的运行，"诊断—调控"要做到全方位、全过程、全要素。

生态主体和生态环境都包含较多的组分，所以，"三维共诊"调控模式涉及的面广，涵盖的内容多，几乎无所不包。教育生态主体虽然是以教师和学生为中心，但也包括教育管理者、后勤服务者，且互动形式复杂；教育生态环境虽然是以自然、社会和规范生态环境为主，但也包括范围更广的社会生态环境和规范生态环境；教育生态功能虽然是以学校教育生态主体和学校教育生态环境进行物质转换、信息传递和能量流动为主要形式，但学校教育生态系统与社会生态环境也在进行物质转换、信息传递和能量流动。"三维共诊"调控模式是把乡村工匠教育生态系统看作一个有机体生命，通过诊断问题、分析问题，提出调控策略，解决问题，让该系统稳态运行，最终实现优秀乡村工匠培育的产出。具体维度如下。

（一）维度一：教育生态主体"诊断—调控"

教育生态主体"诊断—调控"是指具有调控权力的组织或机构对教育生态主体进行诊断，发现问题，分析成因，并找出对策进行调控的一种活动过程。因乡村工匠教育生态系统生态主体主要由乡村工匠学习者、教育者、教育管理者和后勤服务者四个部分构成，所以，"诊断—调控"就聚焦在这四部分。乡村工匠学习者的数量和质量、教育者的数量和质量、教育管理者的数量和质量、后勤服务者的数量和质量是"诊断—调控"的重点。在这四部分中，又以教育者和学习者为核心进行"诊断—调控"，但也不能忽视教育管理者和后勤服务者的作用，特别是校长的作用。在教育者中，技能大师和文化课教师对乡村工匠学习者的影响巨大，也是"诊断—调控"的重点关注对象。在后勤服务者中，教育教学服务人员对乡村工匠学习者的影响也较大，在"诊断—调控"过程中也应予以重视。

在教育生态主体"诊断—调控"中，要有核心意识。由于乡村工匠学习者既是重要的输入原材料，又是重要的输出产品，培养质量就成为主要的衡量标准。所以，教育者、教育管理者和后勤服务者的所有活动都应以乡村工匠学习者为中心。这样，才能保障教育生态主体"诊断—调控"发挥效用，促进乡村工匠教育生态系统稳态运行。

在教育生态主体"诊断—调控"中，要有大局意识。由于乡村工匠学习者、教育者、教育管理者和后勤服务者都是教育生态主体，具有有机整体的机能。所以，应把这四者看作一个整体来进行"诊断—调控"，以促进他们协调、稳定发展。

在教育生态主体"诊断—调控"中，要有生态意识。由于教育生态主体内部乡村工匠学习者、教育者、教育管理者和后勤服务者之间，教育生态主体与外部（教育生态环境）之间都是通过联系建立各种关系。所以，生态意识是教育生态主体应主动接受和践行"诊断—调控"的指导思想。

（二）维度二：教育生态环境"诊断—调控"

教育生态环境"诊断—调控"是指具有调控权力的组织或机构对教育生态环境进行诊断，发现问题，分析成因，并找出对策进行调控的一种活动过程。本研究将教育生态环境分为自然生态环境、社会生态环境和规范生态环境三个部分，所以这三部分是"诊断—调控"的对象。自然生态环境主要包括学校区位、校舍面积、实训基地、实训工位、生均图书册数、教学设备、师生比例、生均寝室面积和生均经费投入等内容。社会生态环境主要包括教育政策、乡村工匠社会地位、社会舆论和市场需求等内容。规范生态环境主要包括学生入学条件、课程设置、技能标准、教学氛围、师生关系、师徒关系和校企关系等内容。这些都是需要"诊断—调控"的对象。其中，教学设备因权重值最高，尤其要积极"诊断—调控"。

在教育生态环境"诊断—调控"中，要有危机意识。教育生态环境处在演进和发展的过程中，时时可能发生危机，引起失衡，进而影响教育生态主体的正常运行。因此，在教育生态环境运行时，要时刻警觉危机的发生，最好做到提前预测，提前制定预案，让危机始终控制在萌芽状态。

在教育生态环境"诊断—调控"中，要有目标意识。教育生态环境良性运行可以促进教育生态主体和教育生态系统良性运行，为生态功能的正常运行提供较好的条件，其最终目的是培养优秀乡村工匠人才。因此，明确的目标为教育生态环境"诊断—调控"带来了希望和价值追求。

在教育生态环境"诊断—调控"中，要有适度意识。当诊断教育生态环境在一定区间内稳态运行时，只要维持其运行现状即可。但当发现其运行偏离稳态运行区间，出现失衡现象，就要对其进行调控，调控的力度要根据失衡的程度来控制。如教育生态环境出现严重的失衡，调控力度就要加大，以与之相匹配。所以，适度调控意识在教育生态环境"诊断—调控"中不可缺少，过度调控将会使调控失效。

(三) 维度三：教育生态功能"诊断—调控"

教育生态功能"诊断—调控"是指具有调控权力的组织或机构对教育生态功能进行诊断，发现教育生态主体之间、教育生态环境之间以及教育生态主体和教育生态环境之间在进行物质转换、能量流动和信息传递活动的问题，并分析成因，找出对策从而进行调控的一种活动过程。根据生态学的经典理论，本研究将教育生态功能分为物质循环、信息传递和能量流动三种功能，这三种功能也是"诊断—调控"模式的对象。物质循环主要包括人力循环、物力循环和财力循环；信息传递主要包括信息源、传递者（教育者）、传递媒介和接受者（学习者）；能量流动主要包括技艺制作工艺、技艺知识、技艺技能和技艺文化的传授，它们对乡村工匠教育生态系统的运行产生重要影响，需要进行"诊断—调控"。"诊断—调控"主要是保障教育生态功能正常运行，使各教育生态因子在各自的生态位上各行其是，发挥应有效能。

在教育生态功能"诊断—调控"中，要有质量意识。教育生态功能是在教育生态主体之间、教育生态环境之间、教育生态主体和教育生态环境之间运行，其运行质量直接影响教育生态主体和教育生态环境的运行质量，形成马太效应。因此，在教育生态功能运行时，要树立高质量意识，力求达到高诊断质量和调控质量，为湖湘工匠教育生态系统调控目标的达成贡献智慧和力量。

在教育生态功能"诊断—调控"中，要有经济意识。经济意识是达到投入与产出高性价比的一种目标理念，其实质就是要达到"以最少的投入获得最大的回报"。同理，教育生态功能效应发挥越好，其体现的经济性也越好。由此表明，诊断资源和调控资源利用越合理，经济性能运行越良好，教育生态功能发挥越正常。

在教育生态功能"诊断—调控"中，要有效率和效益意识。效率体现的是单位时间所产出的数量，效益体现的是活动产出的结果。对物质循环、信息传递和能量流动三种教育生态功能进行"诊断—调控"，如效率越高，效益越好，也表明对教育生态功能"诊断—调控"效果越好。

第四节 乡村工匠教育生态系统"三维共诊"调控模式的运行

乡村工匠教育生态系统调控是对系统内各要素进行最优化的调节和控制，以使各要素达到最优化的组合，进行最佳的能量流动、信息传递和物质转化，最终培养出优秀的乡村工匠的活动过程。调控的实质就通过干预保障教育生态系统沿着正确的轨迹运行。调控主要从三个方面进行，一是对乡村工匠教育生态主体进行调控，二是对乡村工匠教育生态环境进行调控，三是对乡村工匠教育生态功能进行调控。

一 乡村工匠教育生态主体调控运行

从一级指标权重值来看，教育生态主体权重值（0.6536）大于教育生态环境权重值（0.3464），应该加大对教育生态主体的调控力度。生态主体主要由乡村工匠学习者、教育者、教育管理者和后勤服务者构成，所以本研究以政策与信息为源头，运用反馈方式，从这四个方面进行分析，以形成合理的调控机制，为乡村工匠教育生态系统发展服务（如图6—2）。

（一）乡村工匠学习者调控（重点调控）

对乡村工匠学习者的数量进行调控。我们可以通过一些科学预测方法对乡村工匠市场未来几年的需求数量进行预测，确定每年乡村工匠学习者的招生数量。乡村工匠的需求数量反映了传统手工艺市场的发展规模，需求数量越多，说明市场发展趋势越好。但作为非物质文化遗产的乡村传统手工艺，有时不一定与市场发展速度成正比，可能会出现市场经济效益较

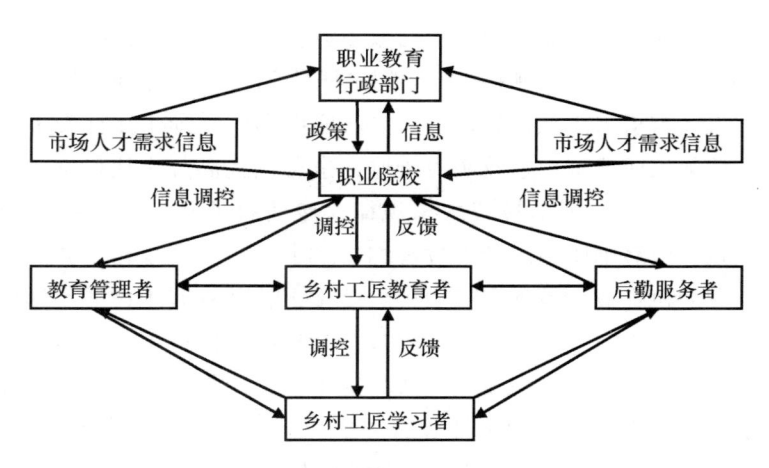

图 6—2　乡村工匠教育生态系统主体调控

差的情况。政府为了保护这些传统技艺的传承与发展，往往通过财政经费补贴的形式来支持乡村工匠教育职业院校的发展。从目前的乡村工匠培养现状来看，因乡村工匠的待遇较差、地位较低，以致想学习乡村传统手工艺的人越来越少。乡村工匠学习者人数的减少导致乡村工匠教育生态系统的萎缩和退化。为了阻止这种衰退的局面，必须发挥政府的调控作用，在经济、政治、文化、技术等方面大力资助，特别是加大经费上的扶持。

对乡村工匠学习者的质量进行调控。如何选取具有一定潜质的学生成为乡村工匠学习者，是我们乡村工匠教育职业院校在招生时首要考虑的事情。当今社会对高等职业教育的偏见，使得优秀的高中毕业生纷纷进入名牌大学，而一些成绩较差的学生也是迫于无奈才选择职业院校，在基本素质方面存在一定的不足，拉低了乡村工匠人才的选拔标准。在这时，政府和企业的发力很重要。如政府对于考上职业院校的学生实行免费培养，对学习优秀的乡村工匠学习者进行高额奖励，以此吸引优秀的学生报考职业院校。政府还可以通过减免企业税收的方式来激发企业与职院校合作办学的热情，促进乡村传统手工艺市场的发展。更重要的是职业院校应制定一套严格的招生考试标准，选拔具有符合发展潜质的学生进校学习，在培育过程中应重视全方位、全过程、全力量的"三全"育人理念，以良好的育人声誉来吸引优秀学子的加盟。

（二）乡村工匠教育者调控（特重点调控）

对乡村工匠教育者的数量进行调控。对教育者数量的调控主要集中在专业教师、技能大师和文化课教师的数量调控上。其调控标准主要由学生（乡村工匠学习者）的人数来决定，如果职业院校招生计划根据每年市场乡村工匠人才需求来决定，教育者人数就要根据大学师生比标准 1∶14 来确定。当然如果职业院校财政实力雄厚，也可以提高师生比标准，特别是增加专任教师数量。根据教育生态规律，专任教师和技能大师的数量较多，表明每一位教师所教的学生数量相应较少，每一名乡村工匠学习者得到教师指导的机会或与教师交流的机会就多，就越有利于技能和知识的学习和掌握，学生学习效率就高，学习效益就越好。但也不是教育者数量招聘越多越好，我们也应考虑最优能效的师生比，这与各职业院校专业教学实力、资金扶持力度、教学条件等有关。只要能人尽其才，不出现浪费，让每一位教师发挥最佳教学状态，就证明乡村工匠教育者数量是合理的。

对乡村工匠教育者的质量进行调控。首先，把好专任教师和技能大师人才引进关。在招聘教师时，一定要根据专业教学要求制定严格的招聘考核标准，不能因招不到优秀专任教师而降低招聘要求，以免影响专任教师的教学质量，造成乡村工匠教育职业院校人才培养质量的下降。在招聘技能大师时，要以是否具有"国家级工艺美术大师"或"省级技能大师"称号为招聘标准，不具有这些高技能人才资格称号的则不予录取，以保障乡村传统手工艺教学的技艺纯正性、精准性和创新性。其次，帮助乡村工匠教育者树立终身学习观。在现代社会，知识、信息更新的速度越来越快，如果乡村工匠教育者不能及时学习新知识，就会跟不上新时代的发展，就不能胜任新时代的教书育人的重任，成为教育队伍中的落伍者。所以，乡村工匠教育职业院校应帮助教师树立终身学习的观念，培养教师自身不断学习、不断接受新信息的方法，学会学习，改善教师自身的知识结构，提升教育教学能力。

（三）乡村工匠教育管理者调控（一般调控）

对乡村工匠教育管理者的数量调控。根据乡村工匠学习者数量和教育者数量按比例合理招聘教育管理者数量，适当考虑将来一段时间职业院校的发展前景，做到提拔或招聘的教育管理者人数与日常工作量相符，避免人数过多或过少，影响正常的教育管理活动。另外，也应考虑教育管理者的年龄结构，尽量让老中青年龄结构人数呈现出金字塔型结构，即青年人数居塔基，多于中年人和老年人；中年人数居塔中，少于青年人，多于老年人；老年人数居塔尖，尽量发挥老年人对中青年人的传、帮、带作用。

对乡村工匠教育管理者的质量调控。教育管理者的教育管理能力直接影响职业院校乡村工匠培养的质量。特别是校长,对于学校的发展规划、乡村工匠培养标准有直接的管理权力。因此,在提拔或聘用教育管理者时,应全面考核候选人员的职业教育管理素质和能力,做到让有德有才的人走上教育管理岗位,不让无德无能的人有可乘之机。同时,引入科学考核机制,运用第三方评估制度,客观公正地评价每一位教育管理者在每学年的教育管理质量。对于不合格的教育管理者,可以采用上级与之谈话或培训的方式来帮助他们提升教育管理能力,如经过一段时间的教育管理活动,有的教育管理者还不合格,可以让其离开教育管理岗位。当然可以对教育管理者进行培训或让其到兄弟院校参观学习,以此来提升乡村工匠教育管理者的教育管理水平。

(四) 乡村工匠教育后勤服务者调控(轻微调控)

对乡村工匠教育后勤服务者的数量调控。可以根据服务的学生人数和教师人数合理地招聘不同岗位后勤服务者,也可以采用社会招标的形式引进社会服务集团公司。有些人如图书管理员、宿舍管理员、水电维修工等后勤服务者属于正式编制,享受正式工的所有待遇,因此在由学校招聘时更要考虑岗位的需求数量。当然最重要的是,合适的后勤服务者招聘数量主要是配合乡村工匠教育生态系统中的使用,不出现数量的多余或不足。

对乡村工匠教育后勤服务者的质量调控。首先,进行入职培训,包括对工作岗位职责、工作岗位内容、工作岗位服务礼仪等的培训,让后勤服务者理解自己工作的性质就是服务。如培训考核不合格,则不予录用。其次,制定行业服务用语,制成手册,发放每一位服务员工,要求工作时使用,禁止使用粗俗语言。再次,制定后勤服务者工作职责和处罚制度,当后勤服务者没有履行工作职责时,做到处罚有章可循,有理可讲,有制可依,避免处理不公。又再次,制定负面清单台账,对于师生员工反映的问题,根据难易程度,确定标准完成时间,对于在规定时间内没有完成的后勤服务者要实行问责。最后,加强巡查监督,做到检查常态化,对那些服务意识差、工作不积极的后勤服务者产生震慑,将后勤服务者的不良表现始终控制在萌芽状态。

二 乡村工匠教育生态环境调控运行

虽然乡村工匠教育生态环境权重值小于教育生态主体权重值,但在对其调控时也不能掉以轻心，调控力度要力求适中，保障乡村工匠教育生态系统稳态运行。

（一）乡村工匠教育自然生态环境调控（一般调控）

根据乡村工匠教育自然生态环境本质和特性，我们将其分为学校区位、校舍面积、实训基地、实训工位、生均图书册数、教学设备、师生比例、生均寝室面积和生均经费投入9个组分，重点对它们进行调控。

1. 学校区位（轻微调控）。乡村工匠教育职业院校的选址一般应以地域传统技艺发源地为总体范围，然后再在这一区域范围内选择优美恬静的自然环境。根据生态学的自然规律，选择依山傍水、山清水秀的区域建校，能让学习者呼吸到更清新的空气，有利于身体健康，促进知识技能的学习。如醴陵市陶瓷烟花职业技术学校就建在釉下五彩瓷和烟花爆竹生产基地醴陵市区，且与陶瓷、烟花企业距离较近，有利于校企合作。

2. 校舍面积（轻微调控）。乡村工匠教育校舍面积应根据教育部的有关规定执行。如中等职业学校校舍建筑面积应该遵照教育部制定的《中等职业学校设置标准》（2010年）执行，学校总体建筑面积不小于24000平方米，生均校舍建筑面积不小于20平方米。高等职业学校校舍建筑面积应该遵照教育部颁发的《高等职业学校建设标准（征求意见稿）》执行，普通高职院校，学生人数5000的学校，生均校舍面积总指标是24.56—26.55平方米；学生人数8000的学校，生均校舍面积总指标是23.52—25.52平方米；学生人数10000的学校，生均校舍面积总指标是22.49—24.49平方米。

3. 实训基地（一般调控）。关于乡村工匠教育实训基地，根据《中等职业学校设置标准》，要有与所设专业相适应的校内实训基地和相对稳定的校外实习基地，能够满足学生实习、实训需要。根据《高等职业学校设置标准（暂行）》（教发〔2000〕41号），必须配备与专业设置相适应的必要的实习实训场所。虽然这两个设置标准没有提出具体的实训基地数量和标准，但根据《高等职业学校建设标准》（征求意见稿）规定，普通高职综合（1）类院校，办学规模为5000名、8000名和1000名学生的学校，教学实训用房建筑面积生均分别为9.69平方米、9.07平方米和8.70平方米。

4. 根据国家合格标准（高职），实训工位（轻微调控）生均0.5个，生均图书（轻微调控）80册，生均教学设备值（重点调控）3000元，师生比例1∶18，生均寝室面积6.5平方米（轻微调控），生均经费投入（特重点调控）政府财政拨款12000元。这些指标需要通过政府和学校的共同努力才能达到，特别是地方政府要认识到乡村工匠培养的重大意义，加强与乡村工匠教育职业院校的合作。

（二）乡村工匠教育社会生态环境调控（重点调控）

对于乡村工匠教育社会生态环境，根据其影响大小，本文选取了教育政策、乡村工匠社会地位、社会舆论和市场需求4个指标作为调控对象。

1. 教育政策（重点调控）。教育政策是乡村工匠教育生态系统良性运行的重要保障，是培养优秀乡村工匠的基础，完善乡村工匠培育政策，促进乡村工匠的健康成长，一是要组织实施"乡村工匠人才教育振兴工程"，以提升乡村工匠学习者的职业技术技能。乡村工匠教育院校应建立健全乡村工匠培养机制，通过"考核、选拔、培养、使用"四位一体的选拔培养机制，实现与市场的无缝对接。二是要实施"卓越教师队伍建设工程"。继续抓好国家级和省级工艺美术大师评选工作。重点培养和支持"双师型"教师、教育教学骨干、校长和学科带头人。如湖南职业教育战略明确指出，到2020年，湖湘工匠教育院校专业教师中"双师型"教师要达到90%以上。三是要坚决执行财政拨款制度。乡村工匠教育生态系统主要依靠政府财政支持办学，只有财政经费足额，各项教育工作才能顺畅平稳进行。根据高等职业院校政府财政拨款制度，乡村工匠学习者生均每年拨款经费应达到12000元。

2. 乡村工匠社会地位（重点调控）。乡村工匠所从事的工作是传承优秀传统技艺文化的事业，理应受到社会的尊重。但在当前商品化和市场化的冲击下，乡村工匠的社会地位不高。为了提升乡村工匠的社会地位，政府应该带头弘扬工匠精神，宣传大国工匠的突出贡献。如每年"五一劳动奖章"评选应向乡村工匠群体倾斜，提倡技能大师的职称级别与学术人才职称级别对等原则；乡村工匠职业教育院校应该以培养"优秀乡村工匠"为最高理念，利用可以利用的一切资源，整合一切可以整合的力量，培养出社会需要的"精品和极品人才"，改变社会中普遍存在的乡村工匠不是人才的错误观念，提升乡村工匠的社会地位；社会应该大力提倡乡村工匠作为非物质文化遗传传承人的保护力度，利用"互联网+"、大数据、云计算等现代通信媒体储藏和宣传乡村传统技艺的重要历史价值和审美艺术价值，形成全社会对乡村传统技艺文化的认同、对乡村工匠社会意义的理解和对乡村工匠社会地位的尊崇。

3. 社会舆论（一般调控）。利用国家、社会主要宣传机构和个人，引领社会舆论对乡村工匠教育的正向评价。可以通过以下途径来引领社会舆论。一是政府部门应继续提倡和宣扬工匠精神：严谨细致，坚守岗位，坚韧不拔，精益求精，追求极致，一生专注，敬业奉献，淡泊名利，让"工匠精神"成为社会的普遍追求品质。二是中央电视台应利用自己知名品牌效应，在每年"五一劳动节"播放"大国工匠"系列节目，培育工匠精神，在全社会形成尊重大国工匠的风气。三是利用网络大 V 的粉丝影响力，运用他们的微博转发乡村工匠杰出代表人物的优秀事件，发挥他们意见领袖的作用，正确评价乡村工匠的历史价值、社会价值和人文价值，让粉丝们学习乡村工匠精神，激发乡村工匠社会舆论的正面教育引导作用。

4. 市场需求（重点调控）。市场需求是检验乡村工匠教育生态系统乡村工匠培育成功与否的主要指标。据调查，2011—2017 年湖南省湖湘工匠教育职业院校共向社会输送合格毕业生 254.2 万人，中职毕业生和高职毕业生分别为 165.1 万人和 90.7 万人，就业率分别为 96% 和 90%。而与此同时，全省高职高专招生数增长了 61.39%，在校生数增长了 24%，毕业生数增长了 9.4%；近三年来，97 个农村县政府重点举办的公办中职学校校均在校生规模增长了 21.6%，湖南对接产业、创新发展职业教育为"中国制造 2025""供给侧结构性改革"等国家战略实施提供了有力的技术技能人才服务和智力支撑。为了适应市场复合型人才的需求，湘绣艺术学院作为湖南唯一的湘绣人才培养院校，开设了创意绣稿设计、湘绣制品、湘绣简史等课程，不仅有传统的湘绣技术教学，还推出了湘绣技法、湘绣品牌策划、湘绣营销等现代市场性课程，旨在把学生培养成为复合型高端湘绣人才。市场需求成为乡村工匠教育培养的风向标，更成为乡村工匠教育生态系统教育改革的主要动力。

（三）乡村工匠教育规范生态环境调控（重点调控）

乡村工匠教育规范生态环境调控主要从学生入学条件、课程设置、技能标准、教学氛围、师徒关系、校企关系和校园文化活动 7 个方面进行，目的在于更高效地将教育生态主体学习者培养成为优秀乡村工匠。

1. 学生入学条件（一般调控）。乡村工匠教育生态系统是为培养优秀乡村工匠服务的，但要把学生培养成为优秀的乡村工匠，除了教育者的教育，还需要对学生（乡村工匠学习者）进行考核和面试。科学预测哪些学生有潜力，可能会成为优秀的工匠，这些学生在招录时应成为重点关注对象。当然，不同类的工匠需要不同的先天禀赋和基本技能素质，因此我们可以制定不同的考核标准和考核内容。只有学生达到学习乡村传统技艺的基本要求，才能允许其进行该技艺的学习。这样就能够保障一些优秀的苗子进入乡村工匠教育生态系统，为培养优秀的乡村工匠人才打下坚实的基础。

2. 课程设置（重点调控）。课程是培养乡村工匠的重要工具和媒介，其本质功能是培养乡村工匠的生存素养、发展素养和创造素养，为乡村传统技艺的传承发展提供人力资源。因此，课程设置应根据专业人才培养规格设立公共基础课、专业课和专业拓展课等大类课程。以醴陵市陶瓷烟花职业技术学校陶瓷工艺专业为例，该专业公共基础课包括文化课、德育课、计算机应用基础课、体育与健康课、艺术（或音乐、美术）课以及其他自然科学和人文科学类基础课。专业技能课包括专业基础课和专业核心课、实习实训课。专业基础课包括陶瓷美术基础（装饰画、素描）、陶瓷国画技法、陶艺、白描等课程。专业核心课包括陶瓷成型技术、陶瓷彩绘技术、陶瓷烧制技术等课程。实习实训课是专业技能课教学的重要内容，有校内外实训、顶岗实习等多种形式。专业拓展课包括陶瓷材料、陶瓷彩绘艺术、陶瓷雕刻等课程。

3. 技能标准（重点调控）。所谓技能标准，即根据乡村各传统技艺种类对知识和技能水平的要求，进行科学分析和评判后，对其进行概括和描述，从而形成的传统技艺技能准则。技能标准是检验乡村工匠教育生态系统人才培养是否合格的重要依据，在制定时应注意以下原则：尊重传统评判标准，融入现代评价理念；合理划分等级，科学精细定义；具有实际操作价值，符合传统技艺特征；突出民族文化特色，形成世界知名传统技艺。

4. 教学氛围（重点调控）。教学氛围是乡村工匠教育生态系统中，师生之间或学生之间在课堂教学中通过互动、交流形成的比较稳定的知觉、情感、意志和思维定式等心理状态。教学氛围分为积极的和消极的两种类型。积极的教学氛围主要表现在课堂上，教师教学热情高涨，学生学习积极，注意力集中，师生讨论热烈，教师乐教，学生乐学。消极的教学氛围主要指在课堂上，学生自觉性差，注意力不集中，学习积极性差，师生配合不默契，课堂沉闷，教学效果较差。所以，教师应该努力营造积极的教学氛围，以趣味话题导入，激起学生的兴趣；运用幽默或励志的语言，制造轻松和谐的教学气氛；善于发现每个学生优点，积极表扬鼓励；多寄予学生期望，因势利导让学生健康成长。

5. 师徒关系（重点调控）。师徒关系，即学校师生关系和企业师徒关系。学校师生关系，即师生在学校各种乡村工匠教育教学活动中形成的关系，主要包括彼此所处的地位、发挥的作用和对待彼此的态度等。这是一种特殊的社会关系，是师生双方利用各自独特的身份和功能为实现教育目标和任务，通过教与学的双向活动而形成的多维度、多形式的关系总和。良好的师生关系不仅保障了教学活动的正常开展，而且也促进了教学目标的完成，体现了师生在教育教学活动中的价值和意义。那么，如何来建立乡村工匠教育良好的师生关系呢？本研究认为可以从三方面来进行：一是教师要转变思想观念，突破"教师中心论"的藩篱，提倡师生人格的平等；二是教师与学生应相互理解和尊重，构建民主、和谐的教学氛围；三是建立师生互评机制，让教师和学生成为生态主体，积极融入教育教学活动中，这样既调动了教师的教学积极性，也调动学生的学习积极性。

企业师徒关系是指乡村传统技艺技能大师与学习者在技艺传授活动中建立的相互关系，主要建立在传统技艺、礼仪传承的基础上。实践证明，不管是过去还是现在，严肃的师徒关系有利于乡村传统技艺和乡村传统文化的传承。俗话说，"一日为师，终身为父"，这种传统的师徒如父子的关系模式为传统技艺的传承提供了良好的实践依据，也确保了师傅能毫无保留地把技艺传给徒弟，实现技艺的可持续传承。当然，平等、民主的师徒关系在现代社会里也更受年轻学习者的青睐。建立良好的师徒关系要从师傅（技能大师）和徒弟（学习者）两方面着手。一方面，师傅应关心、爱护徒弟，具有无私奉献精神，有把平生绝技传给徒弟的意愿，体现长辈的初心、爱心和诚心；另一方面，徒弟应尊敬、尊重师傅，虚心好学，具有吃苦耐劳的精神，体现晚辈的决心、耐心和忠心。

6. 校企关系（重点调控）。校企关系，即乡村工匠教育院校与企业在乡村工匠培养和使用过程中形成的相互关系。良好的校企关系不但对乡村工匠学习者的成长和就业具有积极的促进作用，而且对传统技艺文化的发展也具有重要的推动作用。要形成良好的校企合作关系，需要多方的共同协作。第一，乡村工匠教育行政部门要为学校和企业合作搭建良好的载体——制定有利于校企合作的政策制度，消除不利于双方合作的体制机制障碍，做到法律主体地位明确、合作互惠互利，实现双赢。第二，乡村工匠教育院校应摆脱学校本位的教育观念，积极融入传统技艺企业，真正做到"教学工厂化"。因为"技能包含着不能用言语表达的内容，必须通过培训实践或者工作场景来传授（学徒制），而不是在教室中空空而谈"①，乡村传统技艺的传授更需要实训环境和场所。而这样的环境只有传统技艺企业才具备。第三，传统技艺企业应摈弃利益至上的短视行为，紧密与乡村工匠教育院校合作，重视乡村工匠人才文化道德素养的培育，实现乡村工匠的全面发展。

7. 校园文化活动（一般调控）。校园文化活动是指在校园范围内以促进乡村工匠学习者身心发展、陶冶学习者精神、显示校园独特文化魅力的课外文化活动。校园文化活动对乡村工匠学习者的影响是潜移默化的，具备隐性特征。校园文化活动对于学校文化内涵的建设、学习者工匠精神的培养以及良好校风的形成都有重要的意义。从内容来说，校园文化活动包括思想品德教育活动、课外学术科技活动、社会实践活动、文化艺术活动、体育娱乐赛事活动、创新创业活动、志愿者服务活动、社团文化活动等。举行校园文化活动，要注意以下事项。首先，要有目标性。校园文化活动要具有教育性，要弘扬爱国主义精神，提高学生的综合素质，提升学生的文化品位。其次，要发挥学习者的主动性、积极性。学习者的各项文化活动一定要在老师的指导下，充分发挥学习者的主动性、积极性和创造性，自觉抵制不良思想文化的侵蚀，培养学习者的高雅生活情调。再次，要注重实效性。校园文化活动的开展是为了丰富学习者的文化生活，要考虑学习者的现实特点，从学习者的实际出发，贴近学习者的校园生活，不搞形式主义，不敷衍应付。最后，要有传承性。校园文化活动是在乡村工匠文化历史的积淀中不断发展的，本身就具有深厚的传统文化底蕴，这种滋养性是其他活动无法代替的，需要传承和延续，以保持乡村工匠教育强大的生命力。

三 乡村工匠教育生态功能调控运行

乡村工匠教育生态系统稳定运行的基础是保障生态功能正常发挥作

---

① ［英］琳达·克拉克等：《职业教育：国际策略、发展与制度》，翟海魂译，外语教学与研究出版社2011年版，第128页。

用，本研究根据乡村工匠生态功能失衡的状态及成因分析，认为应从物质循环失衡、能量流动失衡和信息传递失衡三大方面进行调控，从而形成高效的生态功能运行机制。

（一）物质循环失衡调控（重点调控）

人力循环失衡调控。学习者、教育者以及教育管理者是人力循环的主体，对这些主体的调控重在从政策层面和环境层面入手。对于学习者，政府可以制定免费入学政策，并在学习者达到乡村工匠培养标准后优先安排工作；政府可考虑减免一定的税收，鼓励企业招聘乡村工匠毕业生；每年可以与各级电视台联合举办"最美乡村工匠评选活动"，形成尊重乡村工匠的社会氛围。对于教育者，特别是技能大师，鼓励他们从事乡村工匠教育事业，设立技能大师专项资助基金，让他们有良好的生活环境和工作环境，无后顾之忧，能尽心尽力从事知识技艺的教学、传授和科研工作。对于教育管理者，合理设置教育工作岗位，采用一年试用期制度，考核合格才能正式上岗，不合格者可以辞退，做到人尽其才，避免人浮于事。

物力循环失衡调控。首先，根据教育场所的容量确保招收合理数量的乡村工匠学习者，保障实习岗位不出现空缺，使教育实习基地和实训基地得到高效利用，避免教学场所空置率过高。其次，教学设备设施和教育资料要根据每年实际招生人数合理购买，尽量做到物尽其用，不出现不足或大量过剩的现象，为乡村工匠培养实现物力循环的平衡。

财力循环失衡调控。一是加大政府对乡村工匠教育生态系统财力资源（资金）的投入力度，保障乡村工匠人才培养的资金；二是提高乡村工匠教育者劳动的报酬，使报酬不低于或高于当地同一级别公务员的工资，减少技能大师或其他教师的流失，实现待遇留人；三是保障教育投入培养的乡村工匠就业后的待遇不低于或高于当地公务员工资，减少乡村工匠的流失。

（二）能量循环失衡调控（重点调控）

为了保证乡村工匠教育生态系统的能量（乡村传统技艺）能正常循环流动，应采取以下措施。一是实行学习主体优化制。选择文化基础好、领悟能力强且对乡村传统技艺有浓厚兴趣的学生作为学习者，实现学习主体的自身优化。二是实行教育主体优化制。聘请优秀的乡村传统技艺大师、文化教师和专业教师组成教育教学团队，发挥"三合一"系统整体功能，减少知识技艺技能能量传授通道受阻的障碍，实现教育主体的优化。三是实行教育管理主体优化制。乡村工匠教育管理者应重视乡村传统技艺非物质文化的传承意义，具有"逢山开路，遇水搭桥"的气魄，为乡村传统技艺大师（传授者）和学习者解决各种教学和学习困难，实现乡村传统技艺传承管理主体的优化。四是实行教育客体优化制。学校要有步骤、有计划地多编撰乡村传统技艺校本教材，从文化、历史、美学、哲学的高度阐释乡村传统技艺的生活艺术价值，提升乡村传统技艺的教育意义和学生的学习热情，实现教育媒介（教材）客体的优化。

（三）信息传递失衡调控（重点调控）

管理者要控制教育环境干扰，保证信息传递顺畅。教育环境控制既包括控制学校内部环境干扰，又包括控制学校外部环境干扰。学校内部环境干扰控制应以课堂噪音控制和人为干扰控制为主。控制课堂噪音，如制定规章，严禁附近工地在上课时段进行施工，使用降噪设备，减小用电设备运行噪音和汽车噪音，保证教育者信息传递和学习者信息的接收的顺畅；控制人为干扰，如制定课堂教学规则，加强乡村工匠学习者课堂纪律教育，提升教育者教育教学水平和驾驭课堂教学突发事件的应变能力和处理能力，尽量将课堂上的吵闹声、说话声、烦躁情绪和批评声控制在萌芽状态。控制学校外部环境干扰，如各种媒体应加强乡村工匠社会地位的舆论宣传，企业应提高乡村工匠的经济待遇，政府应提升乡村工匠的政治地位，从而从外部来提升教育者的教育理念和学习者的学习理念，促进信息的正常传递。

教育者要选择正确的信息传递方式，保证信息真实传递。为了实现真实信息的顺利传递，教育者要多了解学习者的个性特点，钻研不同的教学方法，真正做到对症下药，实行因材施教，避免一把钥匙开千扇门，做到有的放矢，对不同特性的学习者采用不同的教学方法。只有传递方式恰当时，教育者的信息才能完整而准确地向信息接收端传递，有利于学习者对信息的正确解码和接收。

学习者要选择正确的信息接收方式，保证信息的真实接收。为了实现信息的真实、顺畅接收，学习者要多揣摩教育者的教学特点，了解教育者知识技艺的传授方法，再结合本身的学习基础和学习能力，寻找与教育者知识技艺传授方式相匹配的学习方法，使教育者发出的信息能准确被学习者解码和接收，实现信息正常传递，最终做到教学相长。

第七章

乡村工匠教育生态系统调控保障：
生态政策

在第六章，我们基于教育生态主体、教育生态环境和教育生态功能提出乡村工匠教育生态系统"三维共诊"调控模式，这是根据现实问题提出的一种理想解决方案，即理论假设。这种理论假设还需要通过实践进行检验。理论假设能否经得起实践的检验就成为本章需要思考的问题。理论假设研究如何过渡到实践研究？要顺利实现这种过渡，还得靠生态政策的制定和执行。由此表明，本研究提出的乡村工匠教育生态系统调控模式还是一种需要检验的新理论，保障其顺利进入实践论证研究阶段，还需要生态政策的全面推进。因此，本章主要阐述了生态政策的内涵、功能和分类，以及社会舆论生态政策、环境技术生态政策、经济激励生态政策和资源保障生态政策的实施背景与实施策略，为后面的实践研究——乡村工匠教育生态系统调控的样本分析搭建好逻辑桥梁。

第一节 生态政策概述

一 生态政策的内涵

通过查阅文献，有学者将生态政策界定为"以政府部门为主导，以人为修复人类生态足迹为目标的公共政策"[①]。在此概念的基础上，本研究认为，生态政策是指为实现生态主体和生态环境之间的和谐相处而制定的公共政策。而乡村工匠教育生态政策是指中共中央、国务院及教育部、人社

---

① 曹盘龙：《甘肃省生态政策综合效果评价方法研究》，硕士学位论文，兰州大学，2014年。

部等直属行政机关和省委省政府等行政部门为乡村工匠教育生态系统的稳态运行，培养优秀的乡村工匠而制定的奋斗目标、行动准则、具体任务、实施计划和具体措施。一般而言，乡村工匠教育生态政策具有以下特点。第一，指导性。生态政策是根据乡村工匠的培养标准和要求，立足于当前存在的现实问题，通过严密分析、科学预测和评估而制定的计划，对未来的发展具有鲜明的指导性。第二，预见性。生态政策是对乡村工匠未来要具备的职业技能和素养的预测，规定了未来的职业教育应该要具有哪些合适的资源来培养未来的乡村工匠。第三，时效性。一定时期内制定的生态政策由于之后一段时间出现新的不能预测的问题，会面临失效的窘境，所以在一定的时间后要制定新的政策。第四，支持性。制定生态政策是为了更好地支持乡村工匠培养，因此，政府行政部门会在生态政策制定过程中督促有关部门和单位进行经费、技术、物质等方面的支援，以保障生态政策的顺利实施。

二 生态政策功能

科学合理的乡村工匠教育生态政策对于乡村工匠教育生态系统调控的稳态运行具有导向功能、协调功能和控制功能。[①]

（一）导向功能

所谓导向功能，是指乡村工匠教育生态政策对乡村工匠教育教学活动、对优秀乡村工匠的培养具有引导作用。乡村工匠教育生态政策的导向功能通常从两个方面表现出来。一是为乡村工匠教育事业的发展提出明确的目标。如《湖南省现代职业教育体系建设规划（2014—2020年）》制定了总目标，即"形成适应'四化两型'建设和产业转型升级要求、产教深度融合、普职相互沟通协调发展、中高职衔接贯通、培养层次和培养能力有效提升，体现终身教育理念，具有湖南特色的现代职业教育体系。优秀湖湘工匠培养基本满足技术进步与产业结构调整需求，为湖南建设教育强省和全面小康奠定坚实基础"，并围绕总目标具体制定了湖湘工匠教育事业发展指标。明确的乡村工匠教育培养目标不仅可以让乡村工匠教育生态系统发展方向清晰，减少失误，而且能极大地促进行业、企业参与乡村工匠教育事业的热情，更能有力提高学校企业行业合作办学的积极性。二是

---

① 张新平：《简论教育政策的本质、特点及功能》，《江西教育科研》1999年第1期。

制定一整套旨在促进乡村工匠教育事业发展的保障措施。如《湖南省现代职业教育体系建设规划（2014—2020年）》为实现上述目标就提出了七大措施，即建立现代职业教育体系工作机制、完善现代职业教育体系建设基本制度、健全职业教育经费保障机制、建立健全校企合作机制、建立科学合理的就业导向机制、构建现代职业教育评价机制、优化职业教育发展环境。这些措施对乡村工匠教育事业的发展也具有积极的借鉴作用。

（二）协调功能

协调功能是指乡村工匠教育生态政策在乡村工匠教育发展过程中能起到协调和平衡各种职业教育主体之间、主体与环境之间关系的作用。乡村工匠教育事业是一个复杂的生态系统工程，组成这个系统的各个要素之间，如初等乡村工匠教育与中等乡村工匠教育之间、中等乡村工匠教育与高等乡村工匠教育之间，存在着不同的关系和结构。此外，乡村工匠教育生态系统与国家整体职业教育系统之间也时刻发生着复杂的物质、信息、能量的交换。它们之间有时和谐发展，有时却相互抵触，出现冲突。为了消除这种冲突，国家职业教育行政部门就通过教育政策来进行协调。这种协调功能是由乡村工匠教育生态政策的本质属性决定的。乡村工匠教育生态政策的制定与实施是为了保护乡村工匠教育主体的权益和利益。所以，湖湘工匠教育生态政策应该具有协调功能。例如，2014年，教育部印发的《现代职业教育体系建设规划（2014—2020年）》这一生态政策，在近几年的信息技术发展和乡村工匠教育教学改革过程中就发挥了巨大的协调作用，使得原来管信息技术就只抓信息技术发展、管教学就只抓教学改革的各自为政的信息技术部门和教育教学改革部门深度融合，推进了乡村工匠教育教学形态和教育管理理念的改革与创新。

（三）控制功能

任何乡村工匠教育生态政策的制定都是为了解决乡村工匠教育中存在的问题或预防某些问题的发生，对乡村工匠教育主体的行为进行规范和约束。这种规范和约束就是乡村工匠教育生态政策的控制功能。在乡村工匠教育活动的实施中，教育生态政策的控制功能非常重要。一方面，要让乡村工匠教育生态政策能贯彻实施，就必须进行有效的控制。从实践来看，要让制定的乡村工匠教育生态政策顺利实施还是有一定难度。教育生态政策制定者如果主观臆断，对生态政策执行对象理解有误或执行不当，就会在相当大的程度上影响和阻碍生态政策的贯彻执行。例如，因生态政策本身有问题导致执行效果较差，因资源不足导致执行者对乡村工匠教育生态政策阳奉阴违，因利益伤害导致对乡村工匠教育生态政策的抵抗，等等。为了预防和纠正这些不良问题的出现，必须得控制乡村工匠教育生态政策本身属性的客观、公平和生态政策对象的正确理解执行。另一方面，乡村工匠教育生态政策的适时调整更新也离不开控制。乡村工匠教育生态政策在实施过程中随着外界形势的变化会遇到新情况、新问题，需要不断调整和更新，以强化乡村工匠教育生态政策的控制功能。

三　生态政策分类

一般来说，根据生态政策设定的目标来分类，乡村工匠教育生态政策可以分为目标执行生态政策、赛事激励生态政策和教育支援改善生态政策三类。目标执行生态政策，如为贯彻国务院《关于加快发展现代职业教育的决定》（国发〔2014〕19号）和教育部等六部门《关于印发〈现代职业教育体系建设规划（2014—2020年）〉的通知》（教发〔2014〕6号），湖南省委、省政府制定了《关于加快发展现代职业教育的决定》（湘发〔2014〕18号），加快构建与湖南现代产业相适应的现代职业教育体系。湖南省教育厅、人社厅、财政厅、发改委、农业委员会、扶贫办在省委、省政府的指导下组织编制的《湖南省现代职业教育体系建设规划（2014—2020年）》指出了"形成适应'四化两型'建设和产业转型升级要求、产教深度融合、普职相互沟通协调发展、中高职衔接贯通、培养层次和培养能力有效提升，体现终身教育理念，具有湖南特色的现代职业教育体系"，并对"2015年目标"和"2020年目标"作了具体阐释和说明。赛事激励生态政策，如为了弘扬湖湘传统文化，充分展示湖湘传统产业的历史底蕴和文化积淀，2017年4月，湖南省总工会承办了湖南省"湘字号"传统技艺工匠竞赛活动。本次活动范围广，影响大，展现了湖湘传统工匠的精神信仰和价值追求，营造了尊重工匠、尊重劳动、尊重技术、尊重师傅的良好风尚。从2009年开始，湖南省每年都举行黄炎培职业教育奖创业规划大赛。湖南省现在以生态政策文件规定省教育厅职成处每年都要举办职业院校技能大赛。教育支援改善生态政策，如《湖南省职业教育服务能力提升专项规划2010—2015年度计划》规定"确保城市教育费附加的30%用于职业教育……企业按照职工工资总额的1.5%—2.5%足额提取教育培训经费"，《湖南省职业教育信息化建设实施方案（2013—2015 年）》要求"加大教育信息化投入力度，各地各校须设立教育信息化专项经费"，《湖南高等职业教育创新发展行动计划（2016—2018 年）实施方案》指出要"推进体系结构不断优化、建设卓越高职院校、提升专业建设水平、加强教师队伍建设"。这些乡村工匠教育生态政策有力地推动了湖湘工匠教育生态系统的稳态运行。为了研究的客观性和方便性，本章主要对社会舆论生态政策、经济激励生态政策、环境技术生态政策和资源保障生态政策进行探讨。

第二节 社会舆论生态政策

一 社会舆论生态政策实施背景

所谓社会舆论生态政策，就是针对社会舆论对乡村工匠教育地位的影响而制定的，引导社会舆论改变原有观念的生态政策。因为每一个时期的每一种职业的地位和发展都会有相应的社会舆论，使大多数人产生跟从和效仿，引起社会的心理评价定势，从而抑制甚至让人们不愿意从事某种职业。根据常理，实施乡村工匠教育社会舆论生态政策目的在于引导全社会重视乡村工匠教育的重要作用。但现实情况是，乡村工匠教育在现代教育中还是处于弱势地位，受到社会舆论的不公平对待，"重普教轻职教"使得许多家庭都不想把子女送到乡村工匠教育职业院校进行学习。当然，乡村工匠的社会舆论地位不高，有现实的原因，如乡村工匠从产业价值、经济收入的方面来看比不上其他行业。甚至封建社会的落后观念现在还依然成为人们判断乡村工匠地位的标准，以致在社会现实教育活动过程中，家庭父母是在子女考不上高中或大学本科院校的情况下才将他们送入乡村工匠教育职业院校，这就造成整个社会对乡村工匠教育在人才培养中的偏见，认为乡村工匠教育生态系统中的学生素质较差，不是人才。

正因为社会舆论造成了人们对乡村工匠教育的偏见，使得许多乡村工匠教育职业院校不愿意看到自己的学校名称有"职业或职业技术"的字样。为了迎合社会舆论，有些职业院校借着新建院校的机会将"职业"或"职业技术"抹去了。就本研究的 5 所乡村工匠教育职业院校来看，"吉首市职业中等专业学校"已申请改为了"吉首市民族幼儿师范学校"。其他四所学校虽然保留"职业"或"职业技术"字样，但在未来筹建本科学院的目标中也筹划了校名的更改。

二 社会舆论生态政策实施策略

为了改变不利于乡村工匠教育发展的社会舆论现状，国家教育行政部门和各省级教育行政部门相继制定了相关生态政策。国务院《关于大力发展职业教育的决定》（国发〔2005〕35号）指出，从总体上看，职业教育仍然是我国教育事业的薄弱环节，发展不平衡，投入不足，办学条件比较差，办学机制以及人才培养的规模、结构、质量还不能适应经济社会发展的需要。为了进一步贯彻落实《中华人民共和国职业教育法》和《中华人民共和国劳动法》，适应全面建设小康社会对高素质劳动者和技能型人才的迫切要求，促进社会主义和谐社会建设，将采取强有力措施，大力推动职业教育快速健康发展。《中共湖南省委、湖南省人民政府关于大力发展职业教育的决定》（湘发〔2006〕22号）指出，"十五"期间虽然职业教育事业持续发展，社会经济服务能力提高，但我省乡村工匠教育还处于薄弱环节，乡村工匠教育经费投入不足，乡村工匠教育基础能力不强，乡村工匠整体发展不平衡。因此，要求"广泛宣传湖湘工匠教育的重要地位和作用，宣传优秀技能人才和高素质劳动者在社会主义现代化建设中的重要贡献，提高全社会对湖湘工匠教育的认识，形成全社会关心、重视和支持湖湘工匠教育的良好氛围"。湖南省委在2017年印发的《关于深化人才发展体制机制改革的实施意见》中又明确提出"建立高技能人才与专业技术人才职业发展贯通制度……树立'湖湘工匠'品牌……健全高技能人才激励机制，对特别优秀的高技能人才，可授予'湖南省技术能手'和'湖南省技能大师'称号，并给予一次性奖励"。

中央和各省省委、省政府制定的关于乡村工匠教育地位提升和乡村工匠培养的生态政策，推动了乡村工匠教育的发展，但因为乡村工匠教育培养的乡村工匠在群众心目中的地位还不高，偏见暂时无法扭转。要彻底改变人们对乡村工匠的看法还需要假以时日，不可能一蹴而就。总而言之，只要坚定信念，久久为功，营造良好的乡村工匠社会舆论生态环境，就会给乡村工匠教育生态系统调控带来积极的、正面的效应。

第三节 经济激励生态政策

一 经济激励生态政策实施背景

经济激励生态政策是指通过经济手段来激励个人或组织实现乡村工匠教育目标而制定的生态政策。经济激励理论是基于利益最大化者会对激励做出反应的假设而提出的，运用到生态政策实施方面，是为了保障乡村工匠教育生态政策顺利实施。

经济激励生态政策是在乡村工匠教育的受重视程度与社会的认可度不高的现实背景下产生的，本身的政治意义、社会意义大于经济意义。这是由于乡村工匠教育培养的乡村工匠更侧重于非物质文化遗产的传承，如湖南的湘瓷、湘绣、湘竹、湘剧等具有优秀传统文化基因的技艺具有一定的市场经济价值，但还不能与其他职业教育培养的职业人才所创造的经济效益相比。据调查，湘绣工匠每月的工资待遇在800—1500元之间，被调查的湘绣工匠85%以上对自己的所获薪酬表示不满意[①]，而2017届全国高职毕业生就业起薪为每月3044元，可见乡村工匠的薪资待遇还较差。

二 经济激励生态政策实施策略

为了提升工匠的经济待遇，中共中央办公厅、国务院办公厅在2018年3月印发了《关于提高技术工人待遇的意见》，明确指出"突出'高精尖缺'导向，大力提高高技能领军人才待遇水平（在服务保障、政治待遇、经济待遇、社会待遇等）……实施工资激励计划，提高技术工人收入水平"。

为了弘扬乡村工匠精神，继承和发展乡村传统技艺，在2008年，党中央、国务院颁布《国家中长期人才发展规划纲要（2009—2020年）》，对农业农村人才队伍建设和待遇问题作出了具体部署。农业部制定的《农村实用人才和农业科技人才队伍建设中长期规划（2010—2020年）》指出，要大力改善农村人才的工作生活条件。湖南省委、省政府积极响应中央号

---

① 唐利群：《湘绣专业教育对行业企业经济推动作用研究》，《教育教学论坛》2014年第17期。

召,先后出台了《湖南省高技能人才队伍建设中长期规划（2011—2020年）》《湖南省高技能人才振兴计划实施方案》《湖南省就业技能培训补贴实施办法》等生态政策文件,想方设法提高工匠的待遇。自1997年以来,湖南省一直坚持企业建立岗位资格制度、鉴定结果与工资分配挂钩原则和先定级后晋级原则,保障了高级工、技师和高级技师分别每月享受50元、100元、150元的岗位津贴。湖南省劳动和社会保障厅厅长赵湘平表示,将督促企业落实高技能人才岗位津贴,对有突出贡献的高技能人才,政府实行定期津贴。2015—2017年,长沙选拔推荐全国技术能手1人、国务院特殊津贴2人、省政府特殊津贴6人。2017年11月,湖南省总工会主席刘莲玉在作"湖湘工匠"的主题发言时就明确指出"要厚植工匠文化,大力弘扬劳模精神和工匠精神,引导全社会重视、关心工匠的培养和成长,提高湖湘工匠的待遇水平和社会地位,让湖湘工匠成为湖南转型发展、创新发展的金名片"[1]。

中央与各省制定的经济激励生态政策对于乡村工匠教育生态系统的稳定发展具有较大的现实意义,在当前经济利益作为衡量职业地位和身份高低的主要标尺的现实环境下,这些经济激励生态政策的出台发挥了应有的效用。虽然政府不能干预企业的市场经营行为,但能进行宏观的引导,可以实施税收的减免政策,加大对乡村工匠培养的扶持力度,从而使乡村工匠教育经济激励生态政策的实施产生较好的效果。

第四节 环境技术生态政策

一 环境技术生态政策实施背景

所谓环境技术生态政策,就是为了给乡村工匠教育生态系统创造更好的环境和技术而制定的生态政策。适宜的环境技术生态政策能够激励乡村工匠教育发展,从而改变生态主体和生态环境之间的不和谐状态。就现状而言,环境技术生态政策主要分为两种类型[2]。第一种是行政指令型环境

---

[1] 刘莲玉：《弘扬工匠精神 培育湖湘工匠》,论道湖南网,https://ldhn.rednet.cn/c/2017/05/12/4291596.htm,2017年5月12日。

[2] 李多：《环境技术进步方向的内生化机理和政策激励效应检验》,博士学位论文,吉林大学,2016年。

技术生态政策，主要手段为政府部门通过制定法律、法规等方式改善乡村工匠教育职业院校环境技术，具体内容包括校园的选址、规划，教学实训大楼、实习基地、现代信息技术装备等的建设。另一种为市场机制型环境技术生态政策，指通过市场化手段来提升乡村工匠教育的环境技术水平，如通过集团化办学、入股、融资等市场化手段来推动环境技术的提升。

而当前，乡村工匠教育环境技术生态政策制定出现的危机之一是目标趋于理想化，与现实路径还存在差距。如教育部等六部委颁布的《现代职业教育体系建设规划（2014—2020年）》指出，将信息化作为现代职业教育体系建设的基础，实现"宽带网络校校通""优质资源班班通""网络学习空间人人通"。《湖南省职业教育服务能力提升专项规划》提出"'数字化湖南职业教育'进一步推进。基本建成以'职教新干线'为引领的网络学习平台；基本建成资源丰富、优质共享的职业教育教学资源库；基本建成供全民学习交流的网络课程；基本实现职业教育管理信息化、教育教学手段现代化"。乡村工匠教育环境技术生态政策制定出现的危机之二是环境技术生态政策制定出现了"一刀切"的量化指标，对乡村工匠教育生态系统造成较大压力。如《湖南省职业教育服务能力提升专项规划》提出2020年的目标是"中等职业教育年招生45万人左右，在校学生达120万人左右；高等职业教育年招生19万人，在校学生达57万人"。这些量化指标虽然目标明确，但能否实现还需时间的检验。乡村工匠教育环境技术生态政策制定出现的危机之三是从已颁布的乡村工匠教育环境技术生态政策来看，因为责任主体不明确，在执行过程中执行力度弱，加上宣传意识不强，组织监督松散，弱化了执行效果。

二　环境技术生态政策实施

乡村工匠教育环境技术生态政策实施时，应当发挥好三种功能。一是价值引导功能。环境技术生态政策能够支持乡村工匠教育获得良好的自然和社会环境以及现代先进技术，改善乡村工匠教育生态系统的服务效能。二是协调发展功能。环境技术生态政策通过对环境技术的改善提升从而与其他社会事业的环境技术相适应，以此促进乡村工匠教育事业与其他社会事业协同发展。三是动态适应功能。环境技术生态政策是根据乡村工匠教育的发展境况和现实问题，通过分析和预测，以未来一段时间需要什么样的环境技术才能帮助解决已有问题为标准而制定的，因此具有动态适应机能。

为了改善乡村工匠教育的环境技术，中央和各省陆续颁布了一些生态政策，如《现代职业教育体系建设规划（2014—2020年）》提出，推进信息化平台体系建设，建立全国职业教育数字资源共建共享联盟，推动建设面向全社会的优质数字化教学资源库，加快数字化专业课程体系建设。《湖南省现代职业教育体系建设规划（2014—2020年）》提出，建设100个左右"产教深度融合、办学条件优良、就业优势明显、引领推动产业发展"的省内领先、国内一流、国际知名的职业教育特色品牌专业；建设20所左右行业背景突出、区域特色鲜明、专业优势明显、能引领产业发展的高水平高职院校，使之成为高层次技术技能人才培养基地；到2020年，全省职业院校基本达到合格标准，大中型企业参与职业教育办学的比例达到80%以上。《湖南省高技能人才振兴计划实施方案》指出，到2020年，全省建设80个省级高技能人才培训基地和100个技能大师工作室。《湖南省全面推进一流大学与一流学科建设实施方案》（湘政发〔2017〕3号）明确提出，到2020年，争取6所高职院校进入国内一流，将"拔尖创新人才"和"芙蓉工匠"纳入"双一流"创新人才培养计划。从2014年起，湖南省实施"教育信息化创新应用十百千万工程"，以此促进信息技术与教育教学深度融合。截至2017年，湖南省高职院校教师共建名师空间课堂371门，全部在"职教新干线"免费开放。①

环境技术生态政策的出台和实施，让中央、地方各级政府和教育行政部门担起了重担，在人力、物力、财力上积极支持乡村工匠教育，为乡村工匠教育的环境技术提升做出了比较大的贡献。《2019中国高等职业教育质量年度报告》指出，50强院校的服务贡献水平有较大提升。与2017年相比，50强院校横向技术服务、纵向科研服务和面向社会成员的培训到款额3项指标的中位数分别增长110%、26%和22%。这些数据表明了高职院校更加重视对接市场需求、更加重视技术研发、更加重视职业培训和服务能力提升的总体态势，与地区、产业和企业互动密切。高职院校立足当地就业，助力地方发展。2018年高职院校毕业生留在本地就业的人数保持增长，占比接近毕业生总数的60%。一批高职院校已成为当地技术技能积累中心，在提升劳动力素质、增强城市活力、推动区域产业迈向中高端发

---

① 湖南工艺美术职业学院：《高等职业教育质量年度报告（2018年度）》。

展水平等方面发挥了引领作用。《湖南省高等职业教育质量年度报告（2018）》指出"高等职业教育结构布局与产业发展更加契合，基础能力和办学水平显著提升，已成为保障湖南产业转型升级的技术技能人才供给和技术技能积累的重要基地。与上年度相比，反映服务与贡献度的核心指标毕业生人数达到 14.77 万人，增幅 9.7%"①。环境技术生态政策作为乡村工匠教育技术的有力支撑，已显现出较好的绩效。再加上环境技术生态政策本身的不断完善，政策在执行过程中将各类乡村工匠教育职业院校乡村工匠培养的现状纳入考虑，更有利于乡村工匠教育生态系统调控目标的实现。

第五节　资源保障生态政策

乡村工匠教育资源保障生态政策是指在一定时期内为了乡村工匠培养有充足的人力、物力、财力和文化等物质要素和精神要素的供应而制定的生态政策。由于本研究已对人力资源（生态主体）生态政策进行了论述，本节主要分析物力资源保障生态政策、财力资源保障生态政策和文化资源保障生态政策。

一　资源保障生态政策实施背景

（一）物力资源保障生态政策实施背景

物力资源保障生态政策是为保障乡村工匠教育活动开展的物质基础而制定的生态政策，对于湖南省职业院校文化的发展和建设非常重要。基本的物力资源能保障湖湘工匠教育系统有序发展，有利于湖湘工匠的培育。物力资源包括校园面积、自然环境、教学设施设备、实验室、实训楼、图书馆、办公区、生活区、体育场馆、宿舍等②。2010 年，教育部印发《中等职业学校设置标准》（教职成［2010］12 号）规定，校园占地面积不少于 40000 平方米，生均用地面积指标不少于 33 平方米；校舍建筑面积不少于 24000 平方米，生均校舍建筑面积指标不少 20 平方米；体育用地应有

---

① 湖南省教育厅：《湖南省高等职业教育质量年度报告（2018）》。
② 李建雄：《高等职业院校资源优化配置问题研究》，硕士学位论文，天津大学，2007 年。

200 米以上环形跑道的田径场；图书馆和阅览室适用印刷图书生均不少于 30 册；报刊种类 80 种以上；工科类专业和医药类专业生均仪器设备价值不低于 3000 元，其他专业生均仪器设备价值不低于 2500 元；实习、实训基地能够满足学生实习、实训需要。从醴陵市陶瓷烟花职业技术学校来看，2017 年，学校占地面积 7.3 万平方米（生均面积 21.3 平方米），校舍建筑面积 3.7 万平方米（生均面积 10.7 平方米），拥有 9 个校内实训基地，37 个校内实训室，教学仪器设备总值 1708 万元（生均 4956 元），纸质图书 8.3 万册（生均 24.1 册），报纸杂志 159 种，建有标准的体育场馆[①]。以上数据表明，该校生均占地面积、校舍建筑面积和图书册数还没有达到《中等职业学校设置标准》。

2013 年，教育部印发《高等职业学校建设标准（意见征求稿）》，对高等职业学校办学条件中的物力资源方面提出了基本的建设标准。规定综合类普通高职院校，学生人数不低于 5000 人，生均校舍建筑面积 24.56—26.55 平方米，生均教学仪器设备 4000 元，生均图书 100 册。而湖南工艺美术职业学院，校内建筑面积 15.6 万平方米（生均 22.9 平方米），教学仪器设备 3894.4 万元（生均 5727 元），馆藏文献 56 万册（生均 82.4 册），现有 278 个实训室、工艺室和项目教学工作室，校外实训基地 152 个，非遗大师工作室 4 个，艺术设计大师工作室 3 个[②]。可见目前湖南工艺美术职业学院生均建筑面积、生均图书册数还不达标，这与当前高等职业教育的快速扩张有很大关系。

（二）财力资源保障生态政策实施背景

财力资源保障生态政策是指为了保障投入的资金和经费能满足湖湘工匠教育生态系统正常运行而制定的生态政策。充足的经费是保证湖湘工匠教育生态系统培养高素质湖湘工匠的根本，有了资金支持，才能培养更多优秀的湖湘工匠。

从 2010 年起，教育经费投入都处于递增状态。2010—2015 年，平均每年教育经费增加 100 亿元，国家财政拨款平均每年教育经费增加 100 亿

---

① 醴陵市陶瓷烟花职业技术学校：《学校简介》，醴陵市陶瓷烟花职业技术学校网，http://www.llzz.cn/xxgk.html？introId=1，2018 年 9 月 16 日。
② 湖南工艺美术职业学院：《学校简介》，湖南工艺美术职业学院网，http://www.hnmeida.com.cn/mygk.htm，2018 年 9 月 16 日。

元。从国家整个教育体系来看，教育经费逐年增加（见表7—1）。其中，湖南省高职院校年生均财政拨款2015年是9659元，2016年是10800元[①]，2017年是11927元[②]。从湖南省财政经费拨款来看，职业教育拨款的增速慢于普通教育拨款增速，如2016年与2015年相比，职业教育拨款增加10.4%，而普通教育拨款增加13.3%，2013年甚至还出现负增长（见表7—2）。2017年湖南省高职院校生均财政拨款与财政部、教育部下发的高等职业教育生均拨款制度规定的1.2万元略有差距，但也表明湖南高等职业教育受到了政府的大力支持。湖南省财政性教育经费投入占高职院校教育经费来源的比重达到了63.54%，比2016年提高了6.6个百分点[③]，说明湖南在高职教育（包括乡村工匠教育）经费投入上是以公共财政投入为主。

表7—1　　　　　全国2010—2015年教育经费投入表　　　（单位：万元）

	2010年	2011年	2012年	2013年	2014年	2015年
教育总经费	6497608	7987607	—	10784551	11285463	12223238
国家财政拨款	4585048	5846551	—	8449160	8809278	9540802

数据来源：国家统计局官网，2012年数据记录缺失。

表7—2　　　　湖南省2012—2016年教育财政经费投入表　　（单位：万元）

	2012年	2013年	2014年	2015年	2016年
教育财政总经费	8075765	8094540	8332739	9285366	10323734
普通教育财政拨款	5987962	5845936	6189608	7042898	7976854
职业教育财政拨款	725560	709213	745326	845466	933350

数据来源：《湖南统计年鉴2012—2017》。

但当前，国家和省级政府制定教育财政补助生态政策仍不能满足乡村

---

① 王青松、袁其谦：《新常态下湖南高职院校教育经费投入的路径优化》，《中国高等教育》2017年第2期。
② 中国高职发展智库：《2017年全国高职院校生均拨款大盘点，仅六成院校达标》，搜狐网，http://www.sohu.com/a/241399392_451178，2018年7月16日。
③ 王青松、袁其谦：《新常态下湖南高职院校教育经费投入的路径优化》，《中国高等教育》2017年第2期。

工匠教育的需求。为了弥补办学经费的不足，学生学费就成为乡村工匠教育办学经费的重要来源。2017 年，湖南工艺美术职业学院、湖南艺术职业学院新生年度学费 7500 元，而湖南农业大学新生年度学费 4500 元，有的专业学费低至 3600 元，如动物检验专业。为什么乡村工匠高职教育学费普遍比普通高等教育高呢？一是因为乡村工匠高职教育培养的是高技能人才，需要经常进行实验、实习和实训，实践教学课时多且费用高。根据发展中国家对教育成本的统计，高等职业教育的教育成本是普通高等教育的教育成本的 2.64 倍[①]。二是因为国家财政生均拨款经费乡村工匠高职院校与普通本科院校一样，并没有出现经费倾斜。这就增加了学生的负担，容易造成乡村工匠学习者的辍学。因此，乡村工匠教育系统在办学经费上应得到国家财政和省级财政的大力支持，国家和省级政府制定教育财政补助生态政策时应向乡村工匠教育倾斜，以弥补乡村工匠教育较大的经费缺口。

从德国成功的职业教育经验来看，校企合作的主体企业和行业应该成为乡村工匠高等职业教育经费重要的补充者，以促进乡村工匠教育产学的良性发展。而在大部分省份，企业和行业基本不投入资金培养乡村工匠。企业的目标是追求利益最大化，因此它们对于培养乡村工匠这种见效慢、投入大的活动不感兴趣，也不愿投入资金与乡村工匠教育职业院校合作。因此，在现有的经济运行体制下要企业来承担乡村工匠高等职业教育所需的实验实习实训经费困难较大。另外，行业协会作为主管部门，本身需要行业内企业的经费支持，无法向乡村工匠教育学校投入教学经费，甚至还需收取学校的管理费[②]。如湖南工艺美术职业学院虽然采用订单式培养模式与湖南省湘绣研究所进行合作，但湘绣研究所只是派驻工艺大师进行技艺传授，不愿意承担过多的培养义务与培养经费[③]。因此，国家和省级政府应该对乡村工匠教育的校企合作的主体企业和行业应制定税收减免政策，吸引更多企业接受乡村工匠学习者接受实习教育。

---

① 王明伦：《中国高等职业教育发展的实证分析》，《职业技术教育》2007 年第 25 期。
② 孙蕾、罗汝珍、唐小艳等：《湖南省高等职业院校经费投入的政策分析》，《当代教育论坛》2009 年第 5 期。
③ 唐利群：《企业在湘绣专业现代学徒制人才培养中的作用探究》，《产业与科技论坛》2015 年第 17 期。

(三) 文化资源保障生态政策实施背景

文化资源保障生态政策是为了保障对乡村工匠教育生态系统投入的精神文化内容（主要指校园文化资源）而制定的生态政策。文化资源包括精神文化资源、物质文化资源、制度文化资源、行为文化资源和技术文化资源等。乡村工匠教育文化资源主要包括两个方面的含义：第一，是指乡村工匠教育职业院校文化与其所处的经济社会环境之间随着相互影响与作用而形成的文化资源；第二，是指构成乡村工匠教育职业院校文化整体的各个部分之间随着相互关系与协调而形成的文化资源。正是这两种文化资源的交互相容才使得乡村工匠教育职业院校精神文化、物质文化、制度文化、行为文化和技术文化持续发展。精神文化处于乡村工匠教育职业院校文化最内层，物质文化处于最外层，制度文化和行为文化处于中间层，技术文化贯穿并辐射其他各层（见图7—1）。

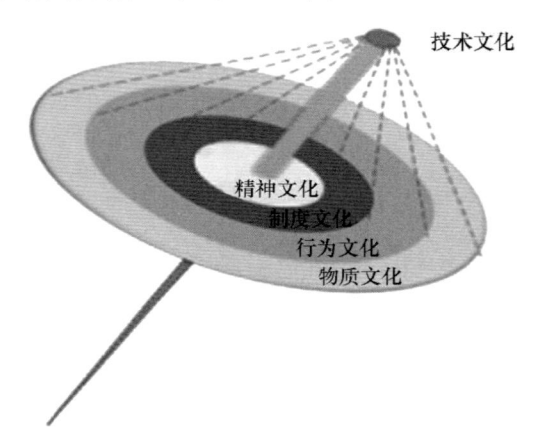

图7—1 乡村工匠教育文化资源雷达辐射

精神文化是乡村工匠教育职业院校文化的核心与灵魂，处于乡村工匠教育职业院校文化生态的最内层，也是一所乡村工匠教育院校本质、个性、精神面貌的集中反映，影响着乡村工匠教育院校物质文化、制度文化、技术文化、行为文化的形成，是乡村工匠职业教育院校师生奋斗不息、发展壮大的强大动力和精神源泉。但乡村工匠教育生态系统在实施精神文化保障生态政策时，忽视了乡村传统文化和乡村工匠精神的独特内涵，无法融入独特的本土精神价值。

物质文化是乡村工匠教育职业院校文化最表层的体现，是"看得见、摸得着"的文化。它主要包括院校环境、院校设施、院校标识等内容。但乡村工匠教育生态系统在实施物质文化保障生态政策时，忽视了对乡村传统文化和乡村工匠精神的独特物质形象的设计，在视觉上造成现代化同质性，如与其他学校建设的教学楼、图书馆和体育馆等的同质化。

行为文化处于乡村工匠教育职业院校文化的次表层，乡村工匠职业教育院校的一切文化及精神都是通过一定行为和活动来体现的，而乡村工匠职业教育院校行为文化就是一所乡村工匠职业教育院校文化积淀最直接的显露，其本身也包含了职业院校里各种行为和活动。但乡村工匠教育生态系统在实施行为文化保障生态政策时，忽视了对乡村传统文化和乡村工匠精神独特的行为文化的设计，举办的各种文化活动与其他职业院校雷同，不能促进乡村传统技艺的传承和发展。

制度文化处于乡村工匠教育职业院校文化的中间层，是核心层文化与表层文化的桥梁和纽带。乡村工匠教育文化建设需要有刚性的制度保障。形成良好的乡村工匠职业教育院校制度文化生态是乡村工匠职业教育院校文化生态建设的基本保障。但乡村工匠教育生态系统在实施制度文化保障生态政策时，忽视了乡村工匠教育的制度特色，乡村工匠培养和管理制度与其他类型职业院校几乎没有区别。

技术文化是乡村工匠职业教育院校文化中最特殊的一部分，它渗透在其他各层文化中。只有与产业技术环境相适应的乡村工匠职业教育院校技术文化生态，才能发挥文化育人的作用，有效地促进乡村工匠职业教育院校优秀乡村工匠的培养。但乡村工匠教育生态系统在实施技术文化保障生态政策时，忽视了乡村工匠教育的技术特色，不能紧跟时代技术发展的步伐，限制了乡村传统技艺的创新和发展。

二 资源保障生态政策实施策略

（一）物力资源保障生态政策实施策略

物力资源保障生态政策制定的目标应合理，要让乡村工匠教育生态系统能够在一定时间内通过努力达到教育所需物力资源的数量和质量。众所周知，物力资源是乡村工匠教育生态系统运行的基础。离开了物力资源，乡村工匠教育生态系统就成了无水之鱼，最终会因干涸而亡。同理，乡村工匠教育物力资源保障生态政策设置目标若过于理想化，脱离现实情况，不尊重客观发展规律，终将无法实现，成为社会画饼充饥的笑料。所以，国家教育行政部门的《中等职业学校设置标准》和《高等职业学校建设标准》在进行乡村工匠教育物力资源目标规划时，应考虑现实条件和现有基础，因地制宜，避免出现好高骛远，甚至形成"理想很丰满，现实很残酷"的不良局面。

物力资源保障生态政策在实施时应明确实施主体权力、责任，做到责、权、利对等。主张谁实施，谁负责。并且要制定乡村工匠教育工程终身追责制，避免实施主体在实施过程中出现徇私舞弊、损公肥私、偷工减料的行为。当然，如实施主体在生态政策执行过程中表现积极、执行效果好，也应对他们进行表扬和奖励，这样才能激发他们的闯劲、干劲和韧劲，促使他们积极实施乡村工匠教育物力资源保障生态政策。

物力资源保障生态政策在实施过程中应有监督评价机制和惩戒措施，其目的在于显示乡村工匠教育物力资源保障生态政策的权威性和惩戒性。监督评价机制，一方面是对乡村工匠教育保障生态政策执行的效果进行客观评价，发现问题，寻找原因，提出解决方案，让乡村工匠教育保障目标能如期实现；另一方面也是对乡村工匠教育责任实施主体进行监管和评价，督促责任实施主体尽心尽力执行物力资源保障生态政策，防止生态政策执行效果不佳时的推诿、敷衍塞责现象的发生。惩戒措施主要是预防责任实施主体不认真对待所要执行的保障生态政策。虽然惩戒措施较为被动，但在面对不负责任的乡村工匠教育实施主体时却有较大的震慑作用，可以有效督促其认真完成保障生态政策所设定的任务。

（二）财力资源保障生态政策实施策略

财力资源保障生态政策制定的目标要与地方经济发展水平相适应。乡村工匠教育生态系统属于公共教育服务事业，大部分财力资源来自于国家和省级财政的投入，因为投入多少来发展乡村工匠教育就要考虑地方经济的发展增量。据《湖南省高等职业教育质量年度报告（2019）》，2017—2018年，每年全省公办高职院校生均财政性经费投入分别为14372元和14127元，连续两年稳定在生均1.4万元以上（注：此数据不包括民办高等职业院校）。据《湖南省2018年国民经济和社会发展统计公报》，湖南2018年全年地区生产总值（GDP）36425.8亿元，比上年增长7.8%。而2018年，全省高职院校举办者总投入635620万元，较上年增加4.28%。2018年经费投入增长率与省地区生产总值增长率相适应。

财力资源保障生态政策在实施时应向家庭贫困学生倾斜。家庭贫困学生到乡村工匠教育职业院校进行学习，就是为了学到一技之长，毕业后找到一份好的对口工作，让家庭摆脱贫困，走上致富之路。但如果这些学生因贫困交不起学费，付不起生活费，就容易造成辍学，丧失通过乡村传统技艺脱贫致富的机会。为了避免此种情况的发生，乡村工匠教育财力资源保障生态政策应向这些学生伸出橄榄枝，通过学费减免或生活补助的形式让他们顺利毕业并找到工作。据报道，2018 年，湖南省高职院校 15338 名建档立卡贫困毕业生中有 14551 人在当年顺利就业，平均就业起薪达3644 元。

财力资源保障生态政策在实施过程中应照顾校企合作的主体企业和行业的利益。为了激励企业和行业与乡村工匠教育职业院校合作办学的积极性，乡村工匠教育财力资源保障生态政策应考虑企业利益最大化追求的本质属性，使企业在与乡村工匠职业教育院校合作办学后所获得的利润多于合作前所获得的利润。这样，合作企业和行业才会主动接受乡村工匠实习生来实习，并派出最好的技工师傅进行指导，从而缩短乡村工匠学习者的培养时间。学生毕业后也可以进入企业工作，实现毕业即就业的良性循环机制。

（三）文化资源保障生态政策实施策略

文化资源保障生态政策制定要突出乡村传统文化和乡村工匠精神，主要体现在五个方面。一是在精神文化资源保障生态政策方面，突出乡村传统文化和乡村工匠精神，如湖南工艺美术职业学院就以"三周（周扬、周谷城、周立波）"故里、历史文化名城益阳市为对外宣传标志，结合"工艺美术学院"的特色，制定了"致用致美"（学以致用，达到美的境界）的校训，赢得了美誉。二是在物质文化资源保障生态政策方面，突出乡村传统文化和乡村工匠精神，如湖南工艺美术职业学院建成的致美楼、尚美楼、弘美楼、逸美楼、集美工作室、体育馆、图书楼等成为学校独特的物质形象。三是在行为文化资源保障生态政策方面，突出乡村传统文化和乡村工匠精神，如湖南工艺美术职业学院以学校发展历史、所获荣誉和特色文化活动为主，向外界宣传了乡村工匠教育的魅力。四是在制度文化资源保障生态政策方面，突出乡村传统文化和乡村工匠精神，如湖南工艺美术职业学院的现代学徒制和订单式培养模式在国内外已产生巨大影响。五是在技术文化资源保障生态政策方面，突出乡村传统文化和乡村工匠精神，如湖南工艺美术职业学院主动承担了非遗传承保护的重任，构建了"人才培养、技艺传承、文化研究、创新研发、传播推广"五位一体的技术文化传承创新范式，成体系传承湘绣、陶艺、竹艺、根艺等民族工艺和优秀文化，引领湘绣等传统工艺美术产业振兴发展。①

总而言之，文化资源保障生态政策的完善程度影响着乡村工匠教育生态系统的发展，文化资源保障生态政策越完善，就越有利于乡村工匠的培养，也越有利于乡村传统技艺的传承与发展；文化资源保障生态政策越不完善，就越会阻碍乡村工匠的培养，也越会阻碍乡村传统技艺的传承与创新。我们只有顺应社会发展潮流，遵循乡村工匠教育生态系统稳态运行规律，制定切合实际的文化资源保障生态政策，才能促进乡村工匠的培养和乡村传统技艺的传承。

---

① 湖南工艺美术职业学院：《湖南省首届传统工艺振兴发展论坛在我校召开，湖南传统工艺研究院正式成立》，http://www.hnmeida.com.cn/info/1060/2441.htm，2018年12月21日。

第八章

乡村工匠教育生态系统调控的实证分析

上两章在理论假设的基础上分析了乡村工匠教育生态系统调控模式和乡村工匠教育生态系统调控实施时需要的生态保障政策，为本章的实践验证提供了理论依据。在本章，我们选取湘绣工匠教育生态系统作为乡村工匠教育生态系统调控的样本，根据"三维共诊"调控模式，从生态主体、生态环境和生态功能三个维度阐述调控最优运行现状和成因，以及湘绣工匠教育生态系统最优运行的调控策略，论证该调控模式的可行性。

湘绣工匠教育生态系，即湖南工艺美术职业学院，是全国首批国家级示范性（骨干）高职院校，湖南省卓越高职院校立项建设单位，湖南省非物质文化遗产保护研究基地，现已成为培养湘绣工匠的摇篮。该院成立于1975年，1999年举办高职教育，是湖南省唯一独立设置的以工艺美术为特色的艺术设计类高等职业院校。学校占地面积398.96亩，建筑面积19.38万平方米，总资产3.85亿元，现有教职工535人，设有手工艺学院（包括湘绣艺术学院）、时尚服饰设计学院、环境艺术设计学院、视觉传播设计学院和数字艺术设计学院5个二级学院。该院曾在教育部高职高专人才培养工作水平评估中被评为优秀等级单位；2008年，被教育厅立项为湖南省示范性高职院校建设单位；2010年，被教育部立项为国家示范性（骨干）高职院校建设单位；2014年，经教育部、财政部组织的国家示范性（骨干）高职院校建设项目验收，荣获"优秀"等级，成为全国优秀国家示范性（骨干）高职院校之一。

湘绣艺术学院是该院下属的二级学院，成立于2011年，是集湘绣专业人才培养、产品研发、传承保护、企业员工培训等于一体的国家级非物质文化遗产——湘绣的传承与保护基地。2006年，湖南工艺美术职业学院经过教育厅的审核评估设立了湘绣设计与工艺专业，并与湘绣研究所合作实行订单培养，初次招收湘绣专业学生。2011年又设立了湘绣设计与营销专业。至此，湘绣专业群初步形成，为湘绣艺术学院的创立奠定了基础，使湘绣工匠培养走上了发展的快车道，实现了质的飞跃。

第一节 湘绣工匠教育生态系统生态主体调控最优运行分析

一 湘绣工匠教育生态系统生态主体调控最优运行现状

（一）湘绣工匠教育者团队教育教学实力强

为了培养适应新时代的湘绣工匠，湘绣艺术学院打造了一支"教授+大师"双带头人领衔的教学团队，积极进行教学改革和教学研究，并于2009年建立湘绣设计研发中心，建成了闻名海内外的湘绣工匠教育培养基地。现有教职员工40人，其中教授、副教授6人，国家级工艺美术大师1名，湖南省刺绣大师4人。为了提升教育教学能力，湘绣艺术学院在学校层面，推行了"三个工程"，即青年教师能力提升工程、教师双师素质提升工程和创新创业教育教学能力提升工程；在企业层面，也推行了"三个工程"，即企业导师的职责认定工程、企业导师专业化培训工程和企业导师教师化提升工程。

刘爱云，国家级非物质文化遗产湘绣代表性传承人、中国工艺美术大师、高级工艺美术师。现主持刘爱云大师工作室工作，任湘绣艺术学院工艺总监，主要负责培养湘绣专业教师、传授师生刺绣技艺、组织和指导专业教师进行产品研发和技法创新。她以刺绣为终生的事业，勤奋学习，努力钻研，掌握了各种针法技艺，并与名师学习鬅毛针法，先后主持绣制了《孔雀牡丹》《百鸟朝凤》、巨幅《韶山全景》等大型绣品，在湘绣领域声名赫赫。她曾积极参与收集、挖掘、整理民间刺绣针法，并编辑成书出版发行。她先后培养了蔡静溪、赵蓓英、李红玉、彭慧霞等一大批湘绣工匠。

彭慧霞，刘爱云大师第二代弟子，省级刺绣大师，工艺美术师，现为湘绣艺术学院专业教师。参与绣制的《春回大地》被收藏于中国工艺美术馆；参与绣制的《百鸟朝凤·洞庭春色》被并作为国礼赠送给罗马尼亚领导人；参与绣制的单面绣精品《毛主席和五十六个民族》现陈列于人民大会堂湖南厅；参与绣制并指导的《锦绣潇湘》荣获首届中国湘绣文化艺术节"金奖"；曾荣获省级科学技术进步"二等奖"。她从事湘绣40多年，一直默默耕耘在湘绣的田野上，为湘绣技艺的传承和工匠的培养做出了较大贡献。

赵蓓瑛，中国工艺美术学会会员，高级工艺美术师，省级刺绣大师，现为湘绣艺术学院专业教师。曾作为中国工艺美术代表团的代表赴日本参加湘绣刺绣表演和文化交流，她的精湛技艺，获得了日本民众的喜爱，为湘绣文化的国际交流与传播做出了应有的贡献。她从事湘绣工作几十年，绣制了许多湘绣精品，如双面全异立体绣《西厢记》、双面绣《潇湘八景》、湘绣精品《春回大地》等荣获国家级奖励。一些作品现珍藏于中国工艺美术馆。她参与绣制的八米长卷《锦绣潇湘》荣获首届中国湘绣文化艺术节"金奖"。她从事湘绣工匠培养工作将近20年，指导湘绣专业学生300多名，所教毕业生受到了湘绣企业的热烈欢迎，供不应求。

这一阵容强大的教学团队以新时代新湘绣为人才培养主题，构建了"大师工作室＋项目＋专业＋产品"的工学结合的人才培养模式，使教育与市场、教学与生产、学生作品与刺绣产品融为一体，实现了新湘绣工匠培养的完美转型。

（二）湘绣学习者学习效能高

2006年到2018年的12年时间里，湘绣艺术学院一共为湘绣企业输送了706名湘绣工匠，先后与湖南湘绣城、湘绣研究所、金球湘绣等知名湘绣企业合作，实现了订单式培养人才。湘绣艺术学院首届招收的60名湘绣专业学生，毕业后全部进入订单企业——湖南省湘绣研究所。这些学生目前已成为该所骨干技术力量，获得该所领导的高度评价。该院学生在第九届中国民间文艺"山花奖"评审现场展示湘绣技艺，获得专家领导高度评价，并获最高奖项——特等奖。在第六届中国（深圳）国际文化产业博览交易会上，人民日报、人民网、中国新闻社、红网、湖南电视台、深圳电视台等知名媒体相继报道了学院学生精妙绝伦的湘绣表演。学生绣制的湘绣长卷作品《锦绣潇湘》获湖南省第四届工艺美术博览会金奖。

据统计，湘绣艺术学院学生2012—2015年在教育部职业院校艺术设计类专业教学指导委员会"优秀毕业设计奖"、全国职业技能作品展洽会、中国当代刺绣艺术品大展、湘绣文化艺术节等国家级、省级大赛中获奖

31 项。

自实施"现代学徒制"试点以来，湘绣设计与工艺专业学生的学习兴趣逐步提高，学习主动性逐渐增强，学生成绩合格率达到100%。2017年，学生作品获教育部特等奖1个、一等奖2个、二等奖4个。湘绣艺术学院开展的创新创业教育提升了学生的创新意识和创新能力。学生在"致用致美"精神理念的熏陶下形成了"筑梦—逐梦—圆梦"的创新创业氛围，产生了一些有社会影响力的创业团队。如弘云湘绣师生创业团队入驻园区工艺美术广场、如意绣庄学生创业团队入驻益阳工艺美术创意设计园大学生创意创业街①。

（三）湘绣工匠教育管理者管理理念超前

湘绣艺术学院在学校党委书记和校长的带领下，顺应"生活艺术化、艺术生活化"的时代旋律，坚持科学的办学理念和准确的办学定位，构建了高职高专类型特色鲜明的人才培养模式，培养了700多名高素质湘绣工匠。该学院秉承"致用致美"的校训，彰显了办学核心竞争力：一是创建并全面实施"项目+专业+工作室"工学结合人才培养模式，将来自企业的设计、生产项目引入工作室，全面推行项目导向工作室教学，成效显著，被作为范例向全省大力推广；二是主动承担非遗传承保护的重任，构建了"人才培养、技艺传承、文化研究、创新研发、传播推广"五位一体的非遗传承创新范式，传承和发展湘绣民族工艺和优秀文化，引领湘绣传统工艺美术产业振兴和发展；三是构建网络学习空间，通过网络课堂在专业教学、实习实训、学生管理、就业服务等方面开展教育服务工作，实现教育信息化的全域覆盖，取得了显著成效；四是积极践行"以生为本"的教育理念，打造新时代"特色校园""精美校园""人文校园"，铸造了独特的校园文化品牌。

二 湘绣工匠教育生态系统生态主体调控最优运行成因

（一）强化了社会对湘绣工匠劳动价值的认同

学校秉承湖湘工匠精神，致力于弘扬湖湘传统工艺，以传承创新湖湘传统工艺为己任，厚植工匠文化，把工匠精神作为校园文化的价值导向，

---

① 唐利群：《湘绣设计与工艺专业"现代学徒制"人才培养模式的构建与实践》，《教育教学论坛》2018年第18期。

用人文教育涵养工匠精神，用课堂教学渗透工匠精神，用技能比武磨炼工匠精神，树典型示范引领工匠精神，建立长效机制护航工匠精神，引导学生坚守每一道工序、每一个工作岗位，形成"做一行，爱一行，精一行"的劳动价值观，强化了社会的认同感。如湘绣专业2011届毕业生吴晶慧、刘艳冰、罗剑英和彭娟，都是"90后"，经过在校期间的磨炼和大师们不间断的指导，掌握了扎实的专业技能和较高的职业素养，毕业后在工作岗位迅速成长，成为所在行业的技术骨干。在2017年"湖南省'湘字号'传统技艺工匠技能竞赛"中，这4位"90后"姑娘与国大师、省大师同台竞技，分别获得湘绣技能竞赛第二名、第三名、第五名、第七名的好成绩。湖南省总工会授予这4名90后毕业生"湖南省五一劳动奖章"和"湘绣优秀工匠"称号。

(二) 提升了湘绣工匠的社会地位

学校始终把湖湘工匠培养质量作为教育工作的首要关注，建立"四长（校长、院长、厂长和家长）"联合办公机制，推动现代学徒制试点，建立了"专业+项目+大师工作室+产品"的独特育人模式。2015—2017届毕业生雇主满意度分别是96.92%、97.09%和98.13%，连续三年保持在96%以上（数据统计来自湖南工艺美术职业学院创新创业教育学院），用人单位对学校毕业生工匠精神、技术能力的评价较高。"湖南工艺美术职业学院的湘绣专业毕业生达到了以前传统模式培养的绣女10年都难达到的水平"，湘绣城总经理曾应明在几年前就做出了这样高度的评价。湘绣研究所领导评价湘绣专业毕业生"有悟性，上手快，发展后劲足，是湘绣行业的希望"。

学校就业部门统计数据显示，2012—2014届毕业生毕业三年职位晋升率逐年增长，2014届达到68.7%。2014届16发生职位晋升的毕业生中，从生产岗位晋升到管理岗位的有268人，占比16.5%。2014届毕业生工作三年后，成长为所在企业行业技术骨干的比例达到40.3%。

(三) 提高了湘绣工匠的经济待遇

全国高职数据中心显示，近三年来，该校毕业生平均起薪点逐年增长，由2015届的3451.15元增长至2017届的3895.1元，其中2017届毕业生比2016届毕业生的平均起薪点净增328.27元。

据学校跟踪调查，毕业生毕业三年后在平均月收入方面保持稳定增长态势，其中 2014 届毕业生毕业三年后平均月收入达到 6050 元，比毕业半年后的平均月收入增加 2930 元，涨幅达 93.91%。根据《湖南高等职业教育质量年度报告（2017）》，该校 2012 届、2013 届湘绣毕业生毕业三年后平均月收入高于全国高职高专和湖南省高职高专同届毕业生月收入水平，其中，2012 届平均月收入高出全国高职高专 260 元、高出湖南省高职高专 1201.5 元，2013 届平均月收入高出全国高职高专 148 元、高出湖南省高职高专 1066.2 元。

第二节　湘绣工匠教育生态系统生态环境调控最优运行分析

一　湘绣工匠教育生态系统生态环境调控最优运行现状

（一）湘绣工匠教育自然生态环境优美

湘绣艺术学院坐落在湖南省益阳市，面对秀峰湖，背靠会龙山，地理位置良好，自然风景优美。该校突出"以人为本，师法自然"的设计理念，创造出了具有现代化、园林化、网络化和特色化的高质量的新型校园空间环境。该校很好地利用了自然环境，注重基地原有生态系统和植被的保护，构筑出了人与自然、建筑与自然浑然一体的生态空间。校园分为 6 个功能区，即核心教学区（由图书馆、致美楼、逸美楼、尚美楼和宏美楼组成），教工生活区（包括教工宿舍、专家楼、单身职工宿舍、活动中心等），学生生活区（包括学生寝室、浴室、食堂和学生活动中心等），体育运动区（包括体育馆、运动场、标准篮球场、网球场、羽毛球场等），教育产业区（包括综合管理楼、培训楼和学术中心等）和实践实训区（实践性教学基地）。在充分尊重原有建筑与布局，充分利用地形并满足交通要求的基础上规划设计道路，使得校园主路、支路、步行和停车场实现合理布局。校园绿化率达 42%，植物配置体现自然生态特色，注重乔灌木高中低有序配植，以常绿树种为主，配合其他季节树种。

到 2017 年，湘绣艺术学院生均教学行政用房已达 20.03 平方米，生均教学科研仪器设备价值 10396.79 元，生均实践场所面积 10.42 平方米，生均校内实践教学工位数 0.78 个，百名学生配教学用计算机数 32.52 台，生均馆藏图书 68 册①。这些指标均已达到湘湖工匠教育高等职业院校硬件建设标准，有的甚至超出硬件建设标准。

（二）湘绣工匠教育社会生态环境优化

1. 落实教育政策。学院 2017 年生均财政拨款 12656 元，已经超过生均 1.2 万元的水平；双师型教师已达到 91.71%。省委、省政府高度重视非遗传承保护工作，将该校纳入全省非遗传承保护规划体系。一是支持学校的非遗项目建设，湖南省委政府支持"湖南工艺美术职业学院开办湘绣艺术学院，培养湘绣产业急需的专业人"（湘政办发〔2011〕29 号）；二是学校被省文化厅挂牌为国家级非物质文化遗产·湘绣传承保护基地和湖南省非遗保护研究基地；三是省委宣传部支持学校为湘绣专业新生设立专项奖学金，致力于培育非遗传承创新优秀人才；四是省文化厅多次将重大非遗课题委托学校研究，该校相关研究成果被上级采纳；五是文化部、省文化厅众多非遗高峰论坛、展会、比赛、培训等委托学校承办。学校党委行政充分发挥政治核心作用。一是重视社会主义核心价值观和中华优秀传统文化的育人功能；二是重视思想政治教育，曾 5 次专题研讨思政理论课教学改革和大学生思想道德素质提升工程，确保社会主义办学方向；三是重视教育教学工作，每月召开专题会议研讨教育教学改革工作，校长出席每三周一次的教学工作例会；四是落实校领导听课制度，2017 年分管教学副校长听课 28 节，其他校领导听课 15 节左右。

2. 提升湘绣工匠社会地位。湘绣艺术学院在重视通过内部挖潜增效保证学生技艺学习质量的同时，还重视通过外部参赛和表演来宣传湘绣工匠的文化传承价值。作为湘绣工匠的招聘和合作单位的湘绣城，其总经理曾应明高度肯定湘绣艺术学院培养的毕业生，认为以前的湘绣工匠培养模式要经过 10 年时间的培养才能达到目前湘绣毕业生的水平。全省现共有"金牌绣女" 20 名，湘绣艺术学院的学生、毕业生就占 16 名，所占比例为 80%。湘绣专业毕业生还与国大师、省大师同台参加"湖南省'湘字号'传统技艺工匠技能竞赛"，取得第二名、第三名、第五名、第七名的好成绩，被授予"湖南省五一劳动奖章"，获得"湘绣优秀工匠"称号。现在，这四名毕业生全部被学校留用任教，壮大了湘绣工匠培养团队，并成为湘绣学习者的学习榜样，激发了他们的学习志向和兴趣。

---

① 湖南工艺美术职业学院：《高等职业教育质量年度报告（2018 年度）》。

3. 正确引导社会舆论。湘绣艺术学院利用传统媒体和现代媒体，积极推介湘绣技艺和文化，如在 2010 年的第六届中国（深圳）国际文化产业博览交易会上，利用人民日报、中国新闻社、人民网、红网、山东电视台、湖南电视台、深圳电视台等知名媒体，报道学院湘绣学生精湛的表演。2017 年，湘绣艺术学院派教师（湘绣专业第一批学生）吴晶慧、刘艳冰、罗剑英参加湖南省"湘字号"技艺工匠竞赛，荣获"湘字号"优秀工匠、"湖南省五一劳动奖章"，被新华社重点报道。此外，学院还利用校企交流会、招聘会、家长座谈会、校友及企业代表座谈会、国家级手工艺博览会等活动，引导社会对湘绣的关注。采取"引进来、走出去"的方式，邀请国内外艺术名师来学院指导，并选派教师学生出国表演湘绣技艺以宣传湘绣艺术。近年来，湘绣艺术学院蜚声海内外。

4. 适应市场需求。湘绣艺术学院根据湘绣工匠市场需求，主动进行教育教学改革研究，试行"现代学徒制"，在湘绣工匠培养方面已取得明显成效。在培养的近十届毕业生中除了订单培养的学生，非订单培养的学生也在毕业前就被长沙沙坪金球湘绣有限公司、广东佛山富德工艺品有限公司、粤绣研究所、长沙市伊飞湘绣有限公司、长沙市开福区再红湘绣有限公司、湘女绣庄、长沙青竹湖湘绣有限公司、江西新余渝州绣坊有限公司、雅耀科技等省内外十多家知名刺绣企业预订一空。这些湘绣毕业生成为众多刺绣公司和企业争相聘请的人才，供不应求。

（三）湘绣工匠教育规范生态环境优良

1. 严格学生入学条件。湘绣艺术学院在招生时，坚决执行学校高考录取最低分数线制度，不降分，采取单独招生和高考相结合的方式。当学生被录取时，还要组织学生进行笔试和面试，测试学生的理论知识和实践知识，并聘请湘绣技艺大师作为面试评委，以湘绣技艺大师的最终评定结果作为学生学习湘绣技艺的条件。这保障了湘绣学习者的基本学习素质，为未来杰出湘绣工匠的培养提供了良好的基础。

2. 课程设置符合专业要求。湘绣艺术学院现有两个专业，湘绣设计与工艺专业、湘绣设计与营销专业。湘绣设计与工艺专业课程设置紧紧围绕本专业培养目标，以党的十九大为指导纲领，以培养德、智、体、美、劳全面发展的湘绣设计与制作专业人才为己任，在已有的课程基础上，设置了独特的专业主干课程。这些课程中，有专业基础课程，如图案设计、平色构成等课程；有专业提升课程，如湘绣技法、绣品制作等课程；有专业拓展课程，如中国画、装饰画、油画、摄影等课程；还有专业文化修养课程，如湘绣艺术鉴赏、古诗词欣赏等课程。湘绣设计与营销专业主要培养具有湘绣设计和湘绣营销能力高级营销人才，因此，专业主干课程设置更注重湘绣营销知识的编排，如设置了湘绣市场营销策划与陈列展示、市场营销学、湘绣品牌营销学等课程。

3. 制定技能标准。湘绣技能标准是湘绣艺术学院学生毕业的一个重要的基本条件，主要从两个方面进行考核，一是手工技巧，二是艺术价值。手工技巧主要从造型、针法、线条排列顺序、颜色搭配等方面进行评判；艺术价值主要从主题表现、构思、绣法特点、图案特色和审美质感等方面进行评价。湘绣有平绣、织绣、网绣、结绣、打子绣、剪绒绣、立体绣、双面绣、乱针绣等基本针法，学生必须掌握这些基本针法并运用到毕业作品的制作中，经湘绣大师的评定合格后才准予毕业。严格的标准使得湘绣工匠培养质量逐年提高。

4. 形成良好教学氛围。湘绣艺术学院依托现代信息网络教学平台，构建了"线上+线下"的立体化混合教学模式，落实"做中学，学中做"，突破了原来的以教师讲授为主的传统教学模式，实现教学过程中时间、空间和师生关系的整体融合。时间上，课前、课中、课后相融合；空间上，课堂内与课堂外相融合；师生关系上，教师的平台教学与学生的自主学习相融合。重视教师教育教学水平的提升，积极培育教师的亲和力，鼓励教师下寝室、下班级、融入学生群体。根据学校2015年和2017年组织关于学生课程学习的问卷调查显示，学生满意度由2015年的80.53%提升到2017年的93.12%。

5. 建立良好师生关系。学院利用湘绣代表性传承人刘爱云的示范榜样作用，依托工作室，让大师带领专业教学团队在开展专业建设、非遗研究、传承湘绣传统工艺的同时，注重与学生良好关系的建立。实行导师制，让每名新入学学生一进校门就有自己的指导教师，使学生见到指导教师就如见到自己家人那样亲切，使良好的师生关系在跨进校门的那一刻就能够形成。现在湘绣艺术学院每一位专任教师都有自己指导的学生，他们不论在生活上还是学习上都给予学生细致的关怀，让学生感受到家庭的温暖。

6. 重视师徒一脉相承。2016年，刘爱云大师因其湘绣事业的巨大成就被世界手工艺理事会评为"亚太地区手工艺大师"。她作为一位国内外久负盛名的湘绣技艺大师，已经 80 多岁高龄，本应享享清福了，但为了湘绣工匠的培养仍然殚精竭虑，还招收了 6 名关门弟子，时时处处用她高尚的人品和人格魅力感染着学生，以润生细无声的方式取得了学生的高度信任。在刘大师的带领下，其弟子彭慧霞（省级刺绣大师）也传承了她的衣钵，在学院带徒授艺，这种亦师亦友的师徒关系在学院传为一段佳话。

7. 看重校企合作关系。2008 年，学校牵头成立湖南工艺美术职业教育集团（简称"职教集团"），2013 年，该集团立项为湖南省示范性职教集团。依托职教集团，学校与集团内企业共建了人才与就业信息共享平台、公共实训平台、公共技术服务平台等，实现了校企之间信息、资源共享。如爱云大师工作室，带领师生团队研发湘绣新技法 10 项，开发新湘绣作品 320 项，其中 3 项新技法和 17 项创新作品被企业采用，推动了湘绣产品的升级换代。

8. 传承和创新校园文化活动。学校思政教育活动以党的十九大精神为引领，发挥宣传统战的指导作用，协同学校各部门，开展了"讲话精神进基层"师生微宣讲活动和"情系扶贫攻坚"主题实践活动，积极实施"大学生思想道德素质提升工程"，建立了思政教育活动阵地。学校大学生校园文化艺术节已举办十二届，届届有新意，届届反响强烈。如第十一届艺术节以"梦想启航"为主题，举行了"飞 Young 中国梦，美院好声音"校园歌手大赛、第八届大学生"自强之星"评选活动、"朗读者"活动、"用声音表白美大"活动、"绘芝兰室，聚班级情"——logo 设计大赛、"爱在美大——三行情书"活动、"城市记忆"摄影大赛、"远离手机，聚焦课堂"情景漫画大赛、脸谱设计大赛、闭幕式暨 2018 年元旦文艺晚会 10 项活动。学校大学生社团文化艺术节至今已举办十届，每一届的主题都不一样，如第十届的主题为"青春美院，缤纷社团"。期间，举办了英语口语大赛、现场写作比赛、启言杯辩论赛、校园主持人大赛、"墨韵"书画大赛、"红旗杯"手绘比赛、"环保"PS 设计大赛、乒乓球师生友谊赛、校园足球联赛、"文明寝室杯"篮球赛、社团经验交流会等十多项活动，丰富了学生的校园生活。校园志愿者活动也如火如荼地开展，如 2018 年"美大很美—你我一起行动"校园清扫志愿服务活动，旨在践行新时代的雷锋精神。此外，学校还开展传统文化讲座、共读不孤读的阅读活动、各种各样的素质拓展活动，提升了学校"以美育人、以文化人"的育人水平。

二 湘绣工匠教育生态系统生态环境调控最优运行成因

（一）遵循教育生态发展规律

学校积极创造有利于湘绣工匠培养的生态环境，积极实施"专业+项目+工作室"工匠培养模式，将企业真实项目引入课堂。实施项目导向教学模式，培养学生动手实践能力，提升专业技能。2015—2017年，该校毕业设计抽查合格率趋于高位稳定，其中2017年达100%（湖南省高职院校毕业设计抽查结果公示文件）。同时，该校将沟通技能、言语表达技能、协作技能等核心职业能力的培养贯穿于工匠培养的全过程，学生经过真实项目训练后，掌握了职业岗位所需的各项能力，提高了岗位适应能力。

实施"芙蓉工匠"培育工程。学校现有大师工作室11个、名师工作室5个、教师工作室7个，依托大师、名师与教师工作室，该校于2016年起实施艺术设计类"芙蓉工匠"培育项目。工作室主持人在全院跨专业、跨年级遴选学生5名左右，组成工作室学生团队，学生团队白天与其他同学一起上课，课余和周日进入工作室学习。该项目实行"大师名师（教师）工作室+团队+项目"的人才培养模式，大师名师和工作室骨干教师以承接的企业项目、研发项目和组织参与的竞赛项目为载体，手把手指导，培育艺术设计类"芙蓉工匠"。一是通过大师名师言传身教、工作室规章纪律教育、项目企业实地体验等途径培养学生精益求精、追求极致的工匠精神；二是在项目的策划、设计与实施中培养学生过硬的专业技能；三是通过工作室师生头脑风暴会、创意金点子排行榜、各工作室联谊分享会等特色活动，培养学生的融合创新能力。培育项目实施以来，招募工作室学生团队成员176名，学生在各种艺术设计类大赛中获得省级以上奖项94项，已毕业69名，6人建立自己的工作室、实现自主创业，63人找到心仪的工作，实现零距离上岗，其中12人上岗即担任公司设计师。

（二）重视湘绣工匠培养的社会公益性质

学校每年举办的"5·23"毕业设计开放展示周，向社会、企业和家长集中展示学生毕业设计创作，公开接受各方评价。此外，学校通过长沙文化艺术节、全国职业院校技能大赛、中国国际大学生时装周、"旭荣杯"全国校服设计大赛等活动平台，让学生作品直接走向社会、走向市场，接受社会评价和市场考验。

学校自 2015 年实施"现代学徒制"试点以来，湘绣设计与工艺专业的学生共获得省级及以上奖项 15 项。2017 年，该校的"现代学徒制培养人才，夯实产业发展基础"作为全国职业院校现代学徒制建设典型案例发表在学术期刊《中国职业教育》上。湘绣设计与工艺专业的先行探索研究，给学校其他专业及兄弟院校起到了示范带头作用。

积极扩大国际影响力。学校非全日制国（境）外人员培训数量由 2016 年的 225 人增加到 2017 年的 270 人。自 2013 年以来，该校立足于传承保护湖湘传统工艺的特色，吸纳境外留学生来校研修培训。2017 年共有 18 名来自加纳的留学生参加了湘绣短期研修；累计吸引国外学生来校研修达 86 人次。2016 年，刘爱云大师被世界手工艺理事会评为亚太地区手工艺大师。

（三）坚定执行好湘绣工匠教育政策

学校认真贯彻国家《高等职业教育创新发展行动计划（2015—2018 年）》《关于加强技能人才培养建设技工大省的意见》和湖南《关于湘绣工匠教育培养的指导意见》等政策，将卓越高职院校、示范性特色专业群、校企合作生产性实训基地等省校级重点建设项目纳入"行动计划"。在"行动计划"实施过程中，注重示范引领与均衡发展结合，基础能力建设与内涵建设结合。2017 年，该校圆满完成了承接艺术设计教职委的 14 类任务项目、承接省教育厅的 57 类任务项目的年度建设，19 类任务项目超额完成年度建设工作。湘绣工匠教育政策行动计划已取得阶段性成果，推动了湘绣工匠的高质量培养的步伐，全面提升了学校的办学质量和效益。

第三节 湘绣工匠教育生态系统生态功能调控最优运行分析

一 湘绣工匠教育生态系统生态功能调控最优运行现状

（一）湘绣工匠教育物质循环运行顺畅

湘绣艺术学院依照自然生态环境顺势而建，与洞庭湖比邻，学校背依名山，面朝名湖，环境幽静迷人。校园景随步移，风物宜人。寝室条件舒适，学生公寓空调全覆盖，让学生享受到"凉夏"和"暖冬"。教学设备齐全，环境艺术实训基地暨美术写生基地，湖光山色与人文景观交相辉映。

招生录取率和报道率逐年上升。2017 年，学校根据教育部门计划招生 2743 人，实际录取 2738 人，录取率 99.81%，实际报到 2364 人，报到率 86.34%，其中本省生源实际报到 1819 人，占比 76.94%，比 2016 年增加 73 人，占比基本持平。在报考本校原因的统计中，因学校品牌报考本校的学生有 1024 人，比 2016 年增加 112 人，占比 43.31%，提高 2.99 个百分点，学校品牌成为吸引生源的最大原因。

教师人才队伍建设成效显著。2017 年学校围绕"建好卓越校、争创双一流"的目标，大力引进高层次人才，不断吸纳经验丰富的专业教师，充实和壮大师资队伍。学校现有专任教师 398 人，具有博士学位的 9 人，具有硕士学位的 246 人，45 岁以下研究生学历或硕士以上比例达到 73.5%，"双师型"教师占比 91.71%，教授、副教授或高级工艺美术师 170 名，省级专业带头人 5 名，省级以上教学名师 5 名，省级青年骨干教师 8 名。此外，学校还聘请了传统工艺领域国际级、国家级、省级大师 11 名、校外兼职教师 253 名，已建立起一支由"大师+教授"领衔、以"骨干教师+企业专家"为中坚的双师结构高水平教学团队。

教育教学资料和设备购买力度逐年提升。据统计，学校 2017 年设施设备各项指标均较 2016 年有提升。学校现有教学仪器设备资产总值 6711.13 万元；馆藏图书 43.88 万册，中文纸质专业期刊 510 种，电子专业期刊 8142 种，数字资源总量 14765GB，电子图书 200 万册，教学用计算机 2099 台。校内实训基地 12 个，实训面积 53033 平方米，工位数 5034 个。

（二）湘绣工匠教育能量流动运行平稳

1. 思想政治教育效果明显

2017 年，该校全面落实《教育部办公厅关于开展 2017 年高校思想政治理论课教学质量年专项工作的通知》和《2017 年湖南省高校思想政治理论课教学质量年专项工作方案》。一是从全局高度进行思想政治理论课建设。独立设置思想政治理论课教学部，将思想政治理论课建设纳入年度工作计划，制定《思政课教学质量量年专项工作方案》，为思想政治理论课建设提供了组织基础和具体实施指导。二是按要求足量开设思想政治理论课，选用"马工程"重点教材，按照上级要求足量开设《毛泽东思想与中国特色社会主义理论体系概论》《思想道德修养与法律基础》《形势与政策》3 门课程。三是大力加强思政教师队伍建设。2017 年新进 2 名专任教师，建成 18 人的专兼结合教师队伍，新进教师均具有本科以上学历及相关专业背景，能够满足教学需要。教师培养培训力度加大，2017 年度，思政教师参加骨干培训、学术年会、参观考察、教学研究等项目的有 32 人次。四是全面深化思想政治理论课教学改革。建成思政课名师空间课堂 4 个，运用超星学习通和世界大学城空间实行"线上＋线下"立体化教学，创新实践教学方式，新教师试讲、集体备课、相互听课、集中命题成为常态。2017 年，学生思想政治理论课成绩合格率达 94%，成绩优秀率达 79%。

2. 打造校园文化育人品牌

学校通过顶层设计，具体规划，实施了"三园工程"，构建了具有艺术设计类专业特色的"致用致美"校园文化。"三园工程"，即"精致校园""特色校园"和"人文校园"。学校通过提升校园生态环境，凸显校园艺术品位，打造了"精致校园"；通过开展"非遗进校园"系列活动、四梯次专业技能大赛、"开放周"展示展销活动、校园创业活动四类与专业密切相关的精品活动，打造了"特色校园"；依托"一馆两节两平台"台"，即怡心馆、社团文化艺术节、校园文化艺术节、世界大学城云平台和学校官方微信平台，贯通线上线下两路径，打造了"人文校园"。"三园融合"，相得益彰。

"致用致美"的特色校园文化，营造了浓厚的艺术气息，对该校学生起到了很好的熏陶作用，也产生了良好的示范辐射影响，益阳职业技术学院等省内外 15 所职业院校专程到我校来学习相关经验。2016 年，学校"尚美书吧青年之家"被命名为"湖南省示范性'青年之家'综合服务平台"，2017 年，荣获"全国示范性'青年之家'综合服务平台"称号。该校的校园文化建设的特色与成效还受到团省委书记的充分肯定。

3. 发挥技能大师的引领作用

2007 年，技能大师刘爱云受聘为该校湘绣专业带头人，从专业建设、人才培养、产品研发等方面引领湘绣传承创新。一是引领专业建设，带领湘绣专业教学团队开发核心课程 6 门，编撰校本教材 6 门，其中公开出版 2 本，主持省级、国家级项目 7 个，湘绣专业现为省级示范性特色专业、国家级重点建设专业、首批民族文化传承与创新示范专业点，1 项教学成果获国家级教学成果奖一等奖。二是指导并参与湘绣工匠培养，指导构建并实施"大师工作室+项目+产品"的现代学徒制人才培养模式,担纲《湘绣制品》等课程教学,并亲自招收弟子,培养了16名省级"金牌绣女"、4名"湘绣优秀工匠"(获"湖南省五一劳动奖章")。三是领衔打造"新湘绣",刘爱云大师主持工作室,带领师生团队研发湘绣新技法、开发新湘绣作品。

4. 校企紧密合作精心育人

学校成立的湖南工艺美术职业教育集团,现有成员单位70家,其中学校15家(高职5家、中职10家),协会6家,企业49家。依托职教集团,学校与集团内企业共建了人才与就业信息共享平台、公共实训平台、公共技术服务平台等,实现校企之间信息、资源共享。2017年,集团内企业与学校订单培养1274人,有163名大师、技术骨干作为兼职教师到校讲课,为学生实训教学提供了51个企业真实项目、竞赛项目,联合开展技术攻关37项,共建产学研中心2个,为学校准捐赠实训设备129.94万,接收学生实训、顶岗实践3500余人次,接收毕业生就业300多人。

学校湘绣工艺专业继续深化"专业+项目+工作室"人才培养模式改革,将创新创业教育融入人才培养全过程各环节,实施工学交替、"双导师"育人,推进校企双主体交互式教学组织模式,将企业的真实设计生产项目、专业赛事项目、非遗传承创新项目等引入教学,项目实施与课程教学紧密结合,在项目工作室、大师工作室群、校企合作实体等真实职场环境中,由教师和企业技术专家带领学生完成项目的策划、设计与制作,教学过程即项目设计生产过程,学生作品即产品。

5. 现代课程(教学资源)建设特色突出

共享型、项目导向模块化课程体系进一步完善。按照"底层共享、中层特色、高层融通"的整体思路,推进专业群课程改革。2017年,五大专业群共开发共享课程13门、各专业特色课程64门、融通课程22门,进一步完善了共享型、项目导向模块化课程体系。底层共享分为人文素质与就业创业能力共享模块和专业基础共享模块;中层特色是指项目导向工学模块,分为群共享核心课程和各专业特色优质核心课程;高层融通分为素质拓展模块和综合实践模块,素质拓展模块又分为人文社科拓展课程和创新创业拓展课程。

以企业真实项目为导向的课程标准建设全面完成。根据学生的认知规律和技能成长规律,对融入专业课程中的企业真实项目进行序化,并将行业和企业的新知识、新技术、新工艺、新材料等融入课程内容,重新修订课程标准。2017 年,共修订专业核心课程标准 231 门,实现了各专业核心课程标准建设的全覆盖,其中《服装品牌设计与企划》《创意绣稿设计》《包装设计》《居住区景观规划与设计》等 9 门课程标准被湖南旭荣制衣有限公司、湖南金球湘绣有限公司等 6 家企业引入,成为企业的员工培训标准。

网络课程共享课程建设成效显著。依托世界大学城、智慧职教、微知库以及超星泛雅等网络课程平台,学校建成网络空间课程 317 门,汇集成"空间课程大观园";建成资源库课程 27 门、MOOT 课程 183 门;建成网络 6 门选修课;在智慧职教平台上建成中华刺绣教学资源库,建有素材资源 5732 个、试题 1500 道、7 门学历课程、3 门培训课程、37 门微课、36 个企业案例,注册用户达 8651 人,该库立项为教育部职业教育专业教学资源库并顺利通过项目验收;在微知库平台上建设了少数民族服装与服饰传承与创新专业教学资源库,该库建有素材资源 7393 个、课程 9 门,各类学习用户达 7927 人,已成功入选 2017 年教育部职业教育专业教学资源库备选库。

校本教材建设凸显学校特色。2017 年新立项校本教材 18 本,要求各项目团队深化教材改革。一是改革教材内容,融入企业、行业的新知识、新技术、新工艺、新设备等,融入师生承接、完成的企业真实项目;二是改革教材形式,开发微课视频,课程扫码即可观看,增强教材新颖度。到 2017 年年底,开发校本教材 38 本,公开出版的校本教材 20 本。其中 2 本入选"十二五"职业教育国家规划教材,4 本入选高职高专"十二五"部委级规划教材(艺术设计类),4 本入选高等院校艺术设计教育"十二五"规划教材,《现代设计史》《服装品牌设计与企划》被高校、企业广泛应用。

(三)湘绣工匠教育信息传递机制合理

1. 调控教育环境,减少教育干扰

道法自然,建设生态校园。学校依山傍水,在进行规划时,既不挖山填湖,也不大兴土木,而是遵循原有地形地貌,顺势而为,尽量突出原有生态样貌,形成了一幅现代育人花园图。校园内植物错落有致,树木葱郁,鸟语花香,空气清新,打造了和谐的自然生态环境。为了减少环境噪声的干扰,核心教学区远离生活区等功能区。并且制订噪声控制标准,教学区白天不高 50 分贝，夜晚不高于 40 分贝；生活区白天不高于 45 分贝，夜晚不高于 35 分贝。为了保障良好的课堂气氛，学校制定了课堂纪律规则和大师工作室规章制度，强调了教师和学生各自的职责，又鼓励师生亲切互动，建设和谐、高效、有趣的课堂。为了培育良好的社会环境，学校派学生积极参加国家级、省级技能大赛，积极与社会和企业进行合作，借助各类媒体宣传报道湘绣艺术价值，提高社会对湘绣技艺和湘绣工匠的认同感。

2. 提升教师素质，保障源点信息真实

学校依托湖南工艺美术职业教育集团、湖南工艺美术协会等平台，实施"引大师入校""送教师入企"的"双师素质"队伍建设模式。学校现有专任教师 398 人，其中引进企业大师、骨干技术人员 158 人，占专任教师总数的 40%。2017 年，进入企业顶岗实践的教师人数为 235 人，占专任教师总数的 60%。"双师素质"队伍建设成效显著，学校专任教师中的双师型教师占比达 91.71%。

学校全面推行校企"1+1"的专业双带头人制，现有专业带头人 53 人，其中，行业企业带头人 21 人，占专业带头人总数的 40%。依据校内、企业专业带头人的不同背景、不同特点制定了有针对性的专业带头人培养计划，"1+1"双轮驱动，打造专业带头人队伍。学校全面实施校企互兼、双岗轮换的建设机制，聘请 253 名企业技术骨干来学校任教，选派 235 名专业教师到企业实践锻炼，67 名教师担任企业的兼职设计师或设计总监，实现专业教师的实践教学能力、企业兼职教师的专业教学能力与理论修养的"双提高"。

以上措施的实施，为湘绣工匠教育信息的准确顺畅传达建立了良好的平台。湘绣技艺大师在这样的环境氛围中也学到了湘绣技艺传授的方法技巧，为保障湘绣工匠的培养质量和湘绣知识技艺的可持续传承提供了有力的支撑。

3. 加强学习者学习方法指导，形成信息恰当接受方式

学校着眼于培养学生对优秀湘绣传统文化的认同感、创新湘绣传统工艺的责任感和振兴湘绣传统工艺的使命感，引导学生弘扬社会主义核心价值观，树立文化自信，努力承担传承和发展中华优秀传统文化的历史责任。2017 年，共举办全校性传统文化讲座 7 场，开展湘绣创意竞赛、"庆元旦 迎新春"彩绘灯笼比赛等文化活动 18 次，深入民间传统工艺聚集地

考察 11 次，学生参与录制传统工艺纪录片 9 部、传统技艺教学视频 89 集。

学校坚持以赛事引领学习，将竞赛作为实践育人的重要平台，把竞赛与学生专业技能、综合素质、创新创业能力的培养结合起来，积极组织和引导学生参加各级各类技能大赛。2015—2017 年，该校学生参加省级、国家级、国际级技能大赛 80 多场，获得省级以上奖项 410 项，其中国际奖项 1 项、国家级奖项 227 项、省级奖项 164 项。

学校通过践行"三感教育"，举办各种技能赛事活动，实行"专业+项目+工作室"人才培养模式，激起了学生振兴传统工艺的热情，培养了学生的专业技能、信息收集与处理技能、问题解决技能、沟通技能、言语表达技能、协作技能等综合职业能力。

二 湘绣工匠教育生态系统生态功能调控最优运行成因

（一）湘绣工匠教育生态系统内部自我调控能力明显增强

重视湘绣工匠培养的调控。实施"三感（认同感、责任感和使命感）教育"，弘扬湖湘工匠精神，注重学生综合职业能力和身心素质的培养，善于借助各级技能赛事，全面提升湘绣学生素质。为了不影响湘绣工匠培养质量，学校生均经费按标准足额拨付。2017 年度，学校财政拨款达 8511.44 万，生均财政拨款金额为 12656 元，在 2016 年度 9516 元基础上大幅增加，达到了湖南省财政厅、湖南省教育厅联合发布的《关于完善高等职业院校生均拨款制度的通知》（湘财教〔2015〕31 号）规定的生均经费标准。学校 2017 年度的内涵建设投入为 4468.08 万元，较 2016 年度的 3708.2 万元增长了 17%，实现了可持续增长。

重视专业群建设的调控。学校主动适应湖南省战略性新兴产业与优势特色产业——文化创意和工艺美术产业的发展需求，开设了刺绣设计与工艺、时尚服饰设计、环境艺术设计等 23 个艺术设计类专业，构建了湖湘工艺美术、时尚服饰设计、环境艺术设计、视觉传播设计、数字艺术设计等五大特色专业群，形成了引领传统工艺美术振兴、服务现代艺术设计的特色专业体系。其中，湖湘工艺美术专业群、时尚服饰设计专业群、环境艺术设计专业群是湖南省卓越职业院校重点建设专业群。2016 年，湖南工艺美术职业学院与湖南省工艺美术研究所签署了《院所共建湖湘工艺美术专业群》协议，在两年的时间内，共同开发了《创意绣稿设计》等 6 门专业核心课程，编写了《产品创新设计》等 2 本校本教材，共建了中华刺绣资源库。

重视质量管理的调控。学校从思想保障、组织保障、制度保障、外部保障等方面致力构建完善的质量管理机制。一是推进质量文化建设，促进了思想观念的及时更新，"三全质量观（全面发展、全员参与和全过程监控）"逐步深入人心。二是组织保障机构健全，设立了质量管理办公室，成立了以党委书记和校长为组长、副校级领导为副组长、各部门主要负责人为成员的内部质量保证体系建设领导小组，统筹设计、全面部署和指导质量建设工作，质量生成和管理的责任层层分解并得到较好落实。三是制度保障日益规范、科学，教学检查、教学督导、教学信息反馈、院系部教学工作考核、毕业生跟踪调查等制度在实施中逐步修订完善。四是政府、社会、行业、企业、第三方认证五大监控主体的外部保障力度明显加大，企业评价与预警机制不断健全，办学质量不断提升。

（二）湘绣工匠教育生态系统外部支持力度逐渐加大

湘绣工匠教育生态系统功能之所以能正常运行，离不开政府、企业和行业的大力支持。政府支持包括：省政府支持学校的非遗项目建设，"支持湖南工艺美术职业学院开办湘绣艺术学院，培养湘绣产业急需的专业人才"（湘政办发〔2011〕29号）；在省政府支持下，学校校牵头、湘绣城企业集团等参与，共建湘绣产业科技教育园，该园占地60亩，目前已全部完成建设；2017年，省政府在财政经费非常紧张的情况下，还给学校拨款，年生均财政专项经费达5215.46元，很好地保障了湘绣专业的正常教学。企业支持包括：2017年，企业提供的校内实践教学设备价值129.94万元，生均企业实习经费补贴100元。行业支持包括：在行业协会的帮助下，学校2008年成立湖南工艺美术职业教育集团，现有成员单位70家，其中学校15家（高职5家、中职10家），协会6家，企业49家，依托职教集团，集团内企业与学校共建了人才与就业信息共享平台、公共实训平台、公共技术服务平台等，实现校企之间信息、资源共享；2017年，集团内企业与学校开展订单培养1274人，有163名大师、技术骨干作为兼职教师到校上课，为学生实训教学提供了51个企业真实项目、竞赛项目，联合开展技术攻关37项，共建产学研中心2个，为学校准捐赠实训设备129.94万元，接收学生实训、顶岗实践3500余人次，接收毕业生就业300多人。

第四节 湘绣工匠教育生态系统最优运行"三维共诊"调控模式实证

一 湘绣工匠教育生态系统生态主体调控实证

（一）目标调控：培养湘绣优秀工匠

湘绣艺术学院以湘绣技艺和文化传承为使命，以培养优秀的湘绣工匠为目标。为了更好地培养湘绣工匠，学院根据湘绣市场人才需求质量的要求，开发了《手绣制作工（湘绣）新职业技能鉴定标准》，并制定了一套完整的湘绣专业课程教学标准，为刺绣设计与工艺专业国家教学标准制定提供了借鉴。2018年10月底，学院举行了教育部职业院校艺术设计类刺绣设计与工艺专业国家教学标准研讨会。本次研讨会在刺绣专业人才的素质、知识、能力培养规格上统一了认识，明确了标准的规范、框架内容、重点指标和注意事项，对国家刺绣专业教学标准制定和刺绣专业人才培养产生了积极的影响。

（二）评价调控：提升湘绣工匠教育价值

学院建立了以企业评价和市场评价为主体的评价体系。一是邀请企业专家参与教学过程评价、课程作品评价、毕业设计作品评价；二是举办毕业设计开放展示周系列活动、"新湘绣巡展"、"服装展销会"和参加长沙城市文化艺术节等活动和展会，接受社会、市场和媒体的第三方评价；三是借助学院的省级创业孵化基地，学生团队进行真刀真枪的自主创业，将作品变商品，接受社会和市场的考验。

2017年，学院邀请行业大师（企业骨干人员）参与专业核心课程教学过程指导与评价105人次、参与课程作品点评187人次，涉及课程94门；邀请湖南工艺美术研究所、南岳琢艺坊等62家企业参与学院17个专业方向的毕业生毕业设计工作，共指导、评价毕业设计作品800余件。学院每年举办的"5·23"毕业设计开放展示周，向社会、企业和家长集中展示学生毕业设计创作，公开接受各方评价。

此外，学院通过长沙文化艺术节、全国职业院校技能大赛、中国国际大学生时装周、"旭荣杯"全国校服设计大赛等活动平台让学生作品直接走向社会、走向市场，接受社会评价和市场考验。

二 湘绣工匠教育生态系统生态环境调控实证

（一）政策调控：紧跟湘绣文化时代潮流

湘绣艺术学院作为非遗传承和湘绣工匠培养基地一直受到省委、省政府的高度重视。省委、省政府明确提出要发挥包括该学院在内的高校在传承保护湖湘特色非遗方面的龙头作用，通过一系列政策倾斜支持学院的非遗项目建设，学院已经发展成为湖南省非遗研究、传承、保护的主要力量和核心智库。

湘绣艺术学院党委行政根据时代工匠培养需求，制定了《湘绣艺术学院十三五规划》，注重现代学历教育与传统师徒相授相融合，把培养高素质、高技能、高学历的新湘绣工匠作为今后一段时期的战略目标，积极与湘绣产业市场对接，主动承担湘绣理论和实践研究，开展产品创新研发，全力打造具有战略性新兴产业的"新湘绣"文化品牌。"新湘绣"是在传承已有湘绣成果的基础上，突出功能多样化，重视湘绣作品原创性和知识产权保护，重视创新，重视使用价值和艺术价值的原创性成果。"新时代，新湘绣"是湘绣艺术学院提出的新的历史命题，具有鲜明的时代特征，为新湘绣工匠的培养树立了标杆。

（二）制度调控：陶冶湘绣工匠道德品行

所谓制度，即规范个人、集体或组织等行为的准则或规定，它具有规范性和程序性、鞭策性和激励性、指导性和约束性等特点。自2015年以来，学院以"章程"为统领，废止制度30项，修订出台制度74项；完善并修订了各部门工作职能和岗位工作流程29套。

制度调控主要表现在以下方面：一是规范学生的言行，湘绣艺术学院根据《教育法》制定了《学生手册》《课堂学习制度》《教室管理制度》《宿舍管理制度》《食堂文明就餐公约》等制度，并在新生入校时组织学习，让新生明确哪些事情可以做，哪些事情不能做。二是规范教职工的言行，制定了教学检查、教学督导、教学信息反馈、院系部教学工作考核、毕业生跟踪调查等制度，确保教职工的教育服务始终围绕学院的人才培养目标进行。三是规范各职能部门的岗位职责，如规定学生工作处负责学生思想政治教育、心理健康教育、学生活动、资助服务、保险理赔、档案管理、学生证和优惠卡办理;团委负责审批接收新团员、团员教育与管理、大学生社会实践、学生社团审批与管理、校园文化活动;招生就业处负责新生注册工作、就业指导与服务、毕业证管理、自学考试组织与管理等工作;教务处和督导室负责学生英语、计算机等级考试、普通话水平测试培训、成绩查询、教学信息的收集与反馈等工作;财务处负责学费收缴等工作;总务处负责寝室水电、维修、医疗卫生等服务工作;培训中心负责学生职业技能培训与鉴定等工作;保卫处和武装部负责安全保卫及应征入伍等工作。四是规定了学生组织和社团组织职责,如校学生会规定了主席、副主席、秘书部、学习部、卫生部、文娱部、体育部、宣传部、外联部、纪保部和男女生部等各部门工作职责;五是完善了奖助学金服务制度,如学院发布了《〈国家助学奖学金管理办法〉实施细则》《家庭经济困难学生认定工作实施办法》等文件,保障了学生的合法权益,体现了公开、公平、公正的原则。

三 湘绣工匠教育生态系统生态功能调控实证

(一)经济调控:保障湘绣工匠教育质量

2017年度,学院财政拨款达8511.44万元,生均财政拨款金额为12656元,在上一年度9516元基础上大幅增加,达到了湖南省财政厅和教育厅联合发布的《关于完善高等职业院校生均拨款制度的通知》(湘财教〔2015〕31号)规定的生均经费标准。2017年支付企业兼职教师课酬1453440元,这些经费全部来自财政专项补贴,极大地调动了企业兼职教师的工作积极性。学院2017年度的内涵建设投入为4468.08万元,较上一年度的3708.2万元增长了17%。

为了保证教育教学质量,学院积极寻求与企业进行经济合作,加大教学投入的力度。近些年来累计投入2000多万元,开发课程295门,占课程总数的19%;共同开发教材103本,占教材总数的5%;共同建设专业教学资源库5个,占教学资源库总数的100%;共建校内实习实训基地12个,占校内实习实训基地总数的100%,其中,中央财政支持建设的实训基地有1个、省级财政支持建设的实习实训基地4个。正是有了足够的经费投入,湘绣数字资源库才得以圆满建成。其建设主要分为课程资源和微课资源两大部分。课程资源有《绣稿制作(油画风景)》《湘绣技法》《湘绣制作(翎毛类动物)》《中外工艺美术史》《绣稿设计(工笔花鸟)》《湘绣制作（走兽）》和《绣稿设计（油画）》7门；微课资源有走兽类动物（猫）脚趾的绣制、翎毛类动物作品中文字的绣制、翎毛类动物尾巴的绣制、帘针、直针、齐针、油画风景草的刺绣方法、油画风景水的刺绣方法、走兽类动物（猫）耳朵的绣制、翎毛类动物眼睛的绣制、粉色花头的染法、翎毛类动物头部羽毛的绣制、绿叶的画法、工笔花鸟画基本的着染方法、翎毛类动物喙的绣制、翎毛类动物作品中印章的绣制、翎毛类动物翅膀的绣制、掺针、翎毛类动物腹部的绣制、翎毛类动物爪的绣制、刻鳞针、唐代金属工艺、油画风景树的刺绣方法、髯毛针、打籽针、走进元青花、走兽类动物（猫）鼻子的绣制、工笔花鸟白描的绘画方法、走兽类动物（猫）眼睛的绣制、油画风景概述、禽鸟头及躯干的染法、宋代北方地区的陶瓷工艺、巴洛克时期的工艺美术概述、油画静物写生步骤、油画静物概述、静物油画绣稿设计的基本步骤和风景油画绣稿设计的基本步骤37门。可见，经济调控策略在湘绣数字资源库的建设过程中发挥了不可估量的作用。

（二）科技调控：促进湘绣教育信息化发展

近年来，学院根据信息化教学平台所需的数据管理、人人交互沟通、个性化模式等不同需求，分别引进或购买了世界大学城职教新干线、湖南省大学生创新创业就业学院、超星泛雅、智慧职教、微知库等信息化教学平台，利用这些平台各自不同功能和不同优势，促进信息技术与教育教学融合，深化课程教学改革。

学院2017年新立项校本教材18本，要求各项目团队深化教材改革，一是改革教材内容，融入企业、行业的新知识、新技术、新工艺、新设备等，融入师生承接、完成的企业真实项目；二是改革教材形式，开发微课视频，增强教材新颖度。

（三）人文调控：培育湘绣工匠人文精神

学院秉承"致用致美"的校训，顺应"生活艺术化、艺术生活化"的时代旋律，力求打造全国高职院校"人文育人"的理念，彰显人文的强大浸润力量。学院力求在校园规划建设时体现"用"和"美"的两种文化内涵，努力提升校园艺术品位，体现精美校园特色；积极开展"非遗进校园"系列活动、四梯次专业技能大赛、"开放周"展示展销活动、校园创业活动等与专业密切相关的精品活动，营造出了优秀传统文化和现代文明交相辉映的和美校园特色；借助"一馆两节两平台"，即怡心馆、社团文化艺术节、校园文化艺术节、世界大学城云平台和学校官方微信平台，实施线上线下途径无缝对接，塑造善美校园特色。

  学院以传承创新湖湘传统工艺为己任，厚植工匠文化，把工匠精神作为校园文化的价值导向，用人文教育涵养工匠精神，用课堂教学渗透工匠精神，用技能比武磨炼工匠精神，树典型示范引领工匠精神，建长效机制护航工匠精神，引导学生坚持每一道工序、每一件作品都精心打磨，专心雕琢，培养精益求精、追求极致的工匠精神，一心一意铸匠魂、育匠心、追匠梦。学生毕业参加后由于坚守工匠精神，埋头苦干，在行业内脱颖而出，成为本行业领域的新星。学院数据显示，毕业生对母校总体满意度较高并逐年提升，其中2017届毕业生母校满意度达到91.3%，愿意推荐母校的毕业生比例达到86.1%。

第九章

结论与展望

第一节 主要结论

本研究以"优化乡村工匠教育生态系统从而有效培养乡村工匠"为核心目标,借助教育学、生态学、教育生态学等学科理论,运用文献资料法、调查法、系统仿真法、系统分析法、比较研究法和田野考察法等研究方法,系统分析了乡村工匠教育生态系统调控的理论逻辑,阐明了乡村工匠教育生态系统的稳态运行条件,指出了乡村工匠教育生态系统的失衡状态,并探讨了乡村工匠教育生态系统失衡成因,提出了调控评价指标体系和调控的策略与路径,并运用案例对调控策略进行了实践验证。通过"应然——实然——必然——应然"的逻辑思维为乡村工匠教育生态系统构建了"平衡——失衡——评价——调控"四位一体的调控机制。

本研究所取得的主要结论如下。

1. 乡村工匠是受中华民族文化浸润的、具有劳模精神、经过传习掌握了乡村传统技艺并服务和造福于社会的工匠型人才的总称。乡村工匠教育生态系统,即以培养乡村工匠为中心,在生态主体之间、生态主体与生态环境之间通过物质转换、能量流动和信息传递而相互作用、相互制约形成的一个人工生态仿真系统。该系统具有以下特性:该系统以"培养乡村工匠"为最高目的;该系统是一个人工生态仿真系统,既要遵循自然生态系统规律,又要遵循社会生态运行规律;该系统由生态主体和生态环境构成,生态主体包括教育者(教师)、学习者(学生)、学校管理者和后勤服务人员,生态环境包括自然生态环境、社会生态环境和规范生态环境;该系统要维持动态平衡，必须从外部投入各种资源。

2. 乡村工匠教育生态系统要实现稳态运行，离不开乡村工匠教育生态系统中生态主体（乡村工匠学习者、乡村工匠教育者）之间、生态环境之间以及生态主体和生态环境之间的协同配合。生态主体（乡村工匠学习者、教育者）、生态环境和生态功能等因素决定乡村工匠教育生态系统乡村工匠培养的质量。

3. 利用 SWOT 分析框架全面分析了乡村工匠教育教育生态系统运行的优势（技艺优势、技艺传承人优势和科研优势）、劣势（教育经费投入不足、技艺后继无人危机、技艺传承创新能力不足）、机会（财政支持强度加大，政策扶持力度加强，社会认可程度加深）和挑战（外部竞争激烈，市场对接不畅，市场需求高端人才），指出当前乡村工匠教育生态系统稳态运行要具备的应然条件（主要指生态主体、生态环境和生态功能应达到的最佳运行状态）和实然条件（主要指乡村工匠教育生态系统中乡村工匠的需求总量）。

4. 乡村工匠教育系统作为人工生态系统，与自然生态系统一样，在运行和演进过程中因各生态主体之间的利益诉求而产生竞争，导致失衡状态的出现，造成生态主体失衡、生态环境失衡和生态功能失衡。这些失衡状态阻滞了乡村工匠教育生态系统的良性运行，需要引起高度重视。

5. 为了厘清乡村工匠教育生态系统失衡成因和各生态因子的作用规律，本研究构建了一套乡村工匠教育生态系统调控评价指标体系。评价指标体系的构建严格遵照评价指标设计原则和选取依据，且结合了乡村工匠教育生态系统的结构特征和发展规律，运用层级递进的方法，通过筛选、调整、合并和增减，最终确定选取了 2 个一级指标，6 个二级指标和 30 个三级指标。

6. 乡村工匠教育生态系统调控是对系统内各要素进行最优化的调节和控制，以使各要素达到最优化的组合，进行最佳的能量流动、信息传递和物质转化，最终培养出优秀的乡村工匠的活动过程。调控的实质就是干预，以保障乡村工匠教育生态系统沿着正确的轨迹运行。调控逻辑：提出问题——分析问题——解决问题，并在此基础上提出"三维共诊"调控模式。"三维"即生态主体、生态环境和生态功能；共诊，即共同诊断，发现疾病，寻找病因。因这三者之间既独立运行又相互联系，只有全面综合地对它们进行把脉诊断，弄清运行中的问题和成因，才能实施全面的、精准的、合理的调控。

7. 乡村工匠教育生态系统调控的生态政策即国家各级政府部门、各级教育行政部门及人社部门等为培养优秀的乡村工匠而制定的奋斗目标、行动准则、具体任务、实施计划和具体措施。要发挥乡村工匠教育生态系统调控的效果，一定要设计好、执行好保障政策。保障政策具有指导性、预见性、时效性和支持性的特点和导向、协调和控制等功能。

8. 以湘绣工匠教育生态系统为例，分析了湖南工艺美术职业学院湘绣艺术学院在湘绣工匠培养上最优运行的现状、成因，并总结了该模式最佳运行的调控策略，即以培养优秀湘绣工匠和传承湘绣文化为中心，从生态主体、生态环境和生态功能三个维度进行调控，形成了全资源、全人力、全过程和全方位的"四全"调控策略，为乡村工匠教育生态系统"三维共诊"调控模式提供了实证依据。

第二节 创新点与不确定性分析

一 创新点

（一）研究内容的创新

对乡村工匠教育生态系统的内涵、构成、特征、现状、失衡成因及调控策略的研究是本研究所提出的最新内容，此研究还属初创阶段。因此，本研究提出的乡村工匠教育生态系统的理论构架可以为乡村工匠教育的行政部门、社会机构和产业部门提供理论和实践借鉴。

（二）研究对象的创新

从研究对象来看，目前缺乏学校教育的乡村工匠教育生态系统调控的研究。对乡村工匠教育生态系统调控的研究，由于其研究历史空白，研究成果几乎没有。笔者通过中国知网查询，没有找到一篇有关乡村工匠教育生态系统调控的文献。因此，对乡村工匠教育生态系统调控的研究尚属首次。

（三）研究视角的创新

从研究视角来看，缺乏生态学理的乡村工匠教育研究。乡村工匠教育是在已有的乡村工匠精神和乡村传统文化精神的基础上发展起来的一种优秀文化活动，具有可持续性。从教育生态学方面来研究乡村工匠教育，尚缺完整的体系。因而，本研究从教育生态学理的高度来探讨乡村工匠教育是一种视角的创新。

（四）研究范式的创新

从研究范式来看，缺乏系统集成的乡村工匠教育调控研究。乡村传统文化已经成为国家向外宣传的一张名片，作为乡村传统文化中重要的组成部分——乡村工匠，其本身就具有浓厚的地方特色。在所收集的研究文献中，发现缺乏从生态系统的角度来研究乡村工匠教育调控。本研究利用教育生态学原理来研究乡村工匠教育生态系统的稳态运行条件、失衡状态、评价指标和调控策略，是用新的研究方法进行的一次大胆的尝试。

二 不确定性分析

（一）乡村工匠教育生态系统调控理论还需要进一步完善

本研究是首次提出乡村工匠教育生态系统调控理论，虽然对其进行了逻辑分析和实证研究，但其对理论内涵和外延的哲理思考还不完善，还有提升的空间，需要做进一步的提炼和概括，继续进行深度的研究。

（二）乡村工匠需求预测模型还需要时间的检验

本研究选择乡村工匠人力资源增量作为乡村工匠需求的重要影响因素，且运用一元线性回归模型对乡村工匠人数需求进行预测，具有定量分析的依据。但乡村工匠需求受宏观的国家政治、经济、文化、社会环境的影响，受中观的技术技能产业发展的影响，也受微观的各省高职高专人才毕业人数的影响。因而，乡村工匠需求预测还需实践的进一步验证。

（三）乡村工匠教育生态系统调控评价指标体系还需要实践的检验

乡村工匠教育生态系统调控评价指标的选取虽然严格遵照评价指标设计原则，进行了专家论证，并运用湘绣工匠教育生态系统案例进行论证分析，具有合理性，但个案验证不具有普遍性，还需要进一步的实践证明。

（四）乡村工匠教育生态系统调控模式还需要探讨

尽管本研究运用系统理论构建了一套乡村工匠教育生态系统"三维共诊"调控模式，从生态主体、生态环境和生态功能三个维度进行诊断和调控，并运用实例进行了充分的验证，但调控系统中各因素调控力度大小的把握及其协同调控关系还需要进一步研究和探讨。

第三节 展望

1. 深化乡村工匠教育生态系统调控理论的研究。乡村工匠教育生态系统调控是指以培养优秀乡村工匠为核心,调节教育生态主体和教育生态环境两者之间进行相互的、合理的物质转化、信息传递和能量流动以形成稳态运行的一种复杂控制活动。当前,乡村工匠教育生态系统的稳态运行系统具备一些优势(技艺优势、技艺传承人优势和科研优势)与机会(财政支持强度加大、政策扶持力度加强、社会认可程度加深),同时也有一些劣势(教育经费投入不足、技艺后继无人危机、技艺传承创新能力不足)、面临一些威胁(外部竞争激烈,市场对接不畅,市场需求高端人才)。生态主体稳态运行、生态环境稳态运行和生态功能稳态运行构成乡村工匠教育生态系统稳态运行的应然条件,乡村工匠的需求总量构成乡村工匠教育生态系统稳态运行的实然条件。在此基础上,提出"三维共诊"调控模式,即对乡村工匠教育生态系统中的生态主体、生态环境和生态功能全面进行诊断,发现这三者在运行中的失衡问题,分析失衡成因,寻找应对方法,并合理利用调控资源进行适度调控,以实现乡村工匠教育生态系统稳态运行,制定培养优秀乡村工匠的方案与策略。但乡村工匠教育生态系统调控的理论内涵和外延还有拓展的空间,在今后的研究过程中将进一步对其进行深入研究。

2. 深化乡村工匠需求预测模型的研究。本研究以权威部门发布的2007—2018年湖湘工匠需求人数为依据,发现这些数据随着湖湘工匠人力资源增量增减而增减,由此表明,湖湘工匠人力资源增量与湖湘工匠需求人数线性相关,湖湘人力资源增量对湖湘工匠人数需求具有决定性作用,因此,本研究选择湖湘工匠人力资源增量作为湖湘工匠需求的重要影响因素,且运用一元线性回归模型对湖湘工匠人数需求进行了预测。湖湘工匠需求受国家政治、经济、文化、社会环境的影响,受技术技能产业发展的影响,也受湖南省高职高专人才毕业人数的影响,更受湖湘工匠从业人员本身素质和专业技能掌握程度的影响,因而本研究将继续跟踪湖湘工匠需求的实际状况,从宏观、中观和微观层面全面综合考虑各方面因素对湖湘工匠需求量的影响，以期完善湖湘工匠需求预测模型，得到更精准的预测结果。

3. 深化湖湘工匠教育生态系统调控评价指标体系的研究。评价指标是指对湖湘工匠教育生态系统运行质量和效益进行考核、评估、比较的统计指标。本研究为了探讨湖湘工匠教育生态系统失衡成因和各生态因子的作用规律，构建了一套湖湘工匠教育生态系统调控评价指标体系。评价指标体系的构建严格遵照评价指标设计原则和选取依据，且结合了湖湘工匠教育生态系统的结构特征和发展规律，运用层级递进的方法，通过筛选、调整、合并和增减，最终确定选取了2个一级指标，6个二级指标和30个三级指标。通过对湖湘工匠教育生态系统调控评价指标评价结果进行分析，得出以下结论：从一级指标来看，教育生态主体权重值大于教育生态环境权重值，且差距较大，在调控过程中应加大教育生态主体的调控力度；从二级指标来看，教师的权重值最大，达到0.4395，说明教师在湖湘工匠教育生态系统中的作用非常重要；从三级指标来看，技能大师、专业教师和教学设备三个指标权重值最大，都是0.0945，表明这三个指标影响力最大，调控需要重点关注。但样本容量还需要扩大，以进一步验证湖湘工匠教育生态系统调控评价指标体系构建的合理性，使其具有更好的推广价值。

4. 深化湖湘工匠教育生态系统调控生态政策的研究。湖湘工匠教育生态系统调控的生态政策即是湖南省委省政府及教育厅、人社厅直属行政机关等为培养优秀的湖湘工匠而制定的奋斗目标、行动准则、具体任务、实施计划和具体措施。本研究将湖湘工匠教育生态系统调控的生态政策分为社会舆论生态政策、经济激励生态政策、环境技术生态政策和资源保障生态政策。并对这些生态政策的概念、实施现状和实施策略进行了分析，旨在共同推动湖湘工匠教育生态系统调控的顺利实施，保障该系统稳态运行。但由于现实条件的局限，对湖湘工匠教育生态系统调控生态政策的实施目标、实施的问题和成因、实施的措施和实施的效果还缺乏深入的研究，需要继续跟进。

参考文献

著作

蔡晓明、蔡博峰：《生态系统的理论和实践》，化学工业出版社 2012 年版。
曹凑贵、展茗主编：《生态学概论》，高等教育出版社 2015 年版。
曹焕旭：《中国古代的工匠》，商务印书馆 1996 年版。
陈振明：《政策科学》，中国人民大学出版社 1998 年版。
杜吉泽、李维香等：《生态人论纲》，群众出版社 2010 年版。
范国睿等：《共生与和谐：生态学视野下的学校发展》，教育科学出版社 2011 年版。
范国睿：《教育生态学》，人民教育出版社 2010 年版。
付守永：《工匠精神：向价值型员工进化》，中华工商联合出版社 2013 年版。
高涵：《孤独的技艺：绝技绝活之教育传承生态》，中国社会科学出版社 2018 年版。
高志强、郭丽君：《学校生态学引论》，经济管理出版社 2015 年版。
戈峰：《现代生态学》，科学出版社 2008 年版。
侯钧生：《人类生态学理论与实证》，南开大学出版社 2009 年版。
华觉明、李劲松：《中国百工》，古吴轩出版社 2010 年版。
姜大源：《当代德国职业教育主流教学思想研究：理论、实践与创新》，清华大学出版社 2007 年版。
蒋蓝：《正在消失的职业》，上海远东出版社 2001 年版。
蒋小华：《咫尺匠心：新工匠是怎样炼成的》，机械工业出版社 2017 年版。
李树湘：《湘绣史话》，海洋出版社 1988 年版。
牛翠娟、娄安如、孙儒泳等：《基础生态学》，高等教育出版社 2008 年版。
秦普德、崔晋生、蒲丽萍：《生态社会学》，社会科学文献出版社 2013

年版。

任凯、白燕:《教育生态学》,辽宁教育出版社1992年版。

王文章:《西兰卡普的传人·土家织锦大师和传承人口述史》,中央编译出版社2010年版。

吴鼎福、诸文蔚:《教育生态学》,江苏教育出版社2000年版。

吴林富:《教育生态管理》,天津教育出版社2006年版。

夏妍娜、赵胜:《工业4.0:正在发生的未来》,机械工业出版社2015年版。

杨世骥:《湘绣史稿》,湖南人民出版社1956年版。

曾祥跃:《网络远程教育生态学》,中山大学出版社2011年版。

张勇:《能源资源法律制度研究》,中国时代经济出版社2008年版。

种青:《工匠精神是怎样炼成的》,人民邮电出版社2016年版。

周鸿:《人类生态学》,高等教育出版社2001年版。

周明星等著:《中国现代职业教育理论体系——概念、范畴与逻辑》,人民出版社2018年版。

周明星主编:《职业教育管理学》,高等教育出版社2014年版。

邹冬生、高志强:《生态学概论》,湖南科学技术出版社2007年版。

[德]波特霍夫、[德]哈特曼主编:《工业4.0(实践版):开启未来工业的新模式、新策略和新思维》,刘欣译,机械工业出版社2015年版。

[德]海德格尔:《形而上学导论》,熊伟、王庆节译,商务印书馆2015年版。

[德]黑格尔:《逻辑学》,杨一之译,商务印书馆2004年版。

[德]黑格尔:《小逻辑》,贺麟译,商务印书馆2010年版。

[德]乌尔里希·森德勒:《工业4.0》,邓敏、李现民译,机械工业出版社2014年版。

[法]马塞尔·莫斯爱弥尔·涂尔干、亨利·于贝尔著,[法]纳丹·施朗格编选:《论技术、技艺与文明》,蒙养山人译,世界图书出版公司北京公司2010年版。

[法]孟德斯鸠:《论法的精神》,张雁深译,商务印书馆1978年版。

[法]让·雅克·卢梭:《爱弥儿(精选本)》,彭正梅译,上海人民出版社2015年版。

[古希腊]柏拉图:《理想国》,顾寿观译,岳麓书社2010年版。

［美］鲁道夫·P. 霍梅尔：《手艺中国》，戴吾三等译，北京理工大学出版社 2012 年版。

［美］乔治·萨顿：《希腊黄金时代的古代科学》，鲁旭东译，大象出版社 2010 年版。

［日］阿久津一志：《如何培养工匠精神：一流人才要这样引导、锻炼和培养》，张雷译，北京青年出版社 2017 年版。

［日］根岸康雄：《精益制造 028：工匠精神》，李斌汉译，东方出版社 2015 年版。

［日］柳宗悦：《日本手工艺》，张鲁译，广西师范大学出版社 2011 年版。

［日］秋山利辉：《匠人精神》，陈晓丽译，中信出版社 2015 年版。

［日］亚力克·福奇：《工匠精神：缔造伟大传奇的重要力量》，陈劲译，浙江人民出版社 2014 年版。

［苏联］苏霍姆林斯基：《帕夫雷什中学》，赵玮、王义高译，教育科学出版社 1983 年版。

［英］福特：《生态学研究的科学方法》，肖显静、林祥磊译，中国环境科学出版社 2012 年版。

［英］琳达·克拉克等：《职业教育：国际策略、发展与制度》，翟海魂译，外语教学与研究出版社 2011 年版。

论文

白云鹤：《见德思齐，唤醒中国"农机工匠"》，《中国农机化导报》2016 年 5 月 2 日第 4 版。

毕传龙：《从清宫造办处档案看珐琅作工匠组织管理》，《中原文化研究》2014 年第 3 期。

蔡雨蒙：《日本的匠人文化》，《才智》2016 年第 2 期。

曹盘龙：《甘肃省生态政策综合效果评价方法研究》，硕士学位论文，兰州大学，2014 年。

曹晔：《乡村工匠培育的现实性与途径》，《天津中德应用技术大学学报》2017 年第 5 期。

查国硕：《工匠精神的现代价值意蕴》，《职教论坛》2016 年第 7 期。

陈凡、蔡振东：《工匠的技术角色期待及社会地位建构》，《自然辩证法研究》2018 年第 12 期。

陈华栋：《全媒体生态下网络思想政治教育主要矛盾的变化与思考》，《思想理论教育》2019 年第 1 期。

陈建录等：《高校创新创业教育中的工匠精神培育》，《教育研究》2018 年第 5 期。

陈建录、袁会晴：《高校创新创业教育中的工匠精神培育》，《教育研究》2018 年第 5 期。

陈磊：《浅谈职业院校后勤服务与管理》，《品牌》2014 年第 9 期。

陈蔚、杨跃：《信息技术对教育生态及其教育效果的影响：基于学习收获的模型分析》，《高校教育管理》2018 年第 3 期。

陈文静：《孵化"芙蓉工匠"新生代——湖南省职业教育人才培养观察》，《湖南教育》2017 年第 6 期。

陈新、周丽娟：《高职学生人格特征及其影响因素分析——以北京农业职业学院为例》，《北京农业职业学院学报》2014 年第 2 期。

陈泳全：《建造过程中人的因素》，博士学位论文，清华大学，2012 年。

成海涛：《工匠精神的缺失与高职院校的使命》，《职教论坛》2016 年第 22 期。

成雁瑛：《新建本科院校生态位研究：逻辑、现实与策略》，博士学位论文，湖南农业大学，2016 年。

程洁：《乡村振兴战略下高职院校培育乡村工匠的路径与保障》，《中国职业技术教育》2019 年第 3 期。

程舒通：《职业教育"工匠精神"培养：背景、诉求与途径》，《中国职业技术教育》2018 年第 3 期。

程仙平：《生态化：当代社区教育发展转向与路径》，《成人教育》2018 年第 12 期。

程宇等：《培育工匠精神：中国职业教育的使命与担当》，《职业技术教育》2016 年第 30 期。

初丹：《生态批判与绿色解放之路——生态学马克思主义研究》，博士学位论文，吉林大学，2015 年。

邓小泉：《教育生态学研究二十年》，《教育理论与实践》2009 年第 5 期。

邓小泉：《中国传统学校教育生态系统的历史变迁》，博士学位论文，华东师范大学，2009 年。

邓小泉：《中国传统学校教育生态系统的历史变迁》，博士学位论文，华东师范大学，2009 年。

董军强、董杜斌：《生态转型：心理健康教育新视角》，《科技通报》2018 年第 11 期。

董天鹅：《职业教育政策执行监督机制研究》，《职教论坛》2014 年第 1 期。

董显辉：《工匠精神视野下的工匠之师培养探析》，《职教论坛》2018 年第 2 期。

［俄］安东·科比亚科夫：《新工业革命怎样改变世界》，杨永明译，《中国电力报》2016 年 6 月 25 日第 12 版。

范涛、梁传杰、水晶晶：《论高校学位授权点动态调整机制之构建》，《研究生教育研究》2016 年第 2 期。

龚克：《担起生态文明教育的历史责任 培养建设美丽中国的一代新人》，《中国高教研究》2018 年第 8 期。

谷群广、宋新书：《论高职院校专业带头人队伍建设》，《教育与职业》2003 年第 13 期。

顾玲：《教育生态理论视角下高职院校创新创业教育探析》，《教育与职业》2018 年第 20 期。

顾威：《培养"大工匠"还需更好的奖励机制》，《中国工人》2016 年第 8 期。

关晶：《西方学徒制研究——兼论对我国职业教育的借鉴》，博士学位论文，华东师范大学，2010 年。

郭洋：《德国职业教育吸引力何在》，《中国劳动保障报》2015 年 6 月 24 日第 5 版。

国萃：《论工艺技术对建筑品质的作用》，博士学位论文，清华大学，2012 年。

过常宝：《论先秦工匠的文化形象》，《北京师范大学学报》（社会科学版）2012 年第 1 期。

韩凤芹、于雯杰：《德国"工匠精神"培养及对我国启示——基于职业教育管理模式的视角》，《地方财政研究》2016 年第 9 期。

韩延兵、曾润：《新世纪湘绣研究综述》，《艺术研究》2014 年第 5 期。

何伟等：《新常态下职业教育中"工匠精神"培育研究》，《职业技术教育》2017 年第 4 期。

何文明：《职业教育应成为"工匠精神"培育的摇篮》，《江苏教育》2016年第5期。

贺正楚、彭花：《新生代技术工人工匠精神现状及影响因素》，《湖南社会科学》2018年第2期。

贺祖斌：《中国高等教育系统的生态学分析》，博士学位论文，华中科技大学，2004年。

侯东阳：《中国舆情调控机制的渐进与优化——改革开放以来舆情调控机制研究》，博士学位论文，暨南大学，2010年。

胡华强、王国聘：《思想政治教育生态系统承载力研究》，《东北师大学报》（哲学社会科学版）2018年第6期。

胡天助：《瑞典隆德大学创业教育生态系统构建及其启示》，《中国高教研究》2018年第8期。

胡欣红：《民办高中"重奖"式招生破坏教育生态》，《中国教育报》2018年11月2日第2版。

黄碧玉：《浅谈美术教育的"工匠精神"》，《艺术品鉴》2016年第10期。

黄君录：《高职院校加强"工匠精神"培育的思考》，《教育探索》2016年第8期。

坚喜斌、申永刚：《"工匠精神"在出版行业的传承与创新》，《科技与出版》2016年第6期。

姜汉荣：《匠心育工匠：社会发展的时代诉求和职业教育的理性顺应》，《教育理论与实践》2018年第21期。

康玲玲、周建超：《生态文明视阈下生命教育的转向及其实践路径》，《中国青年社会科学》2018年第4期。

李才俊、李渝萱：《建立高校"八维一体"思想政治教育生态共同体的几点思考》，《思想理论教育导刊》2018年第10期。

李传文：《明代匠作制度研究》，硕士学位论文，中国美术学院，2012年。

李德富、廖益：《中德日之"工匠精神"的演进与启示》，《中国高校科技》2016年第7期。

李多：《环境技术进步方向的内生化机理和政策激励效应检验》，博士学位论文，吉林大学，2016年。

李凤梅：《当前我国学校体育改革与发展环境的生态学分析》，硕士学位论文，河南大学，2008年。

李宏伟、别应龙：《工匠精神的历史传承与当代培育》，《自然辩证法研究》2015年第8期。

李建雄：《高等职业院校资源优化配置问题研究》，硕士学位论文，天津大学，2007年。

李婕瑜、潘海生、闫智勇：《现代工匠精神生成机理及其在职业教育中的培养策略》，《中国职业技术教育》2018年第24期。

李进：《工匠精神的当代价值及培育路径研究》，《中国职业技术教育》2016年第27期。

李进：《职业教育"工匠精神"的培育论坛综述》，《中国职业技术教育》2016年第34期。

李丽芳：《大学生创新创业教育之工匠精神的传承与培育》，《宏观经济管理》2017年第1期。

李丽芳：《大学生创新创业教育之工匠精神的传承与培育》，《宏观经济管理》2017年第11期。

李梦卿等：《技能型人才"工匠精神"培养：诉求、价值与路径》，《教育发展研究》2016年第11期。

李梦卿等：《技能型人才培养与"工匠精神"培育的关联耦合研究》，《职教论坛》2016年第16期。

李琼：《区域职业教育发展水平评价指标体系的构建与湖南职教》，《职教论坛》2008年第8期。

李适等：《工匠精神引领职业教育改革发展》，《中国高校科技》2017年第8期。

李桐、李忠：《职业教育改革与发展的政策支持——基于政策执行失效视角的考察》，《职教论坛》2016年第16期。

李文娜：《基于CELTS标准的高等职业教育教学资源建设的研究》，硕士学位论文，东北师范大学，2008年。

李霞：《对美国职业教育"工匠精神"的审视和借鉴》，《河北软件职业技术学院学报》2018年第3期。

李翔海：《论邓小平的动态平衡观》，《毛泽东邓小平理论研究》1998年第6期。

李小鲁：《对工匠精神庸俗化和表浅化理解的批判及正读》，《当代职业教育》2016年第5期。

李晓雪：《基于传统造园技艺的岭南园林保护传承研究》，博士学位论文，华南理工大学，2016 年。

李艳芳：《土家织锦生产性保护的现状研究》，硕士学位论文，中央民族大学，2012 年。

李怡、曾新洲：《乡村振兴战略背景下高职院校乡村工匠培养对策浅探》，《农村经济与科技》2019 年第 27 期。

李营、雷忠良：《高职教育培养工匠精神的思考与探索》，《中国职业技术教育》2018 年第 18 期。

李玉芬：《新时代职业教育产教融合生态圈的建构》，《教育与职业》2018 年第 20 期。

梁建华：《教育生态学视角下乡村小学教师学习环境研究》，硕士学位论文，贵州师范大学，2018 年。

梁蕾：《层次分析法的演进及其在竞争情报系统绩效评估中的应用》，《理论与探索》2015 年第 6 期。

林春蓉：《工匠精神视域下高职教育传承地方非遗服务水平调研报告——以黎明职业大学传承浔埔女服饰制作技艺为例》，《职业技术教育》2018 年第 5 期。

刘栋：《世界经济论坛聚焦"第四次工业革命"》，《人民日报》2016 年 1 月 25 日第 22 版。

刘芳：《致用致美：高职艺术设计教育的崇高目标》，《湖南师范大学教育科学学报》2008 年第 5 期。

刘红、涂三广：《改革开放四十年 产教融合育工匠——2018 年全国职业教育活动周综述》，《中国职业技术教育》2018 年第 16 期。

刘佳：《基于教育生态学的教师专业发展研究》，硕士学位论文，河北大学，2009 年。

刘康德：《论中国哲学中的"农夫"与"工匠"》，《复旦学报》（社会科学版）2009 年第 5 期。

刘莉亚、陈鹏：《元代系官工匠的身份地位》，《内蒙古社会科学（汉文版）》2003 年第 3 期。

刘望：《职业教育须培育弘扬劳模精神、工匠精神》，《湖南日报》2018 年 9 月 11 日第 8 版。

刘显泽：《打造"芙蓉工匠"助推"制造强省"》，《湖南日报》2016 年 10

月 26 日第 4 版。

刘祥柏：《论高职院校专业带头人的培养与管理》，《教育科学》2009 年第 4 期。

刘向兵：《思想政治教育视域下工匠精神的培育与弘扬》，《中国高等教育》2018 年第 10 期。

刘晓：《技皮·术骨·匠心——漫谈"工匠精神"与职业教育》，《江苏教育》2015 年第 11 期。

刘阳：《生态学视域下的学校共同体建设研究》，硕士学位论文，上海师范大学，2015 年。

刘颖：《我国职业教育政策的决策与实施研究》，《中国职业技术教育》2013 年第 24 期。

刘箴：《切片观察德国职业教育》，《光明日报》2012 年 12 月 22 日第 5 版。

娄权鑫：《工匠精神：没有工匠哪来精品——中国职业技术教育学会产教融合背景下工匠精神培育研讨会综述》，《中国职业技术教育》2018 年第 19 期。

卢建平、杨燕萍：《基于整体性治理的职业院校培育工匠精神的思考——以江西为例》，《职教论坛》2018 年第 2 期。

吕连宏：《广东省电力生态系统分析与调控研究》，博士学位论文，北京林业大学，2012 年。

罗琦：《"一带一路"背景下传媒赛事与"芙蓉工匠"的内涵及关系研究》，《教育教学论坛》2018 年第 2 期。

罗苑云：《职业教育现代化背景下学生工匠精神培养路径探索》，《黑龙江教育学院学报》2018 年第 9 期。

骆沙鸣：《职教的"全人教育"理念是培育"大国工匠"的摇篮》，《人民政协报》2018 年 6 月 20 日第 11 版。

马丹：《从"百工之术"到现代设计——〈装饰〉杂志研究（1958—2001）》，博士学位论文，东北师范大学，2014 年。

梅丽珍：《基于生态学理论的高等学校发展定位研究》，硕士学位论文，江西师范大学，2008 年。

聂清德、董泽芳：《一个值得高度关注的问题：城镇化背景下乡村教育生态危机》，《教育研究与实验》2015 年第 5 期。

聂清德、张健：《中国现代职业教育理论逻辑体系构建》，《大学教育科学》

2016 年第 5 期。

聂清德、周明星：《现代化背景下城市教育生态危机及其修复》，《中国教育学刊》2018 年第 3 期。

欧阳林洁：《高校生态文明教育的基本向度及应然路径》，《湖南科技学院学报》2018 年第 12 期。

庞博：《沈阳市环境技术政策研究》，硕士学位论文，东北大学，2010 年。

彭静昊：《当下醴陵釉下五彩瓷在设计创新过程中面临的主要问题》，《当代教育理论与实践》2013 年第 10 期。

钱铮、张羽程：《工匠精神引领大学生创新创业教育改革》，《中国成人教育》2018 年第 3 期。

邱耕田：《论整体性发展》，《北京大学学报》（哲学社会科学版）2017 年第 5 期。

沈国泉：《向着工艺美术强省迈进——湖南加快发展工艺美术产业的分析报告》，《中国集体经济》2012 年第 29 期。

沈言锦：《中国制造 2025 背景下高职院校芙蓉工匠培养对策研究》，《中国教育技术装备》2017 年第 16 期。

生延超：《湖南旅游人才需求预测模型的构建》，《湖南商学院学报》（双月刊）2004 年第 4 期。

宋小杰：《区域中等职业教育评价指标体系构建研究》，硕士学位论文，河北科技师范学院，2012 年。

隋姗姗、钱凤欢、王树恩：《我国创新创业人才培养路径探析——基于国外经验比较与创新创业教育生态系统构建的角度》，《科学管理研究》2018 年第 5 期。

孙翠香：《职业教育政策执行：一个函需厘清的概念》，《职教论坛》2015 年第 34 期。

孙慧宗、秦卫波：《中国环境污染控制经济激励政策述评》，《东北师大学报》（哲学社会科学版）2013 年第 4 期。

孙蕾、罗汝珍、唐小艳等：《湖南省高等职业院校经费投入的政策分析》，《当代教育论坛》2009 年第 5 期。

孙仁祥：《工匠精神是塑造品牌的灵魂》，《中国商论》2016 年第 7 期。

谈晓奇：《克雷明教育生态学理论述评》，硕士学位论文，华东师范大学，2006 年。

谭怀芝：《乡村中职学校卓越教师养成研究》，硕士学位论文，湖南农业大学，2017 年。

谭璐：《思想政治教育视野下大学生工匠精神培育研究》，《教育评论》2018 年第 9 期。

谭绍华、谭莉莎：《职业院校"工匠精神"教育的价值认知与行动策略建构》，《教育与职业》2018 年第 22 期。

唐华、林爱菊：《高校思想政治教育生态价值的实现路径》，《教育理论与实践》2018 年第 24 期。

唐利群：《基于现代学徒制的湘绣专业师资队伍建设研究》，《艺术教育》2017 年第 8 期。

唐利群：《企业在湘绣专业现代学徒制人才培养中的作用探究》，《产业与科技论坛》2015 年第 17 期。

唐利群：《湘绣人才培养模式的时代转型》，《艺术教育》2013 年第 2 期。

唐利群：《湘绣设计与工艺专业"现代学徒制"人才培养模式的构建与实践》，《教育教学论坛》2018 年第 18 期。

唐利群：《湘绣专业教育对行业企业经济推动作用研究》，《教育教学论坛》2014 年第 17 期。

陶蓉：《基于生态位理论的成人教育发展策略》，《中国成人教育》2018 年第 21 期。

陶文辉等：《基于工匠精神的职业教育人才培养实践研究》，《职教论坛》2017 年第 2 期。

田顺国：《湘绣的历史渊源（上）》，《文艺生活（艺术中国）》2010 年第 3 期。

田顺国：《湘绣的历史渊源（下）》，《文艺生活（艺术中国）》2010 年第 5 期。

汪锋：《基于"大国工匠"精神培育的高职教育文化建设路径探索》，《职教论坛》2017 年第 29 期。

汪建红：《边缘学校生态化与教师成长——以苏州为中心案例的实证研究》，硕士学位论文，苏州大学，2007 年。

汪中求：《日本工匠精神：一生专注做一事》，《解放日报》2015 年 8 月 17 日第 4 版。

王晨、杜霈霖：《关于大学生工匠精神培育的思考》，《黑龙江高教研究》

2018年第12期。

王飞：《湖南湘绣专业人才培养模式改革研究》，硕士学位论文，湖南师范大学，2013年。

王明伦：《高等职业教育发展错位分析及对策》，《教育与职业》2007年第12期。

王明伦：《中国高等职业教育发展的实证分析》，《职业技术教育》2007年第25期。

王青松、袁其谦：《新常态下湖南高职院校教育经费投入的路径优化》，《中国高等教育》2017年第2期。

王文涛：《刍议"工匠精神"培育与高职教育改革》，《高等工程教育研究》2017年第1期。

王晓漪：《"工匠精神"视域下的高职院校职业素质教育》，《职教论坛》2016年第32期。

王旭东：《"大国工匠奖"别具匠心》，《福建日报》2018年3月6日第10版。

王亚南、石伟平：《转型发展背景下高职院校专业带头人角色定位的实证研究》，《中国职业技术教育》2017年第15期。

王妍、米靖：《从日本"职业生涯教育"论其工匠精神的培育机制》，《中国职业技术教育》2018年第18期。

王悠：《产教融合打造工匠型人才队伍的"孵化器"——以温州为例》，《中国高校科技》2018年第6期。

王志凤：《教育生态学视野农村教师专业学习的研究》，硕士学位论文，华东师范大学，2015年。

王志伟：《生态平衡规律对我国成人教育结构失衡的启示》，《中国成人教育》2018年第16期。

魏春羊：《乡村工匠柳暗花明又逢春》，《发展导报》2018年4月10日第4版。

文苗：《高技能人才成长规律及培养模式研究》，硕士学位论文，湖南农业大学，2016年。

吴斐、杨永和：《生态取向下民族地区大学英语教师专业发展模式研究》，《贵州民族研究》2018年第10期。

吴立行：《工匠·功能·风格——中国古代人物作品的三个例证》，博士学位论文，中央美术学院，2008 年。

吴婷：《基于现代学徒制的"工匠精神"培育路径与载体构建》，《职业技术教育》2018 年第 25 期。

伍慧玲：《农业供给侧改革下高职院校培育乡村工匠研究》，《农村经济》2018 年第 2 期。

武秀珍：《我国高职院校实训基地建设的基本问题研究》，硕士学位论文，山西大学，2016 年。

夏娜：《乡村中学校内教育生态培育研究》，硕士学位论文，湖南大学，2018 年。

肖东：《我国高等学校大学生培养过程中的生态学现象透析——以闽江学院为例》，硕士学位论文，福建农林大学，2009 年。

肖凤翔等：《"样式雷"世家工匠精神培养的现代教育意蕴》，《河北师范大学学报》（教育科学版）2017 年第 5 期。

肖群忠等：《工匠精神及其当代价值》，《湖南社会科学》2015 年第 6 期。

谢霄男、李净：《现代学徒制下"工匠精神"的培育——以工科高校为例》，《中国高校科技》2018 年第 4 期。

谢祝清：《古代工匠技艺教育内容解读》，《牡丹江大学学报》2013 年第 4 期。

邢智强：《"工匠精神"融入职业教育的理论分析与路径探索》，《农村经济与科技》2017 年第 24 期。

熊丙奇：《普及高中教育须认真推进普职融合》，《中国青年报》2018 年 1 月 22 日第 10 版。

熊蕾：《以工匠精神为核心的高职学生职业素养培育机制探究》，《教育与职业》2017 年第 24 期。

徐春辉：《德国"工匠精神"的发展进程、基本特征与原因追溯》，《职业技术教育》2017 年第 7 期。

徐桂庭：《职业教育政策的执行环境、实施效果及障碍因素分析——基于对青岛的案例研究》，《中国职业技术教育》2014 年第 20 期。

徐昊：《古埃及拉美西斯时代麦地那工匠村经济管理文献研究》，博士学位论文，东北师范大学，2012 年。

徐浩：《法律身份、人日比例和收入水平——论中世纪西欧工匠的几个问题》，《史学理论研究》2013 年第 1 期。

徐宏伟：《工匠精神的"理性"基础及其职业教育实现路径》，《教育发展研究》2018年第1期。

徐宏伟：《工匠精神的"理性之维"及其在职业教育中的培育策略》，《职教论坛》2018年第2期。

徐朔：《职教师资培养的基本属性和课程设置问题》，《职教通讯》2005年第10期。

徐晓丹、陈友君：《教育生态视域下高校协同创新激励机制构建》，《教育评论》2018年第10期。

徐兴旺：《创新创业教育视角下高职学生工匠精神培育》，《中国职业技术教育》2017年第22期。

徐赞：《教育政策评价分析的理论构建与实践反思》，硕士学位论文，沈阳师范大学，2011年。

许刚：《高校科研团队学术生态系统分析与优化》，博士学位论文，河北工业大学，2012年。

薛东：《论中国古代工匠精神的价值意蕴》，《职教论坛》2013年第34期。

闫广芬等：《工匠精神的教育向度及其培育路径》，《高校教育管理》2017年第6期。

严奇岩：《清水江流域林业碑刻的生态教育功能》，《中华文化论坛》2018年第10期。

颜梓：《湖湘工匠精神的学校传承研究》，硕士学位论文，湖南农业大学，2017年。

杨丹：《基于文化生态学的河北工程大学校前空间整合设计研究》，硕士学位论文，河北工程大学，2014年。

杨红荃、苏维：《基于现代学徒制的当代"工匠精神"培育研究》，《职教论坛》2016年第16期。

杨立峰：《匠作·匠场·手风——滇南"一颗印"民居大木匠作调查研究》，博士学位论文，同济大学，2005年。

杨生文：《大国工匠精神是什么？（一）》，《职业》2017年第6期。

杨同毅：《高等学校人才培养质量的生态学解析》，博士学位论文，华中科技大学，2010年。

杨霞霞：《中德高职教育校企关系的比较研究》，硕士学位论文，宁波大学，2017年。

杨雅涵、潘劲：《高等职业教育中工匠精神的培育路径》，《教育评论》2018年第11期。

杨震：《德阳市"十一五"人才需求预测系统》，硕士学位论文，四川大学，2006年。

姚先国：《德国人的"工匠精神"是怎样炼成的》，《人民论坛》2016年第6期。

姚小玲、张雅婷：《美国斯坦福大学创新创业教育生态系统探究》，《山西大学学报》（哲学社会科学版）2018年第5期。

叶桉、刘琳：《略论红色文化与职业院校当代工匠精神的培育》，《职教论坛》2016年第34期。

叶丹、周永雄：《教育生态学视域下教学服务型大学课程建设的技术逻辑》，《贵州社会科学》2018年第8期。

叶美兰等：《工匠精神的当代价值意蕴及其实现路径的选择》，《高教探索》2016年第10期。

易禹琳：《湖南新增3名中国工艺美术大师》，《湖南日报》2018年5月15日第2版。

尹自强：《思政教育也需要"工匠精神"》，《人民论坛》2018年第16期。

于辉、王海权、张伟等：《向农村贫困学生家庭延伸的乡村工匠培训模式研究》，《黑龙江生态工程职业学院学报》2018年第4期。

余同元：《中国传统工匠现代转型问题研究——以江南早期工业化过程中工匠技术转型与角色转换为中心（1520—1920）》，博士学位论文，复旦大学，2005年。

俞国良、李建良、王勍：《生态系统理论与青少年心理健康教育》，《教育研究》2018年第3期。

岳小花：《可再生能源经济激励政策立法研究》，《江苏大学学报》（社会科学版）2018年第2期。

曾颖：《从"十行百优"到"五湘"竞赛：我省工会打造"湖湘工匠"的培养体系》，《湖南工人报》2016年6月13日第1版。

张宝洲：《宗教图式中的"工匠"概念——宗教图式的创制与沿袭问题》，《世界宗教文化》2010年第3期。

张凤丽：《教育生态学视野中的学校发展研究》，硕士学位论文，福建师范大学，2010年。

张高科:《让工匠精神成为农资行业发展基因》,《中国农资》2016 年第 21 期。

张宏、孙宏兴、徐涛等:《高职院校学生工匠精神培育效果影响因素研究》,《中国职业技术教育》2018 年第 9 期。

张宏运:《即将消失的乡村工匠》,《商洛日报》2017 年 3 月 23 日第 5 版。

张娟娟:《工匠精神在职业教育中的回归与重塑》,《职教论坛》2016 年第 35 期。

张丽:《试论高等教育产业调控的法律模式选择》,《中北大学学报》(社会科学版)2018 年第 1 期。

张玲:《产学研结合,振兴湘绣产业》,《中国文化报》2012 年 10 月 8 日第 2 版。

张苗苗:《思想政治教育视野下工匠精神的培育与弘扬》,《思想教育研究》2016 年第 10 期。

张培培:《互联网时代工匠精神回归的内在逻辑》,《浙江社会科学》2017 年第 1 期。

张新平:《简论教育政策的本质、特点及功能》,《江西教育科研》1999 年第 1 期。

张雪峰、姜旭德、张密丹等:《基于"工匠"培育的高等职业教育人才培养模式探究》,《教育探索》2018 年第 3 期。

张义俊、陈蒙:《文化育人视野下高职工匠精神培育的困顿、成因与破解路径》,《职业技术教育》2018 年第 25 期。

赵琴琴、陈寒:《高校强化学生职业道德与工匠精神培养的研究》,《中国成人教育》2018 年第 1 期。

赵卫国:《从康德技艺概念之内涵看人为与自然的矛盾与统一》,《天津社会科学》2014 年第 5 期。

郑晓锋:《克雷明教育生态学理论探究》,硕士学位论文,浙江师范大学,2010 年。

郑叶慧、李珂靓、余婷华等:《乡村振兴背景下传统乡村工匠的现代转型与培养探究》,《当代经济》2019 年第 8 期。

周光明:《浅谈高职教育中学生主体与教师主导的双重作用》,《成人教育》2004 年第 8 期。

周宏伟:《职业教育校企关系的"合作"与"分离"之辨》,《职教论坛》

2017年第31期。

周建军等:《"工匠精神":厚植医学生的人文素质与职业道德教育》,《中国职业技术教育》2016年第20期。

周建松:《高职院校专业带头人建设机制研究》,《高等工程教育研究》2011年第6期。

周建松:《正确把握高职院校长的职责与使命》,《中国高等教育》2013年第22期。

朱红根、黄贤金:《环境教育对农户湿地生态补偿接受意愿的影响效应分析——来自鄱阳湖区的证据》,《财贸研究》2018年第10期。

朱家存:《嵌入工匠精神:新时代教师教育改革的理念与路径》,《安徽师范大学学报》(人文社会科学版)2018年第6期。

朱婕:《教育生态学视野下高职院校发展研究》,硕士学位论文,华中师范大学,2010年。

朱俊:《合作型职业教育投入占用产出模型构建及应用——职业教育政策评价研究》,《江苏大学学报》(社会科学版)2013年第6期。

朱琴等:《日本工匠精神的产生及其历史演变》,《云南社会科学》2018年第3期。

朱颂梅:《基于工匠培养的高等职业教育供给侧创新策略》,《职教论坛》2017年第34期。

朱咏北:《基于田野调查的湖南花鼓戏传承发展研究》,《音乐探索》2016年第5期。

朱忠华、王丽英:《从"德国"到"本土"从"现代学徒"到"大国工匠"》,《中国教育报》2016年5月24日第4版。

祖钦先:《论技能大师培养与管理中的"四大关系"》,《中国培训》2018年第4期。

左璐:《生态学视域下农村社区职业教育助推精准扶贫的价值与路径》,《职教论坛》2018年第10期。

英文文献

Jennifer Lin Russell, Karen Knutson, Kevin Crowley, "Informal Learning Organizations as Part of an Educational Ecology: Lessons from Collaboration Across the Formal-informal Divide", *Journal of Educational Change*,

Vol. 14, No. 3, 2013.

Siddheshwar Rameshwar Bhatt, *Ecological Balance and Eco – education*, Singapore: Springer Singapore, 2018.

Michael Bonnett, "Environmental Consciousness, Sustainability, and the Character of Philosophy of Education", *Studies in Philosophy and Education*, Vol. 22, No. 3, 2017.

Michael Bonnett, Christine Doddington, "Primary Teaching: What has Philosophy to Offer?" *Cambridge Journal of Education*, Vol. 20, No. 2, 1990.

Bonal Xavier, "Expansion of New Vocationalism and Realities of Labour Market: View from the Spanish Periphery", *Journal of Education and Work*, Vol. 14, No. 2, 2001.

Finegold, D., "Creating Self – sustaining, High – skill Ecosystems", *Oxford Review of Economics*, Vol. 15, No. 1, 1999.

Grubb W. N., "The New Vocationalism in the United States: Returning to John Dewey", *Educational Philosophy & Theory*, Vol. 28, No. 1, 1996.

Francesca Froy, *Local Strategies for Developing Workforce Skills*, In. Froy, F., Giguère, S. and Hofer, A. Designing Local Skills Strategies, Paris: OECD Publishing, 2009.

Bragg D., "Opportunities and Challenges for the New Vocationalism in American Community Colleges", *New Directions for Community Colleges*, Vol. 2001, No. 115, 2001.

Denise Mitten, Tonia Gray, Sandy Allen – Craig, Etc., "The Invisibility Cloak: Women's Sontributions to Outdoor and Environmental Education", *The Journal of Environmental Education*, Vol. 49, No. 4, 2018.

Michael Bonnett, "Environmental Education and Beyond", *Journal of Philosophy of Education*, Vol. 13, No. 2, 1997.

Michael Bonnett, *Ecology and Environmental Education*, Berlin: Springer International Publishing, 2018.

David Meek, "Learning as Territoriality: the Political Ecology of Education in the Brazilian Landless Workers' Movement", *The Journal of Peasant Studies*, Vol. 42, No. 6, 2015.

Hayward, G. C., & Benson, C. S., *Vocational – technical Education: Major*

Reforms and Debates 1917 – *Present*, Washington, DC: US. Department of Education, Office of Vocational and Adult Education, 1993.

Castellano, Marisa, etc., "Secondary Career and Technical Education and Comprehensive School Reform: Implications for Research and Practice", *Review of Education Research*, Vol. 73, No. 2, 2003.

Levesque, K., Laird, J., Hensley, E., Choy, S. P., Cataldi, E. F., and Hudson, L., *Career and Technical Education in the United States*: 1990 to 2005, Washington, DC: National Center for Education Statistics, Institute of Education Sciences, U. S. Department of Education, 2008.

David Meek, "Towards a Political Ecology of Education: the Educational Politics of Scale in Southern Pará, Brazil", *Environmental Education Research*, Vol. 21, No. 3, 2015.

Charles O. Jones, *An Introduction to the Study of Public Policy* (2nd ed.), North Scituate, Mass: Duxbury Press, 1977.

Fabrice DeClerck, Jane Carter Ingram, *Introduction: Gender, Education and Ecology*, New York: Springer New York, 2012.

Michael Bonnett, "Education for Sustainable Development: a Coherent Philosophy for Environmental Education?" *Cambridge Journal of Education*, Vol. 29, No. 3, 1999.

Colleen McLaughlin, "Bullets or Butterflies? Teaching, Research and Knowledge Creation", *Zeitschrift für Erziehungswissenschaft*, Vol. 18, No. 3, 2012.

Dyer J. H., Singh H., "The Relational View: Cooperative Strategy and Sources of Interorganizational Competitive Advantage", *Academy of Management Review*, Vol. 23, No. 4, 1998.

Gray, K., "Vocationalism and the American High School: Past, Present, and Future", *Journal of Industrial Teacher Education*, Vol. 33, No. 2, 1996.

Gregson, J. A., "The School – to – work Movement and Youth Apprenticeship in the U. S: Educational Reform and Democratic Renewal", *Journal of Industrial Teacher Education*, Vol. 32, No. 3, 1995.

Charles S. Benson, "New Vocationalism in the United States: Potential, Problems and Outlook", *Economics of Education Review*, Vol. 16, No. 3, 1997.

B. Jeannie Lum,"Peace Education: Past, Present, and Future", *Journal of Peace Education*, Vol. 10, No. 2, 2013.

Michael Bonnett,"Education for Sustainability as a Frame of Mind", *Environmental Education Research*, Vol. 8, No. 1, 2002.

Denise Mitten, *Connections, Compassion, and Co – healing: The Ecology of Relationships*, Sin – gapore: Springer Singapore, 2017.

Jenny Nilsson, Nihad Bunar, "Educational Responses to Newly Arrived Students in Sweden: Understanding the Structure and Influence of Post – Migration Ecology", *Scandinavian Journal of Educational Research*, Vol. 60, No. 4, 2016.

Renaud Vidal,"Managing Uncertainty: The Engineer, the Craftsman and the Gardener", *Contingencies & Crisis Man*, Vol. 23, No. 2, 2015.

Gordon, Howard R. D., *The History and Growth of Career and Technical Education in America (3rd ed.)*, Long Grove, USA.: Waveland Press, 2008.

电子文献

陈尽美、陈童:《深入推进新时代职业能力建设 大力培养"湖湘工匠"》,湖南民生网,http://www.hnmsw.com/show_article_90637.html,2018年5月22日。

湖南工艺美术职业学院:《湖南省首届传统工艺振兴发展论坛在我校召开,湖南传统工艺研究院正式成立》,湖南工艺美术职业学院网,http://www.hnmeida.com.cn/info/1060/2441.htm,2018年12月21日。

湖南工艺美术职业学院:《学校简介》,湖南工艺美术职业学院网,http://www.hnmeida.com.cn/mygk.htm,2018年9月16日。

江珊:《国家级技能大师李建国带出"金牌"实训教学团队》,北方网,http://news.enorth.com.cn/system/2018/09/11/036104920.shtml,2018年9月11日。

醴陵市陶瓷烟花职业技术学校:《学校简介》,醴陵市陶瓷烟花职业技术学校网,http://www.llzz.cn/xxgk.html?introId=1,2018年9月16日。

刘莲玉:《弘扬工匠精神 培育湖湘工匠》,论道湖南网,https://ldhn.rednet.cn/c/2017/05/12/4291596.htm,2017年5月12日。

刘银艳:《湖南高技能人才达112万人》,新浪新闻网,http://

news. sina. com. cn/o/2017 – 09 – 25/doc – ifymeswc9705429. shtml，2017年9月25日。

龙腾：《2017中国醴陵国际陶瓷产业博览会28日开幕20项活动等你来》，华声在线网，http：//hunan. voc. com. cn/article/201709/201709202051459588. html，2017年9月20日。

明健飞、王一：《株洲醴陵釉下五彩瓷"西点军校"百年传承的新起点》，株洲文明网，http：//hnzz. wenming. cn/wh/201312/t20131219_946186. htm，2013年12月19日。

万丽君：《湖南职业教育融入湖湘特色 致力培养"芙蓉工匠"》，湖南人民网，http：//hn. people. com. cn/n2/2018/0619/c337651 – 31719349. html，2018年6月19日。

吴朝辉：《浅谈湖南花鼓戏的现状与趋势》，人民网，http：//people. rednet. cn/PeopleShow. asp？ID = 1737741，2013年10月12日。

现代汽车公司：《人才招聘》，现代汽车官网，http：//www. hyundai. com/cn/zh/AboutUs//Career/index. html，2015年3月22日。

中国高职发展智库：《2017年全国高职院校生均拨款大盘点，仅六成院校达标》，搜狐网，http：//www. sohu. com/a/241399392_ 451178，2018年7月16日。

附录1 调查问卷

乡村工匠教育生态系统调控评价指标体系调查问卷
（专家问卷初稿）

尊敬的专家：

您好！

我是《乡村工匠教育扶贫的生态学研究》课题负责人，正在开展乡村工匠教育生态系统评价与调控研究。构建乡村工匠教育生态系统调控评价体系是为了更好地调控系统良性运行，发挥培育乡村工匠的最佳效益，服务于乡村传统工艺市场和非物质文化遗产的传承。为了科学、合理地构建此套评价指标体系，鉴于您是本研究领域的专家，恳请您在百忙之中完成此份问卷的调查，并请提出宝贵意见，非常感谢您的帮助！

编号：

2018年7月

一、请您根据重要程度对下表乡村工匠教育生态系统评价评价指标按照5分制进行评分，并给出分值。

评分标准：非常重要，5分；重要，4分；较重要，3分；不重要，2分；非常不重要，1分。

附录1　调查问卷

序号	初选指标	评分	序号	初选指标	评分
1	学生		18	教学设备	
2	专业带头人		19	师生比例	
3	专业教师		20	生均寝室面积	
4	技能大师		21	生均经费投入	
5	文化课教师		22	生均体育锻炼场地面积	
6	校长		23	教育政策	
7	系主任		24	乡村工匠地位	
8	班主任		25	社会舆论	
9	辅导员		26	市场需求	
10	实习指导教师		27	入学条件	
11	宿舍管理员		28	课程设置（教学内容）	
12	图书管理员		29	技能标准	
13	学校区位		30	教学氛围	
14	校舍面积		31	师生关系	
15	实训基地		32	师徒关系	
16	实训工位		33	校企合作关系	
17	学校生均图书册数		34	校园文化活动	

二、您认为乡村工匠教育生态系统调控评价指标是否存在需要删减、增加或合并的指标？如果有，请说明：

感谢您的帮助，最后请填写您的个人信息，以方便我们统计分析

姓　　名：＿＿＿＿＿＿＿＿　　　年　　龄：＿＿＿＿＿＿＿＿

学　　历：＿＿＿＿＿＿＿＿　　　职　　称：＿＿＿＿＿＿＿＿

工作时间：＿＿＿＿＿＿＿＿　　　联系电话：＿＿＿＿＿＿＿＿

再次感谢您的支持和帮助！祝您工作顺顺意，生活愉快！

附录2 调查问卷

乡村工匠教育生态系统调控评价指标体系调查问卷
（专家问卷最终稿）

尊敬的专家：

您好！

我是《乡村工匠教育扶贫的生态学研究》课题负责人，正在开展乡村工匠教育生态系统评价与调控研究。构建乡村工匠教育生态系统调控评价体系是为了更好地调控系统良性运行，发挥培育乡村工匠的最佳效益，服务于乡村传统工艺市场和非物质文化遗产的传承。为了科学、合理地构建此套评价指标体系，鉴于您是本研究领域的专家，恳请您在百忙之中完成此份问卷的调查，非常感谢您的帮助！

编号：

2018年10月

一、请您根据重要程度对下表乡村工匠教育生态系统调控评价指标按照5分制进行评分，并给出分值。

评分标准：非常重要，5分；重要，4分；较重要，3分；不重要，2分；非常不重要，1分。

序号	最终指标	评 分	序号	最终指标	评 分
1	学生		16	教学设备	
2	专业带头人		17	师生比例	
3	专业教师		18	生均寝室面积	
4	技能大师		19	生均经费投入	
5	文化课教师		20	教育政策	
6	校长		21	乡村工匠地位	
7	系主任		22	社会舆论	
8	班主任		23	市场需求	
9	辅导员		24	入学条件	
10	实习指导教师		25	课程设置（教学内容）	
11	学校区位		26	技能标准	
12	校舍面积		27	教学氛围	
13	实训基地		28	师徒关系	
14	实训工位		29	校企合作关系	
15	学校生均图书册数		30	校园文化活动	

二、您认为乡村工匠教育生态系统调控评价指标是否存在需要删减、增加或合并的指标？如果有，请说明：

感谢您的帮助，最后请填写您的个人信息，以方便我们统计分析

姓　　名：＿＿＿＿＿＿　　　年　　龄：＿＿＿＿＿＿

学　　历：＿＿＿＿＿＿　　　职　　称：＿＿＿＿＿＿

工作时间：＿＿＿＿＿＿　　　联系电话：＿＿＿＿＿＿

再次感谢您的支持和帮助！祝您工作顺顺意，生活愉快！

附录3　访谈提纲

《乡村工匠教育生态系统研究》学生访谈提纲

编号_____

访问对象简介（年龄、专业、年级、籍贯、来自城市或乡村）：

1. 请您谈谈您的学习和生活经历？学习过程中有哪些成就？遇到过哪些挫折，如何应对？
2. 您为什么要学习这门技艺？后面有没有不想学的念头？为什么？
3. 您认为您能学好这门技艺吗？您觉得具有什么特征的人更容易学好这门技艺？
4. 您对传授给您技艺的大师感觉如何？为什么有这样的感觉？
5. 您认为什么样的环境条件更有利于该门技艺的学习？
6. 您是否已经掌握这门技艺？是如何学到的？
7. 您是如何来学习那些内隐性技能和知识的？
8. 您认为影响技艺学习的因素有哪些？其中关键因素有哪些？
9. 您日常的学习材料有哪些？您认为这些材料是否适合您的学习？
10. 您知道当前保护该门技艺的政策吗？如果知道请举例。
11. 您认为该门技艺会给您带来哪些收益？请说明。
12. 您觉得学习这门技艺的人数是多了还是少了？为什么会出现此种情况？
13. 您觉得您的同学是否喜爱这门技艺？他们的技艺水平是否较高？
14. 您知道该门技艺是非物质文化遗产吗？毕业以后是否会从事该门技艺工作？
15. 您认为当前该门技艺人才培养模式是否合理？为什么？

附录4 访谈提纲

《乡村工匠教育生态系统研究》技能大师访谈提纲

编号：_____

访问对象简介：

1. 请您介绍您成长和技艺学习的经历？
2. 您认为成为优秀的乡村工匠（技能大师）要具备哪些素质？哪些素质最关键？
3. 您曾经是否有放弃学习这门传统技艺的想法？为什么有此种想法？
4. 您认为学习这门技艺是否要有一定的天赋？工匠精神对技艺学习是否有重要影响？
5. 您在学习技艺的过程中遇到了哪些困难？您怎么克服这些困难？
6. 目前，学习这门技艺的人与以前相比有什么变化？主要是什么样的人在学？为什么？
7. 这门技艺的主要工艺流程或技法有哪些？在您看来学好这门技艺的关键点在哪里？您进行了哪些教学改革？教学效果如何？
8. 请您举例说明该门技艺的传授过程？您认为应该怎样传授内隐性技能给学生，让他们理解和掌握？
9. 您认为哪些因素（包括外部因素和内部因素）会影响您的技能传授效果？
10. 您认为什么样的环境（政治环境、经济环境、社会环境、文化环境和技术环境）更有利于技艺的传授？
11. 您认为乡村工匠教育生态系统应该建立什么样的评价体系更有利

于优秀乡村工匠的培养？

12. 您认为乡村工匠教育生态系统应该怎样调控才能发挥其最大效应？

13. 政府对乡村工匠培育是否重视？对乡村工匠教育生态系统有没有什么激励政策？

14. 政府对乡村工匠有哪些激励政策？

附录5　部分乡村工匠学习者、教育者、教育管理者访谈记录

部分乡村工匠学习者访谈记录

访谈时间：2018年10月22日上午。

访谈对象：湘西民族职业技术学院民族服装与服饰（扎染）、民族传统技艺两个专业的学生杨雪（泸溪县人）、晏明艳（保靖县人）和杨梅玲（泸溪县人）。

访谈内容：

①您为什么要学习这门技艺？后面有没有不想学的念头？为什么？

杨雪：因为对该门技艺有兴趣，很愿意学习，有利于技艺的传承和创新。

晏明艳：有时会有一点兴趣，不是很愿意学习。因为这门技艺不是我想要学习的。

杨梅玲：没有兴趣，是父母要我到这里来学习的，所以才选择了这个专业。

②您曾经是否有放弃学习这门传统技艺的想法？为什么有此种想法？

杨雪：没有，这门技艺虽然难学，但从没有放弃学习的想法。

晏明艳：有，因为学习这门技艺需要有耐心、能吃苦，且要坐得住，还要一定的理解力和想象力。

杨梅玲：有，因为我根本就对这门技艺不感兴趣，无心学习。

③您对传授给您技艺的大师感觉如何？为什么有这样的感觉？

杨雪：感觉很亲切，技能大师不但技艺精湛，而且传授技艺时和蔼可亲，不像传统的师傅带徒弟，以打骂的方式来教育学生。

晏明艳：感觉还好，因为技能大师从不用低俗的语言训斥我们。

杨梅玲：一般，技能大师的技艺虽然高超，但我是被迫来学习这门技

艺的。

④您认为什么样的环境条件更有利于该门技艺的学习？

杨雪：要有安静的学习环境，师生关系好。

晏明艳：老师要有高超的技艺，能让学生产生羡慕感和崇拜感。从而驱动学生学习，让学生日后也想成为像老师一样的技能大师。

杨梅玲：老师还要有良好的教学能力，因材施教，对于不同个性的学生能采用不同的教学方法，让学生找到适合于自己学习技艺的方法。

⑤您是否已经掌握这门技艺？是如何学到的？

杨雪：基本掌握这门技艺。我认为，学习该门技艺，一是要多听老师讲解，多看老师示范。老师的讲解、示范属于理论与实践相结合的教学方法，对于手工技艺的传授很重要。如只讲解无示范，对于学生来说，就是纸上谈兵，学生无从下手，也就永远不知道技艺的实际操作流程，可能一辈子学不会该门技艺。二是学生自己一定要勤学苦练。俗话说"熟能生巧"，技艺的习得离不开一遍又一遍的练习。如果吃不了苦，坐不住，耐不住寂寞，要想达到国家级技能大师叶水云这样的技艺水平无异于痴人说梦。

晏明艳：目前，我还是大一学生，只掌握土家织锦和苗绣的部分技艺。刚才杨雪同学讲得非常好。我还补充一点，要学到技艺，感觉、领悟、反思很重要。任何一项手工技艺的持续、步骤都有规律，比如我们学习苗绣，第一步，花样和粘花。手艺熟练者，可在绣帛上直接画样刺绣；手艺不够熟练者，就要在绣帛的布料上粘上摆上图案的复写纸，才能刺绣。第二步，上绷架。第三步，配线。第四步，刺绣。第五步，绞边缝合。我们就要思考为什么是这样的步骤，如果不这样，会出现什么样的情况。师傅刺绣的作品为什么比我刺绣的作品更具有美感。下次刺绣时，我应该注意哪些问题。

杨梅玲：正在学习当中。我认为要学好该门技艺，还要多向技能大师老师请教，多问；多与同学交流学习。孔子曾说："敏而好学，不耻下问。"古代有成就的技艺大师都是在"不耻下问"的胸襟下成为一代宗师。如棉纺织家黄道婆勤学好问，掌握了高超纺织技术，造福了家乡百姓。

⑥您认为该门技艺会给您带来哪些收益？请说明。

杨雪：又多了一门技艺，多了一项社会生存本领。

晏明艳：可以获得收入，减轻家庭的经济负担。

杨梅玲：可以把中国优秀的传统技艺继承好，并发扬光大。俗话说"技多不压身"，传统技艺文化价值提升了我的精神境界。

⑦您觉得学习这门技艺的人数是多了还是少了？为什么会出现此种情况？

杨雪：我觉得学习这门技艺的人数少了。可能存在以下原因，一是该门技艺难学。我们班有3名学生因学不会就主动放弃了苗绣。二是有些学生没有耐心。精湛的技艺需要在坚守和寂寞中获得。我们一些同学受浮躁社会的影响，想不吃苦，想在短时间内成功。而手工技艺的学习与成名是与这些同学的想法相悖的。不见风雨，不可能见到彩虹。

晏明艳：我觉得学习这门技艺的人数少了。还可能存在这些原因，第一，毕业生走上社会就业，经济收入较差。社会上除了一些著名的技能大师，一般的刺绣师傅每月的薪资用在保障个人的基本生活后就所剩不多，限制了精神生活方面的消费发展。第二，就业岗位少。到每年的毕业季，有些毕业生因需求岗位的不足而不得不改行从事其他工作。

杨梅玲：我觉得，现在学习这门技艺的人数越来越少。这可能也与现代社会观念有关。现在，社会流行"经济至上"的思潮，没有钱，就没有地位，没有老婆和孩子，没有幸福的家庭。在许多人的眼里，金钱就是幸福。所以，社会上许多家庭都把想子女送到能赚大钱的专业学习，对于不赚钱的手工技艺专业视而不见。

⑧您知道该门技艺是非物质文化遗产吗？毕业以后是否会从事该门技艺工作？

杨雪：我知道该门技艺是非物质文化遗产，毕业后会从事该门技艺工作。

晏明艳：知道，但毕业后还不确定会从事该门技艺工作。

杨梅玲：知道，毕业后将从事该门技艺工作。

⑨您认为当前该门技艺人才培养模式是否合理？为什么？

杨雪：我认为该门技艺人才培养模式还需要改进。如关于该门技艺的理论书籍较少，需要多编辑，或多购买，来提升我们的理论学习水平。现在，很多老师教学都是根据教学作品来教学，他们的实践教学水平都很高，但在理论教学上，推理、归纳、总结和概括能力还要提升。

晏明艳：我认为该门技艺人才培养模式还需要改进。如，因学校教学经费有限，购买的教学材料不多，使我们不能进行充分的练习，导致技艺的熟练程度和创作能力不高。如何解决技艺人才培养经费成为当前的迫切任务。

杨梅玲：希望学校给我们多举办一些传统技能大赛，让我们每一个学生都有参加技能大赛、展示技能才华和锻炼自己才干的机会，这样，我们毕业后才能更好地服务社会，得到社会的尊重。

访谈时间：2018年10月22日下午。

访谈对象：吉首市职业中等专业学校服装设计与工艺（民族织绣）专业的学生李贤（凤凰县人）、杨雨霞（泸溪县人）、向龙芝（泸溪县人）和张雪婷（泸溪县人）。

访谈内容：

①您为什么要学习这门技艺？后面有没有不想学的念头？为什么？

李贤：是爸爸叫我来学习的，自己也就服从了。有不想学的念头，因为太难学了。

杨雨霞：自己有兴趣，愿意学习。没有不想学的念头，愿意为学习该门技艺吃苦耐劳。

向龙芝：是父母要我到这里来学习的。因为苗绣的蜡染技术难学，所以有不想学想念头。

张雪婷：因为这个专业的学费较低，加上自己又没考上高中，所以就过来学习这门技艺了。不想学，因为学习难度较大。

②您曾经是否有放弃学习这门传统技艺的想法？为什么有此种想法？

李贤：没有这种想法。

杨雨霞：有此种想法，因为我的学习基础差，不能吸收师傅传授的技艺本领。学习该门技艺的学生要比较聪明，有上进心，学习能力强，我还要努力学习。

向龙芝：没有这种想法。虽然是父母要我来学习的，但学习技艺不容易，既然已经学习了，就不应该放弃。如果放弃，就会让人瞧不起。

张雪婷：曾经有放弃学习的想法，因为我看到社会对传统技艺的重视程度不够，乡村工匠的社会地位不高，且经济收入较低。

③您对传授给您技艺的大师感觉如何？为什么有这样的感觉？

李贤：师傅技艺高超，好厉害（技艺精湛）。因为他们做出的作品不但美观，且文化价值和艺术价值高。

杨雨霞：很敬佩师傅，技艺水平高，教学热情，总是不厌其烦向我们传授技艺。

向龙芝：觉得师傅就是巧夺天工的神仙，做出的作品美轮美奂，令人叫绝，我们这些学生都望尘莫及。

张雪婷：师傅太厉害了，其创作能化腐朽为神奇，点石成金，我们看了师傅的作品都会情不自禁地沉浸在美的视觉盛宴里，觉得不可思议。

④您认为什么样的环境条件更有利于该门技艺的学习？

李贤：课堂气氛好，师生配合默契。

杨雨霞：老师技艺水平高，学生愿意学习。

向龙芝：老师要关爱学生，要成为学生的好朋友。知道学生内心的想法，并能走进学生的心田。这些条件有利于我们对技艺的学习。

张雪婷：学校要多置办实习器材，提供充足的实训工位。现在，我们全班同学因实训岗位不足，导致只能分批进行实训，影响了教学进度和学习进度。

⑤您是否已经掌握这门技艺？是如何学到的？

李贤：还没有掌握这门技艺，需要继续加强学习。我认为，学习技艺要循序渐进，只有通过不断的摸爬打滚，磨炼自己的心性，刻苦练习，假日时日，才能终成大器。从古至今，能留名青史的工匠大师无一不是通过勤学好问才掌握精妙绝伦的技艺。我们应该学习和弘扬他们的伟大工匠精神。

杨雨霞：只掌握苗绣的部分技艺。我要掌握这门技艺，还需要继续刻苦学习。

向龙芝：还在继续学习当中。我认为要学好苗绣技艺，就要把心融进苗绣当中来，能屏气凝神，排除思想杂念，一心一意，专心练习，才能取得较好成就。

张雪婷：还要多向技能大师老师学习。我觉得，学校应该延长学生技艺学习时间，如安排五年制或六年制的教育体制。现在，我们的技艺学习时间太少了，而学习的技法有多，基本是囫囵吞枣，理解不了，吸收不了，以致做出的作品质量不高。

⑥您认为该门技艺会给您带来哪些收益？请说明。

李贤：可以增加经济收入，促进技艺的传承发展。

杨雨霞：能提升我自己对技艺价值的认识，可以为家庭增加收入，改变人们对我的看法，让人们尊重我的职业选择，尊重传统技艺文化。

向龙芝：可以增加我的经济收益、社会收益和文化收益。

张雪婷：可以让我保留中国的传统技艺文明，并继续传承下去，为国家和社会服务。

⑦您觉得学习这门技艺的人数是多了还是少了？为什么会出现此种情况？

李贤：我觉得学习这门技艺的人数少了。因为该门技艺难以产生巨大的经济效益。技艺学习的成本与技艺掌握所产生的经济收益不成比例，学生学习技艺的时间成本和经济成本过高，而掌握技艺走上社会、参加工作所获得的经济收益较少。所以学习的人越来越少。

杨雨霞：我觉得学习这门技艺的人数少了。因为现在工匠的社会地位不高，社会对工匠的依存度较低，再加上人们对手工艺术品的艺术审美素养较低，使得越来越多的学生不愿意学习民族传统技艺。

向龙芝：我觉得学习这门技艺的人数少了。还可能存在这些原因，第一，传统技艺学习难度大，大部分学生不愿意刻苦练习。当前，社会普遍追求安逸、舒适、享乐的生活，把影、视、歌明星作为自己的偶像，希望通过制造噱头一举成名，过上像他们一样的生活，忘记了"靠双手创造幸福生活"真谛。"靠颜值吃饭""不想靠技艺生存"成为一种社会常态，令我们痛心。第二，社会对传统技艺的保护力度还比较弱少。如我们学习的苗绣，因社会重视不够，在早些年差点濒临失传。后来，因为有像伍前金这样"80后"的年轻人借钱自费学习传承苗绣技艺，才让苗绣重新焕发生机。

张雪婷：我觉得，现在学习这门技艺的人数越来越少。这可能也与现代社会的使用价值有关。现在，传统技艺做出的手工艺品虽然产生的艺术价值较高，但使用价值越来越低，如从人工费用算，所产生的成本高，而要卖出去，就只能降低人工费用，以致乡村工匠所得到的劳动价值不能体现。如现在外面打工一天的收入是150元。刺绣一件苗绣，所用材料30元，用了6天制作完成，按现在每天的劳动报酬，这幅苗绣材料费加上劳动报酬应卖930元，但实际只能卖450元，远远低于外面打工一天的收入。所以，当前很少有人愿意学习这些传统技艺。

⑧您知道该门技艺是非物质文化遗产吗？毕业以后是否会从事该门技

艺工作？

李贤：我知道该门技艺是非物质文化遗产，毕业后想从事该门技艺工作。

杨雨霞：知道，但毕业后还不确定会从事该门技艺工作。

向龙芝：知道，毕业后想从事该门技艺工作。

张雪婷：知道，毕业后不确定会从事该门技艺工作。

⑨您认为当前该门技艺人才培养模式是否合理？为什么？

李贤：我认为该门技艺人才培养模式还需要改进。如教学硬件跟不上时代的发展，实训基地条件简陋，文化课教师知识传授令我接受困难。

杨雨霞：我认为该门技艺人才培养模式还需要改进。如校企合作办学还没落到实处，学校安排的实习基地要么存在压榨学生劳动成果的嫌疑，要么与专业实习岗位不符。

向龙芝：我认为该门技艺人才培养模式还需要改进。如技能大师技艺教学指导的时间较少，但我们的技艺学习任务又多，不能及时领会技能大师传授的技艺。

张雪婷：希望学校加强文化课和技能课的教学。因为我们文化基础较差，在技能学习上感到吃力，还需要加强技艺素养和人文素养的教育。

部分乡村工匠教育者访谈记录

访谈时间：2018年10月22日上午。

访谈对象：湘西民族职业技术学院民族服装与服饰（扎染）土家织锦技能大师叶水云。

访谈内容：

①请您介绍您成长和技艺学习的经历？

叶水云：我出生于1968年，湖南省龙山县苗儿滩镇叶家寨人，12岁时就跟随姑婆叶玉翠学习挑花、织锦和民间绘画，15岁给姑婆叶玉翠当助手，整理传统的土家织锦图案。17岁与姑婆叶玉翠进入龙山县土家织锦工艺厂工作，开始了专业织锦的生涯。19岁被吉首织锦厂聘为技术副厂长。20岁考入凤凰职业中专美术专业系统学习，同时拜贵州蜡染老艺人为师学艺，跟随凤凰蓝印、扎染老艺人学习手工印染、蜡染、扎染。23毕业留校任教，并创办了校土家织锦研究所。33岁毕业于湘西州教师进修学院美术专业，之后主要从事土家织锦的研究、教学和制作工作。1998年研究苗族蜡染，2008年成功创作出彩绘蜡染作品。2007年被评为"中国工艺美术大师"。2015 年我进入湘西民族职业技术学院工作。现为联合国教科文组织和中国民间文艺家协会联合授予的"民间工艺美术家",中国艺术研究院民间艺术创作研究员,中国工艺美术学会会员,湖南省民间工艺美术委员会委员,吉首大学客座教授。主要创作的作品有:《人类与和平》《寿联中堂》《苗家服饰》《苗家五姐妹》《岩石花》《南无观世音菩萨》《六祖惠能大师》和《地藏王》等壁挂。

②您认为成为优秀的乡村工匠(技能大师)要具备哪些素质?哪些素质最关键?

叶水云:我认为要成为优秀的乡村工匠应具备良好的个人修养、高超的技艺水平和有较大影响力的作品。良好的个人修养最能体现一个人创作技艺的品位与价值。一个有良好个人修养的技能大师,才具有独特的审美个性、人格魅力和艺术创作力。修养就是善良、智慧与美德的完美结合。没有良好个人修养的乡村工匠不可能成为我们尊敬技艺大师。当然,技艺大师还要有高超的技艺。著名的思想家黄宗羲曾说:"道之未闻,业之未精,有惑而不能解,则非师矣。"师傅没有高超的技艺,徒弟就不会信服和羡慕,可能就会转投其他师门。如果这样,那就是我们工匠师傅的一种耻辱。所以,技能大师一定要具有高超的技艺才能传道授业。技能大师要想在社会上有立足之地,就要有一些具有较大社会影响力的作品。技能大师具有很高的技艺,如不能把它转化成创作的作品,那就等于空中楼阁、海市蜃楼。技能大师没有好的创作作品,就不会得到社会的认可,甚至可能会被人们认为是"欺名盗世之徒"。当然,高超的技艺水平和良好的个人素养是成为技能大师的关键因素,它们一定要经过时间的历练、技艺的锤炼和文化的熏陶才会表现出来。

③您曾经是否有放弃学习这门传统技艺的想法?为什么有此种想法?

叶水云:没有。姑婆曾经就教育我,干一行就要爱一行。所以,在学习土家织锦和蜡染技艺的过程中,不管遇到多大困难和艰难,我始终坚持,一直坚持到今天。正是有了这份初心,我才有了今天的一些成就。且曾在 2007 年受到全国人大常委会副委员长李铁映、国务院副总理曾培炎等国家领导人的亲切接见。

④您认为学习这门技艺是否要有一定的天赋?工匠精神对技艺学习是否有重要影响?

叶水云:技艺学习要有一定的天赋,但后天的勤学苦练也很重要。工匠精神对技艺学习有重要影响。工匠精神是工匠对产品精雕细刻、精美追求的一种精神，它体现的是热爱自己的职业，讲求产品质量和品牌，具有专心致志的品质，对产品精益求精的信仰和良好的敬业精神。技艺的学习没有工匠精神就好像失去了灵魂，成了海上黑夜没有航标的船只，随时都会触礁沉默。

⑤您在学习技艺的过程中遇到了哪些困难？您怎么克服这些困难？

叶水云：曾经因花纹织错受过姑婆的严厉训斥，缺乏耐心，最困难的是怎样让作品形成自己的风格，尤其是在配色上做到专业。为了克服这些困难，一是更加细心练习，多问多想多做，在织锦时专心致志；二是遍访该门技艺名师，拜师学艺；三是刻苦钻研技法。为了研究苗族彩绘蜡染，我潜心钻研了十多年。

⑥目前，学习这门技艺的人与以前相比有什么变化？主要是什么样的人在学？为什么？

叶水云：以前，学习土家织锦主要以湘西当地的土家妇女，因为土家织锦是以家庭为单位，以母亲或奶奶把从上辈学到的技艺来传给女儿或孙女，所以土家女孩子从小就要学习土家织锦。现在，学习土家织锦的学生还是以当地女生为主，大部分来自贫困地区家庭，或者是农村留守妇女。但也出现了男学生的身影，只是技艺传承的任务主要转移到了职业院校。这些学生想通过学习手工技艺改变家庭贫困的面貌，脱贫致富。

⑦这门技艺的主要工艺流程或技法有哪些？在您看来学好这门技艺的关键点在哪里？您进行了哪些教学改革？教学效果如何？

叶水云：土家织锦的主要工艺流程有十二步。第一步，棉花纺线（纺捻线）（使用纺车纺轮将脱籽棉花纺成棉纱，再将棉纱两或三根并捻成棉线）；第二步，染色（染线）[棉线经碱水（或石灰水）煮沸脱脂，清洁晾干后染色]；第三步，倒筒（倒线）（使用纺车将棉线倒在竹筒上，便于牵线）；第四步，牵线（用3根以上的光滑竹、木杆插入地下，将倒在竹筒上的经线固定摆放，竹筒不少于16个，然后重复牵线）；第五步，装扣（装箱）（依牵线时经线的次序分组，顺次将经线用挑子穿入箱眼）；第六步，滚线（将已装箱的经线进行整理，卷上滚棒）；第七步，捡综（将综杆一端分隔，用长约8厘米的竹条撑开综杆。将一棉线用近8字形的套结，循环缠住综杆和经线）；第八步，翻篙（将综杆和花岔交换方位）；第九步，捡花（将经线分为三层，把预备挑花的一层整理出来）；第十步，捆杆上机（经线用分经杆分组，用绳子捆扎联动机构，调整综杆与杠杆及踏杆的方位）；第十一步，织布边（试织一段平纹布头，以固定织锦面）；第十二步，挑织（织锦）（挑织时先将束腰的绊带套腰后，拉紧经线，凭心所记或参照现成的纹样，选各色花纬线，用挑子挑起成束的经线，喂进花纬线，用布刀打紧花纬线）。一定要熟记这些工艺流程。土家织锦（也叫"打花"、"土花铺盖"，土家语称"西兰卡普"）技艺，选用的是"通经暗纬，断花纬挑织"的技术。分为"平纹织"和"斜纹织"两种编织方法：平纹（俗称"数纱花"或"对斜"）素色织锦是在经面上，以纬线（喂线）挖花而成，色彩不多，图纹受土家民间"十字挑花"的数经纬技术影响，制品明暗比照激烈，起花部分呈浅浮雕感。斜纹（俗称"上下斜"）五颜六色织锦是土家织锦中的主导种类。土家织锦的手艺技艺、技术程序和窍门决定着织锦水平的凹凸和美感。

自 2015 年进入湘西民族职业技术学院，我认为土家织锦在学校进行传承和创新是最好的发展。在教学上，我把土家织锦、蜡染、扎染、印染这些非遗项目引入课堂，让学生亲手创作，自己设计制作作品。这些学生既学习文化知识，又学习技能，与过去的技能大师比，文化修养更高。我目前给学生上湘西土家织锦、湘西蜡染的设计与制作课程，从理论知识到设计到制作，最后做成作品，老师一边讲授一边辅导。在教学中，根据民间的"抠斜"原理，创造性地运用了"半格工艺"技法和彩绘蜡染技术，大大地丰富了土家织锦的表现手法。学生的学习积极性高，现在每个班级都有一些优秀学生，做出一些优秀的作品。我就鼓励他们参加省州组织的一些工美大赛、文创大赛等，也参与一些商业的合作，创造出来"学校即车间，教学即创作，展示即商业"的教学模式，也叫"教学+赛事+商业"三位一体教学模式。这大大地提高了学生的学习兴趣和自信心。

此外，我还开展乡村工匠教育扶贫活动。我所教育的学生中大部分都来自贫困地区家庭，或者是农村留守妇女。我会把设计好的样品和加工材料分发给留守的妇女，让他们在家里的工坊加工好半成品后，我再回收，按件计酬。有的妇女一月可以收入 3000 元，让家里生活环境得到了很大改善。喜欢是最好的老师，只有深耕细作，手工技艺才会越练越精；创新是历史的车轮，只有不断再创造，传承发展才会越走越远；扶贫是共同的责任，只有带动就业，困难群众才会越来越好。

⑧您认为什么样的环境（政治环境、经济环境、社会环境、文化环境

和技术环境）更有利于技艺的传授？

叶水云：国家应重视非物质文化遗产的保护，要制定有利于民族传统技艺政策制度；社会要重视民族传统技艺的文化价值、历史价值、艺术价值和传承价值；地方要运用现代科学技术融入民族传统手工艺品的商业创作，适应现代市场的需求。

⑨您认为乡村工匠教育生态系统应该怎样调控才能发挥其最大效应？

叶水云：教育生态主体中师生关系、师师关系、生生关系都要良好，这样教师教的愉快，学生学得快乐。教育生态环境中自然生态环境是教学的载体，良好的自然生态环境有益于师生的身体健康；社会生态环境是教学的氛围，有利于师生的心理健康；规范生态环境是教学的制度，有助于师生的道德健康。生态功能的调控也很重要，让乡村工匠教育生态系统中生态主体之间、生态环境之间、生态主体与生态环境之间物质转化效率高、能量流动稳定、信息传递顺畅是生态功能调控的最优运行的结果。

⑩政府对乡村工匠有哪些激励政策？

叶水云：政府现在还是非常重视乡村工匠保护的。我作为土家织锦国家级非物质文化遗产传承人，现在有专门的配套资金10万元。国家每年给我的补助是2万元，省政府每年的补助是1万元。2017年，中央一号文件提出，今后高等学校、职业院校要开设乡村规划建设、乡村住宅设计等相关专业和课程，要培养一批专业人才，扶持一批乡村工匠。政府对乡村工匠主要采用荣誉激励政策、精神激励政策、地位激励政策和经济激励政策等政策。

访谈时间：2018年10月22日上午。

访谈对象：湘西民族职业技术学院民族服装与服饰（扎染）苗绣技能大师黄娟。

访谈内容：

①请您介绍您成长和技艺学习的经历？

黄娟：我现在是湘西民族职业技术学院艺术系服装设计及工艺美术品专业的教师，主要从事湘西苗绣及民族服饰方面的研究。本人从小就生活在土家苗族聚居地，喜欢画画，看到苗族人穿花花衣就挺喜欢愉悦，也是20多年前到丈夫家玩，看到婆婆在家打扫卫生抹桌子，准备拿一个残破的绣有黑白图案的挽袖（相当于假衣袖）当抹布，被我制止。我要了回来，看到黑白素绣的图案惊呆了，有鸟有花有蝴蝶，简单的平绣针法绣出与众不同的挽袖。婆婆说是她绣的，磨破了，不要用了。我看当抹布用太可惜了，便要了回来，如获珍宝。这是我第一次近距离接触苗绣。当时就爱上了这种技艺。由于对苗绣太痴迷，在我的再三恳求下，婆婆终于答应给我传授此门技艺。在婆婆精心的点拨下，技艺水平大有长进。加上这些年我也到花垣、保靖、凤凰拜师学艺，到北京服装学院进修，在苗绣技艺传承上还是取得了一点成绩。

2016年9月，我的苗绣作品《雀之梦想，龙行天下》在"湖南省传统工艺美术作品展暨第七届湖南工艺美术精品大赛"获"银奖"；2016年11月获湘西自治州"指尖上的湘西"民族文化创意大赛"苗绣"职工组一等奖；获"非物质文化遗产生产性保护能手"，获"湘西州技术能手"荣誉称号，获湘西州"巾帼建功标兵"荣誉称号，获"五一劳动奖章"称号。

②您认为成为优秀的乡村工匠（技能大师）要具备哪些素质？哪些素质最关键？

黄娟：我认为要成为优秀的乡村工匠，需要有深厚的传统文化底蕴、过硬的绘图功底、较好的耐心、高超的技艺等素质。传统手工技艺具有深厚的历史，是千百年来祖辈一代一代积累传承的载体，更是中华民族悠久文明的体现。具有深厚传统文化底蕴的乡村工匠才能不忘先辈的技艺传承历史，继承属于自己民族的技艺文化。苗绣要表现艺术价值和文化价值，要通过图画来体现。优秀乡村工匠有了过硬的绘画功底，才能创造出美的形式和充实的内容，表现的主题才能激发人们向善、求美的高尚品格。好的耐心是优秀乡村工匠创作手工艺品的基础，一件手工艺品有时要耗费乡村工匠数日、数月和数年的心血。只有静心地、细心地和耐心地制作，抛弃所有不快和烦恼，持之以恒，才能顺利完成创作。如果制作中没有耐心和细心，作品要么不能完成，要么就成为一件残次品。这是优秀乡村工匠的大忌。当然，优秀乡村工匠还要有高超的技艺，这需要他们勤学苦练，俗话说"台上一分钟，台下十年功"，优秀乡村工匠要经过千万次的锤炼，才能获得高超的技艺，才能创作出优秀的手工艺品。其中，深厚的传统文化功底和高超的技艺是成为优秀乡村工匠的关键。

③您曾经是否有放弃学习这门传统技艺的想法？为什么有此种想法？

黄娟：没有。一是因为自己对苗绣感兴趣，是做自己喜欢的事情；二是领悟到了的苗绣的历史价值、文化价值和艺术价值；三是要弘扬苗族文化，化解湘西苗绣传承危机。

④您认为学习这门技艺是否要有一定的天赋？工匠精神对技艺学习是否有重要影响？

黄娟：学习苗绣需要有一定的天赋，要有较好的想象力。工匠精神对技艺学习有重要影响。从我们培养的学生来看，有工匠精神的学生技艺学习较好，表现比较优秀。

⑤您在学习技艺的过程中遇到了哪些困难？您怎么克服这些困难？

黄娟：我在学习苗绣时，曾经根据师傅的传统指导来刺绣。创作出来的作品，虽然中规中矩，但不栩栩如生，总有一种呆板的感觉，缺少灵动飞舞之气。后来，通过钻研发现，万事万物都有自己的生长规律，所以，创作如根据事物的自然生长规律来进行，所创作的作品才具有生命气象，打动人的情感。如绣花朵，先绣里面的花蕊，再绣外面的叶子，绣出的花朵就鲜艳欲滴。绣叶片，向上的叶片，针法一定要上绣；向下的叶片，针法一定要向下绣。

⑥目前，学习这门技艺的人与以前相比有什么变化？主要是什么样的人在学？为什么？

黄娟：目前，学习苗绣的人以民族服装设计专业的学生比较多，大部分是女生。以前士大夫把刺绣称为"女红"，学习苗绣的主要是当地苗族的妇女。根据苗族的传统，苗家女在出嫁之前不用干任何农活，但是必须要学习绣花，母亲在一边绣花，孩子在旁边看，就这样到了八、九岁，她们的绣品就能够镶在衣服上了。通过这样母女、邻里间的口耳相传、苗绣这门技艺被苗族妇女一代一代的传承至今。

⑦这门技艺的主要工艺流程或技法有哪些？在您看来学好这门技艺的关键点在哪里？您进行了哪些教学改革？教学效果如何？

黄娟：苗绣最初出现于苗服上，是为了满足苗族人民的审美需求，也是苗族人民生活的必需品。所以苗绣的工艺流程就是苗服的制作流程，主要包括：种棉、纺纱、织布、煮染、缝纫、挑花、刺绣。苗绣的针法多样，变化万千。据统计，苗绣的刺绣手法有 20 多种。现在，常用的针法有平绣、雕秀、结绣、堆花绣、剪贴绣、板丝绣、破线绣、套绣、辫绣和挑绣等。其中，雕秀又被称为"浅浮雕绣"，主要是为了追求立体效果，常采用较厚剪纸或多层纸样，有的是在纹样上垫小棉团，这样绣出来的具有浮雕效果。为了绣出美丽的图案，对于绘画不熟练的绣手，也可以在布面上加衬布（一边是白色面，一边是黏胶面），把图案剪下来贴在上面，再进行刺绣。学习苗绣，关键在于针法要熟，苗绣的几十种织绣技法能绣出各种各样、多次多彩的图案，装点我们的生活。我在教学时，采用了"顺应自然，道法自然"的方法，告诉学生万物都有自己的生长规律，按照所选花卉植物的生长规律来刺绣，绣出的作品才有神韵。我主张，苗绣教学不能产业化，这与当前的职业教育的发展方向有背离，但能体现苗绣的艺术价值和美学价值。因为我是在用心创作作品，每一件作品都是我生命的组成部分。同时，要因材施教，根据学生的个性特点，自编《苗绣》教材，丰富学生的苗绣理论知识。从目前的情况来看，学生很赞成我的教学方法，她们创作的作品受到了社会的好评，有的还进入我校苗绣展览馆收藏。

⑧从目前的您认为哪些因素（包括外部因素和内部因素）会影响您的技能传授效果？

黄娟：从外部因素来看，国家的宏观政策导向和经济投入力度、社会的认可程度、苗绣工匠的社会地位、教育行政部门的重视支持程度等会影响我的技能传授效果，这些是间接因素。更主要的内部因素的影响，如技能教师的教学价值观和教学态度怎样？与学生的关系是否融洽？学生的学习观念、学习兴趣和学习态度如何？是否与老师相处和谐？是否认可老师的教学方法？都会对技能传授效果产生直接的影响。

⑨您认为乡村工匠教育生态系统应该建立什么样的评价体系更有利于优秀乡村工匠的培养？

黄娟：评价体系是为乡村工匠教育生态系统的最优运行服务的，主要目的就在于培养优秀的乡村工匠。乡村工匠教育生态系统由教育生态主体和教育生态环境组成，教育生态主体指标和教育生态环境指标又如何选取？乡村工匠教育生态系统评价的对象，即包括教育活动的计划、措施、实施和结果等诸种教育要素的总和，其实质就是教育评价指标。乡村工匠教育生态系统评价对象的范围很广，它既包括教育计划本身，也包括参与教育实施的教师、学生、学校、管理者、服务者，还包括教育活动的结果，即乡村工匠学习者的发展状况。因评价对象范围的广泛性，乡村工匠教育生态系统评价不可能选取所有的评价指标，所以，只能选取最能反映乡村工匠教育本质特征的评价指标。因此，乡村工匠教育生态系统指标评价体系的构建要遵循科学性原则、实用性原则、动态性原则和系统性原则。

⑩政府对乡村工匠培育是否重视？对乡村工匠教育生态系统有没有什么激励政策？

黄娟：近年来，党中央、国务院对乡村工匠的培育很看重，制定出台了一系列文件。如2017年的《中共中央国务院关于深入推进农业供给侧结构性改革加快培育农业农村发展新动能的若干意见》（中发〔2017〕1号）、2018年的《中共中央、国务院关于实施乡村振兴战略的意见》（中发〔2018〕1号）都提出了培育乡村的专业人才和工匠等政策。各省级政府在根据这些文件相机制定了适合本省乡村工匠培育和发展的政策。有的省份对持有《乡村工匠培训合格证书》的人员给予奖励。近几年来，国家对乡村工匠教育生态系统持续发文，从经费上、精神上、荣誉上制定了有利于乡村工匠教育生态系统发展的政策。

部分乡村工匠教育管理者访谈记录

访谈时间：2018年11月8日上午。

访谈对象：醴陵市陶瓷烟花职业技术学校校长徐峰。

访谈内容：

①您认为民族手工技艺传承受哪些因素的影响？

徐峰：现在，湖南工艺美术职业学院在民族技艺传承方面做得很好。我认为民族手工技艺在职业院校传承主要受到5个因素的影响：一是价值认同问题。传统技艺有一个特点，外面的人会认为这是一门好职业，有前途，而从事该门技艺的人却不认同这样的观点。如京剧，被称为"国粹"，又有几个人愿意学习京剧呢？这就涉及价值认同的问题。当前，大多数人只关注自己个人的价值，不会去关注社会价值和文化价值。所以，我发现，只有到了五十岁的人才会说京剧是"国粹"。因为到了五十岁的人才能理解京剧。京剧的唱、念、做、打，其实就是一种文化的集成。我曾经花过一些时间仔细听过京剧的几首曲词，而你问问现在在座的年轻人，有几个会去关注京剧的曲词？会去关注京剧的唱、念、做、打？他们不会的。从事传统技艺的本质是什么？不学习的人认为掌握传统技艺的人从事的职业好，而很多学习传统技艺的人觉得不好。我们醴陵市人口106万，从事花炮的人口达到10万。从事花炮行业有一个特点，这些大学毕业生还是高中毕业生、中职毕业生，他们一定会先到外面去溜达一圈，如到"长三角""珠三角"，还有华中的武汉、我们湖南的长沙走一走，哪怕是到网吧干点事情也好，反正就是混饭吃。混到四十岁了，家里孩子也大了。家里的老人就说，别再在外面混了，回来干点活吧，就这样到鞭炮厂去了。他们刚毕业根本不想那从事花炮行业工作，包括花炮厂企业家的儿子（是花二代，不是富二代），也不愿做。为什么呢？因为他们认为这是传统技艺，不是"高大上"的。那么，作为职业院校怎么去应对此种情况？从高校毕业进入职业院校工作的年轻教师是否会放下身段向那些能工巧匠学习，拜他们为师呢？他们可能大部分也有没有这个勇气。所以，认同价值问题会影响到传统手工技艺的传承。

二是能工巧匠的凋零问题。能工巧匠的凋零对传统手工技艺传承有影响。我举一个最简单的例子，我们醴陵花炮产业发展成就是近些年大家有目共睹的。花炮原来叫爆竹，现在叫烟花。在爆竹演变成烟花过程中有一个关键的东西，就是芯子灯的制作。芯子灯制作工艺复杂，到现在已经经历了几十代传人。而目前的传承人是一位90多岁高龄的老人，他只带了一位徒弟，是一个村的村支书。所以，现在这项技艺只有两个传承人。我们把这个九十多岁的老人请到学校来讲课，他原来一直遵守传男不传女的祖训。直到党的十九大召开以后，他才改变思想观念，可以传给女同学了。但这位老年人要是身体出了问题，我们可能再也请不动他来讲课了。再加上村支书又很忙，根本不可能来讲课。这样，可能就会影响到此技艺的传承。所以，能工巧匠的凋零就会影响到技艺传承。那么醴陵釉下五彩瓷也遭遇过同样的困境。醴陵釉下五彩瓷是1908年就烧制成功了，1909年就正式用大型的底款"宣统"年号成批量地制作釉下五彩瓷。然而在20世纪三四十年代，连年战争使得釉下五彩瓷技艺就失传了。直到1955年，湖南陶瓷研究所才在醴陵的偏僻山村找到一个70岁的老人吴寿祺，是原来20世纪初办湖南官立瓷业学堂（相当于现在的职业技术学院）的学生。该所为了保护这门技艺，就破格招聘了这位老人，让担他当起釉下五彩技艺的传承重担。首批招收了18名学员，才保障了该技艺的顺利传承。如果没有这位老人，这门技艺就将永远失传。在他的

三是教学管理的条件和要求问题。主要存在两个方面的问题，一个是安全性的问题。如花炮里面的火药制作，学校老师虽然会教给学生安全制作知识，但不能在校园里制作火药，以保证校园安全。如这些学生到企业实习，企业为了人身安全，是不允许这些学生制作的。实际上，现在火药的生产安全性还是很高的，但比起生命安全来，不怕一万，就怕万一。因

为一些小型花炮企业如出现生命伤亡事故，就面临可能面临赔付不起导致破产风险的产生。另一个是现代化的问题。因为现代化的发展，传统技艺很难被复制。如醴陵瓷器的器型制作，做器型就要拉胚。原来没有电能的时候，只能传统的手工拉胚。熊希龄办学的时候，也是用人力推动手工拉胚。而现在，这种手工拉胚的技艺找不着了。醴陵的手工拉胚与其他地方不一样，是反手拉胚。这是跟日本人学的。我们这里很多陶瓷老师可能不知道。这种技艺在现代的中国很难看到了。我们只有到非洲传授拉胚技艺时，才有实施手工拉胚的机会。因此，教学的安全问题和现代性设备问题使得传统技艺失去了原汁原味传承的土壤。

四是经费投入问题。现在，我们一说到传统工艺，就认为是很值钱的。但要培养传承人一定要有资金来支撑，这是要花大钱的。一个学校到底需要多大的经济力量来搞传统技艺传承？我校目前还远远不够，但在益阳的湖南工艺美术职业学院湘绣就做得很好。这个学校的湘绣教学竟然要求学校的所有老师都要懂湘绣，不管教语文的、德育的，还是教体育的老师都要懂湘绣。你说，要所有的老师都懂湘绣，那要达到什么样的程度？这样的话，湘绣的承效果明显，就把湘绣拓展了，提供了良好的生态环境。我在大学学油画，现在学湘绣，想把湘绣做成具有油画效果的作品，形成一系列的衍生产品。但这些都需要有经费来支持我探索和研究。我现在是在基层学校做管理工作，作为文化教育工作者无限认同传统技艺的传承价值，但投入的经费还是很有限的。

五是传统工艺和现代校园（即能工巧匠与学校老师）的思想融合问题。这是所有的问题里面最关键的问题，也就是能工巧匠要进校园。按理来说，我们学校的老师，应该来学习，不管你是旅游系的老师还是会计系的老师。但我们老师却不愿意学习。这就带来一个双方思想认同的问题，在这些老师的眼里，这些能工巧匠，要学历没学历，要职称没职称；而我是大学本科生，我是硕士研究生，我是中学高级教师，甚至我是正高职称，凭什么要跟这些匠人学习。而能工巧匠也不愿意把自己的核心技艺（即核心竞争力）传授给老师和学生。举一个例子，醴陵花炮产业中爆竹产业发展比较好，爆竹企业发展最好的是赖氏烟花，这已经做成了一个品牌，已经传到第四代。这家企业有核心技术——火药配置技术，但不可能教给外人。因为如要教会你，你跑到其他的爆竹企业，就会跟原企业形成竞争。其实，企业要发展的好，必须要王牌技术。那这门技术除了家人，外人根本接触不到。如你要学会了，你在这里是 5000 元一个月，我这里给你 10000 元一个月。你肯立马定跳槽走人。所以，这就涉及思想融合的问题，能工巧匠愿不愿进校园？进校园以后教你教到什么程度？反过来，我们学校教师愿不愿意学？学以后又能学到什么程度？这双方的思想矛盾现在没有办法统一，也限制了传统技艺的传承。

访谈时间：2018 年 10 月 25 日上午。
访谈对象：湖南工艺美术职业学院湘绣学院院长唐利群。
访谈内容：
①您认为湘绣工匠人才培养受哪些因素的影响？

唐利群：湘绣专业现属于刺绣类，这是 2015 年由教育部在专业上做出的调整。我认为湘绣工匠人才培养受以下一些因素影响。一是学生家长的误解，不了解湘绣专业的价值和意义。他们认为湘绣专业就是绣绣花，在农村就是不来高职院校学习也能学会。全国各地的刺绣专业都存在这种情况。如，现在的沙坪湘绣的从业者，大部分是农村绣工。她们在沙坪那个地方是一个湘绣的窗口。在沙坪，这些湘绣企业都有很多被拓品，农村绣工就拿着这些被拓品回家刺绣。先告诉这些绣工，绣完一件作品多少钱。当企业从绣工手里收回这些绣品以后，再修补一下，就可以拿出去出售了。所以，没有经过职业院校学习的农村绣工制造的绣品属于低端产品，成本很低。其实，高端湘绣人才，即科班出身的都是由我院培养。他们一毕业就被高端刺绣企业相中。现在，绝大部分毕业生集中在湖南湘绣研究所。该所现有两个湘绣车间，一个新蕾，一个新苗。这两个部门的员工全部是我们这里的毕业生。技术研发都是我院的毕业生。一些私人刺绣企业也重视这些人才的引进，经常到我院招聘，出现无功而返的结局。二是学生的爱好。如学生爱好这个专业，他们自己的专业与未来的职业放在一起规划，也有利于技艺的学习。他们毕业后，有的进入工艺品公司，有的进入高端私人服装定制公司，有的还自主创业，开设与湘绣专业有关的公司。三是家庭的经济条件。目前读该专业的大部分学生家里经济状况不怎么好，所以，学校评奖学金的学生名额在我院占得比较多。四是社会的认知不多。社会上许多人根本不知道有湘绣这个专业，就是知道了这个专业，也不了解这个专业开设到底会带来哪些作用。实际上，这个专业发展前景很好。五是学校宣传力度不够。宣传能够让人们了解湘绣的历史文化价值和艺术价值，产生对湘绣文化的崇拜感，主动积极地来学习湘绣，把湘绣作为精神文明生活的一部分。而当前，我校向外宣传湘绣的影响力还远远不够。六是湘绣留校毕业生的示范作用。目前，我院招聘了20名本校的优秀毕业生充实到了教育岗位，也给现在和未来的本专业学生带来了光明和希望。

②您认为湘绣工匠人才培养存在哪些问题？

唐利群：主要存在的问题，一是湘绣工匠的社会地位不高。目前，因国家的提倡，技能大师的社会地位得到了很大提高。但不是所有的湘绣工匠都成为技能大师，没有几十年的磨砺是不能可能实现的。有的甚至付出终生的汗水也配不上技能大师的称号。二是湘绣产业发展缓慢。因社会需求和审美原因，一些高端湘绣产品可能有价无市，不懂艺术和经济收入较低的人不可能买的，导致社会需求少的局面。所以，从事湘绣工作的毕业生薪水不高。三是学制时间不足。现在湘绣学制三年，要把湘绣所有的针法通过短短的三年教给学生，无异于拔苗助长。湘绣是一门艺术，学生要进行艺术创作，就一定要具备深厚的文化素养和艺术素养，这些都需要学生多年的学习和领悟。再则，学生是专科生，招进来的综合素养肯定比一本学生差，所受到的文化和艺术熏陶会更差。如果不加强学习时间，学生就不可能达到湘绣的较高技能。四是传统技艺的教学满足不了现代技艺创新的需求。传统技艺在现代社会的实用性降低，所以其需求不多。如何用现代技术对传统技艺进行创新性发展，是我们专业面临的课题。不过也出现了一些令人欢喜的场景，之所以有今天的成就，就是通过几十年的不断钻研、勤学苦练取得的。为了紧跟时代的教学步伐，八十多岁的刘爱云大师还在不断的进行教学改革研究。"活到老，学到老"已成了她心中的座右铭。五是师资的教学水平还有待提高。现在，我们能看到，许多大师是工艺专家，工艺水平高，但文化素养较低，艺术、审美素养较差；而青年艺术设计老师文化素养较高，艺术、审美素养较高，但工艺水平差。技能大师和老师如何补短板，现在成为令人头痛的问题。六是学生自身素质较差。目前，我们只招收的是高职学生，其综合素养差，自学能力不强。甚至有的学生是为了走捷径才学习湘绣。

③您对湘绣工匠人才培养有哪些建议？

唐利群：一是要大力提升湘绣工匠的社会地位。湘绣工匠作为非物质文化传承人，为湘绣产业化的发展付出了辛勤的劳动和智慧，也为传统技艺文化的传承做出了贡献。这既需要政府的政策引导，更需要社会的价值引导，当然也需要家庭教育理念的引导和学校湘绣教育的积极宣传。二是湘绣产业要适应现代社会的需求。湘绣产业应根据当代人们的消费需求，运用现代科学技术来进行湘绣产品的研发和创新，让湘绣产品满足不同年龄、不同性别、不同职业的消费群体的消费需求，摆脱对政府财政的依赖。三是延长学制时间。教育行政部门应设立湘绣本科教学专业，把"三年学制"改为"四年—五年学制"可能更适合本专业的人才培养。这样，不仅能夯实学生的文化素养和审美素养，还能全部掌握湘绣的全部针法，更有利于毕业生创作出更优秀的湘绣艺术品。四是创新湘绣传统技艺的教学方法，适应现代的教育发展要求。一方面，要实施"专业＋项目＋工作室"工学结合人才培养模式，全面推行项目导向工作室教学，将来自企业的设计、生产项目引入工作室。另一方面，要构建"人才培养＋技艺传承＋文化研究＋创新研发＋传播推广"五位一体的非遗传承创新范式，成体系传承发展湘绣工艺和湘绣文化，引领湘绣的振兴发展。五是提升师资的教学水平。首先，应激励青年教师多向技能大师学习湘绣技艺，培养青年教师的工艺技能，提升青年教师的工艺素养。然后，要鼓励工艺大师提升艺术素养，可以以经费补助的形式让他们进入文化基础知识学习的课堂，与学生一起学习传统文化和湘绣理论知识。再则，也可以让教师分批出去参加技艺技艺的培训，拓展视野，提升教育学能力。六是提高学生录取标准。湘绣专业招生应按普通本科的招生分数作为绿区标准。这样，就能保证所招学生的综合素养较好，自学能力较强，也会减轻老师的教学压力，更有利于湘绣优秀工匠的培养。

附录6 部分优秀乡村工匠代表人物技艺传承简介

李晓雪：让汉白玉雕传遍三湘四水

在湖南耒阳市蔡子池七岭村107国道旁，有一座小小的工厂——这就是盛唐石业有限公司。董事长就是李晓雪，他五官端正，国字脸，身材虽不算魁梧，但也匀称扎实。初一听这名字，还以为是一位亭亭玉立的美女，可见面时发现，这与我们预想的相隔十万八千里。他就是这样一位将普通的石头变成珍宝的巧匠。今天，我们有幸近距离来领略这位石雕大师的风采。

经过一番交谈以后，我们才知道，他成功的背后所付出的艰辛与汗水。

热爱绘画，钟情石雕艺术

耒阳的黄石镇是他从小生长的地方，这里的一山一石、一草一木都在小时候的他的记忆里贮藏。那时就喜欢画画的他，拿起了画笔，他想把这里的一切美景都绘在纸上。每当作画的时候，都会引来周围的小伙伴，得到他们的啧啧称赞。父母知道他有这样的爱好，就经常给他买来绘画工具和材料，以示鼓励。这更加坚定了他热爱美术的信心。

自小学起，他就有一个理想——考美术学院，成为一位美术家。这时，他更痴迷于美术的学习，甚至到了吃饭、睡觉的时间，还在画画。为了美术，他简直到了废寝忘食的地步。可中考，因为文化成绩较低，连高中也没考上，没能如愿以偿。但他并没有放弃追求绘画艺术的梦想。带着遗憾，他踏上了出售家乡黄石石料的从商之路。20世纪90年代初，20岁的他就经常在福建（石雕产业兴旺）出售石料给石雕师傅。因为他经商诚信，处处为顾客（石匠师傅）着想，让他们买到的石头能根据大小，物尽其用，实现了雕刻效益的最大化，所以，这些石匠师傅很愿意与他交朋友，常常把他捧为座上宾。再加上他有很好的绘画功底，脑子灵光，经常给石匠师傅出点子。有时，因为他的一个点子，就可以化腐朽为神奇，让一块很一般的石头成为价值不菲的艺术作品。

后来，有朋友提醒他，你既有创意，又有美术天赋，何不自己成立石雕公司？这样，既能充分发挥你自己的才干，做出更多的艺术品。还可以提高石料的附加值，做到经济效益最大化。经过一段时间的思考，他终于决定创办一家石雕产业公司。那这家公司取什么名字呢？翻阅史书，他发现盛唐的雕塑艺术成就很高，又因为阅读了"山石钟灵秀，寰宇盛唐开"的诗句，于是取名"盛唐"。意在要重新振兴石雕艺术，让石雕艺术再现盛唐般的辉煌历史。2006年2月，他的盛唐石业有限公司正式成立。

因为他多年与福建许多石雕匠人相处融洽，又能虚心学习石雕技艺，再加上独特的美术绘画天赋和聪明的头脑，使得盛唐在短短几年就成为业内名宿。如今，盛唐公司已具备承接大、中型工程的实力，能根据客户需求进行生产，进行设计、制作、加工、运输、施工和安装的一条龙服务。经过公司的打拼，如今的盛唐石业已誉满三湘。

工匠精神让他的作品大放异彩

《诗经》云："如切如磋，如琢如磨。"一件能够叫得响、传得开、留得住的石雕作品，离不开切磋琢磨的细功夫，离不开精益求精的匠心追求。为了让每一件的雕刻作品成为精品，他跑遍名山大川，到石窟莫高窟、云冈石窟、龙门石窟、麦积山石窟等地进行实地考察，观察古人是怎么设计、制作、用料，有时一待就是一天。在欣赏古代工匠的智慧和创作艺术时，领略雕刻技艺的精妙。在回家构思制作时，他都步步为营，稳扎稳打，绝不能在雕刻中出现败笔。工匠精神，往往意味着吃苦的决心、刻苦的努力、艰苦的付出，和不苦尽不轻易甘来的过程。在年复一年的千锤百炼中，他的作品越来越灵动，越来越有神韵。经过岁月的洗礼，他用心血创作的石雕"天女散花"被湖南省美术协会收藏，并颁发收藏证书。

效法古人，但不拘于古人。李晓雪的石雕作品在传统的基础上大胆融入现代元素，给人焕然一新之感。他创作的许多作品，如"纸圣蔡伦""神农创耒""擎天柱""伟人毛泽东"等，让同行专家都拍案叫绝，简直不敢相信他是一位自学成材的雕刻大师。

现在，他是衡阳市工艺美术家协会理事，湖南省工艺美术家协会理事，曾获耒阳市"最美工匠"称号。这一切成就的取得正是工匠精神在他身上的真实写照。

担起社会责任，让质量和艺术说话

乘着改革开放的春风，他勇闯石业市场，在商海洪流中拼搏。他说，自己曾经也摆过路边摊，受过别人的冷嘲热讽。但他并没有灰心，反而更加斗志昂扬。天天勤奋练习雕刻，技艺与日俱增，生意越来越好。1998年到现在，因为掌握了绝技绝活，又会经商，他公司的资产规模成倍翻番，成为衡阳市的石雕行业的龙头老大。但他说并没有放弃对产品质量和艺术的追求。曾经为了生存，他做产品是以利润为中心。现在，因为资金实力雄厚，他把社会责任放到第一位。他说："我现在做石雕，就是为了追求完美，让顾客越看越舒服，不给石雕行业丢脸。"他既是这么说的，也是这么做的。公司的作品，大到一尊佛像，小到一只核舟，他都要亲自查看，不让其余任何一点瑕疵。

他公司聘请的石匠大多来自外地，都是家里养家糊口的顶梁柱。想想自己的经历，让他潸然泪下。所以，他从不抠门，每月在发工资时，总是想着给他们多发一点。这些石匠，现在平均月薪12000元，远远超过了当地其他行业的工资水平。

为了传承石雕技艺，他也招收徒弟。对于徒弟的选取，他有自己的一套独特的方法。如谁想学习，必须经过他的亲自面试。先考验此人的头脑是否聪明，是否有悟性，是否会看雕塑图，当然，吃苦耐劳和坚守也是重要的条件。如果这些条件合格，他才会正式收他为徒。带徒弟也不是轻松地活儿，提供石料是要成本的，而且练习要提供更多的石料。他都自费给徒弟承担，省去了徒弟的经济后顾之忧。这些徒弟也乐于安心学习，用精美的作品来回报师傅的恩情。现在，这些徒弟都成为石雕业的行家里手。

为了响应生态环境的保护，盛唐石业坚决执行国家的相关政策，利用现有资源，杜绝乱采乱挖，提高加工技术，运用先进设备除尘降噪。并在厂房内部和周围的空旷地带进行绿化种植。李晓雪的目标是，坚持绿色发展，实现精细加工，打造盛唐的绿色品牌之梦，促"汉白玉"形象的文化升级。我们相信石雕这一古老的艺术之花，在盛唐石业会越开越旺，越开越美，越开越有光彩。

罗冬元：让铜锣之声响彻神州大地

2017年10月24日，我们课题组因课题调研需要，来到耒阳市坛下乡软石村冬元铜锣厂，考察铜锣的制造工艺流程，感受铜锣制作技艺大师罗冬元的精湛技艺。在车间的办公室，我们采访了这位技艺大师。他告诉我们，他制作的铜锣已经远销香港、澳门、台湾，甚至中南亚的一些国家。那么，是什么原因让罗大师制作的铜锣有这么好的销路呢？下文将一一给出答案。

立志技艺传承，永续传统文化之旅

罗冬元出生在铜锣制造世家，从小就接触铜锣制作。他是伴随着这些叮叮当当的声音长大的，虽然这些声音不是美妙的音符，但也是服务地方民俗文化活动的铿锵强音。作为家族铜锣乐器制造的第五代传承人，罗冬元本不愿承受铜锣制作时震耳欲聋的噪音之苦。"崽啊，你可以从事其他更赚钱的活儿，可这门手艺是我们老祖宗留下来的，我们不能让它丢失。"父亲的一番话让他的心情久久不能平静。父亲说的是对的，铜锣制作是一种传统文化，决不能让它失传。经过一番激烈的思想斗争之后，他终于接受学习铜锣制作的重任。

铜锣制作工艺复杂，工序繁多，要学精，不容易。第一道工序是配料。主要用铜、银、锡三种原料进行配方。配方决定铜锣的硬度和音质。罗家的配方是祖传秘方，从不透露给外人。第二道工序是融铜。这要把配料放在耐高温的泥罐中经过1000多度高温的煅烧，才能融化成铜水。接着，把熔化的铜水倒进要做的铜锣模具中，铸成铜坯。然后，将冷却后的铜坯放入900度的高温炉膛里烘烧，直至烧红就可以进行锻打。要经过多次锻打来确定铜锣不同部位的不同厚度。这也决定着后期铜锣制作的音质、音色和音调。单调刺耳的声音时时考验着罗冬元的忍受力。接下来修剪。通过修剪，铜锣的圆形才规正。剪圆之后的铜锣，还要放入炉火继续烧红，反复锻打，铜锣才可定型。锻打成型的铜锣必须经过淬火。淬火全凭工匠师傅的眼力和经验，火候不够，或过度加温，都会让制作的铜锣达不到出厂的标准。只有精准把握好火候，温度适宜，迅速夹出火炉，放入含有一定盐分的冷水中粗活，制作的铜锣才有适合的硬度、广度和音质。

经过淬火后的铜锣，还需接受矫形，主要是把锣边剪齐，锣面锤平锤圆，以使铜锣外型更加圆润饱满，具有基本的音色。为了让铜锣形成金灿色泽，接下来，要用通知的合金刀或纱布，通过手工转动或机械转动对成型铜锣表面做抛光处理。最后一道工序是定音。在铜锣的整个制作过程中，定音技术性最强，必须举锤娴熟，轻重有致，特别是最后一锤，要有深厚的功底，用力恰当，才能定音准确。这是任何机械加工都不能取代的，全是手工敲打。定音技术是罗家的祖传秘方，是核心竞争力。罗冬元说："一个合格的定音师，首先要具备音乐天赋，更需要三到五年的实际操作经验。定音师水平的高低能在制作的铜锣音质上反映出来。"他就是在年复一年的单调生活中，兑现了自己的承诺，且做成了有一定规模的产业。罗大师的亲身讲解和示范操作，让我们感叹，铜锣制作真的是一门绝技绝活。在这位身材矮小、皮肤黝黑的铜锣制作大师身上，我们发现了铜锣制造技艺文化传承的决心。正是他有这份立志民族手工技艺传承的初心，我们民族传统技艺文化才代代相传，永续巧夺天工的技艺文化之旅。

目前，他制作的铜锣声名远扬，全国各地慕名向他这里来订货。听说我们在长沙工作，他马上就说，长沙的高桥大市场有他们的销售点，由女儿负责。现在，冬元铜锣厂在全国有13个销售点，销售业绩可观。这位年过六旬的大师，脸上始终保持微笑。他还高兴地告诉我们，儿子现在从学校毕业回家，愿意从事这门技艺。看来，罗家铜锣制作技艺传承后继有人了。

响应党的号召，技艺精准扶贫

耒阳市坛下乡的铜器制作已有一千多年的历史。传说三国时期，张飞驻守耒阳坛下，带来了用于军事的冶炼技术。因当时的坛下湾阳一代出产黄铜，推动了当地制铜技术的发展。省级非物质文化遗产传承人罗冬元的祖先就是那时候学到了制造铜锣乐器的技艺，一直流传至今。早在六百年前，坛下便已是声名远扬的华南铜乡。到19世纪50年代，他爷爷罗道广时，罗氏铜锣已声明远扬。罗冬元16岁跟随父亲学习铜锣制作技艺，属于第五代传人。1979年，他被当时的乡镇企业办相中，专门从事铜锣的生产销售。但由于乡镇企业经营不善，被迫关门大吉。这反而激起了罗冬元办私人铜锣厂的想法。经过十多年的精心筹划、准备，1995年冬元铜锣厂创办生产。经过20多年的发展，冬元铜锣厂现在达到年产铜锣5万面的规模，产值达400多万元。

罗冬元不仅继承了先辈积累下的宝贵经验和技巧，更将其融入现代工业化生产之中。作为家族企业的传承人，罗冬元靠着铜锣制作绝技走上了发家致富的道路。富了不忘党的好政策，富了不忘记当地的父老乡亲，特别是那些家庭贫困户。他积极响应党提出的"全国人民脱贫致富奔小康"的号召，投身到技艺扶贫的一线。在当地招收的 40 多名农民工中，就有 4 个贫困家庭。他不但精心向这 4 对夫妻传授技艺，也不忘多给他们一些工资。现在，每个家庭年收入达到 10 万元，比在外面打工还要好。他还给这 4 个家庭免费提供住房，并把其子女也接过来，安置在当地学校就读，避免其子女成为留守儿童。这些孩子是幸福的，因为遇到了恩人罗冬元；这些家庭幸福的，因为遇到了恩人罗冬元；这些农民工是幸福的，因为遇到了恩人罗冬元。罗冬元正带领他们奔向脱贫致富的康庄大道。

铜锣制作工艺名响神州，成为非遗保护名录

由于铜锣制作技艺高超，罗氏铜锣制造的产品供不应求。为了推广罗氏铜锣，罗冬元运用三寸不烂之舌，说服当地村民到西南、西北、华南和长江中下游等 13 个省会城市开设经销店，销售铜锣。同事外卖到了香港、澳门、台湾和中南亚等地。可以毫不夸张地说，罗氏铜锣已名扬神州。

由于罗氏传统铜锣制作工艺流传千年，具有重要的历史价值、艺术价值和文化价值，2014 年，罗氏铜锣制作技艺成为湖南省非物质文化遗产保护名录。2016 年，罗冬元被耒阳市评为"最美工匠"。

采访结束了，罗冬元的形象突然在我心里高大起来。他用匠心打造铜锣精品，用仁心扶助贫困家庭，用雄心传承传统技艺。他，作为乡村工匠的杰出代表，正在用他的行动书写具有千年历史的铜锣制作技艺的华美乐章。

附录7 首批全国职业院校民族文化传承与创新示范专业点名单

序号	省市区	学校	专业	民族文化技能方向
1	北京	中央美术学院附属中等美术学校	美术绘画	中国传统壁画保护与传承
2		北京舞蹈学院附属中等舞蹈学校	舞蹈表演	中国舞表演
3		中国戏曲学院附属中等戏曲学校	戏曲表演	京剧表演
4		北京市杂技学校	杂技与魔术表演	杂技与魔术表演
5	天津	天津市西青区中等专业学校	学前教育	杨柳青年画制作
6		天津艺术职业学院	曲艺表演	相声
7	河北	河北省围场满族蒙古族自治县职业技术教育中心	民族服装与服饰	满族蒙古族服饰设计与制作
8		河北省丰宁满族自治县职业技术教育中心	民族工艺品制作	丰宁满族剪纸
9		河北艺术职业学院	戏曲表演	河北梆子表演
10	山西	平遥现代工程技术学校	民族工艺品制作	平遥推光漆制作工艺
11		长治黄河工艺美术学校	工艺美术	上党堆锦画
12		忻州创奇学校	民间传统工艺	晋绣
13		山西戏剧职业学院	戏曲表演	晋剧表演
14	内蒙古	锡林郭勒职教中心	民族工艺品制作	蒙古族传统手工艺品制作
15		内蒙古鄂尔多斯市鄂托克前旗民族职业高中	民族工艺品制作	蒙古族传统手工艺品制作
16		阿鲁科尔沁旗民族职业教育中心	民族音乐与舞蹈	胡仁乌力格尔
17		科尔沁艺术职业学院	民族音乐与舞蹈	科尔沁蒙古族民歌演唱

续表

序号	省市区	学校	专业	民族文化技能方向
18	辽宁	沈阳师范大学附属艺术学校	民族音乐与舞蹈	锡伯族民间歌舞表演
19		沈阳音乐学院附属中等舞蹈学校	舞蹈表演	东北秧歌
20	吉林	吉林省延吉市职业高级中学	民族服装与服饰	朝鲜族服饰设计与制作
21		吉林省延边艺术学校	民族音乐与舞蹈	朝鲜族歌舞
22	黑龙江	黑龙江民族职业学院	艺术设计	桦树皮制作工艺、鱼皮画
23		黑龙江艺术职业学院	舞蹈表演	花棍舞
24	上海	上海戏剧学院附属戏曲学校	戏曲表演	京昆表演
25		上海市逸夫职业技术学校	传统服装工艺与设计	龙凤旗袍、亨生西服设计与制作
26		上海市工艺美术学校	工艺美术	老凤祥首饰设计与加工
27	江苏	南京市莫愁中等专业学校	文物鉴定与修复	古籍修复
28		扬州商务高等职业学校	漆器工艺制作	扬州漆器
29		江苏省宜兴丁蜀中等专业学校	工艺美术	紫砂陶制作技艺
30		苏州评弹学校	戏曲表演	评弹表演
31	江苏	连云港市艺术学校	民族音乐与舞蹈	海州五大宫调
32		江苏省戏剧学校	戏曲表演	锡剧表演
33	浙江	浙江省绍兴市中等专业学校	食品生物工艺	黄酒酿造技艺
34		浙江省龙泉市中等职业学校	陶瓷工艺	龙泉青瓷
35		中国美术学院附属中等美术学校	美术绘画	传统中国画创作
36		浙江省青田县职业技术学校	民族工艺品制作	青田石雕
37		浙江艺术职业学院	戏曲表演	越剧表演
38		宁波市文艺学校	戏曲表演	甬剧表演
39	安徽	安徽省宣城市工业学校	制浆造纸工艺	宣纸制作工艺
40		安徽省休宁县第一高级职业中学	传统木工技艺	传统木工艺
41		安徽省行知学校	民族工艺品制作	徽州砖雕
42	福建	福建省柘荣职业技术学校	工艺美术	柘荣民间剪纸
43		福建省德化职业技术学校	工艺美术	德化传统瓷雕、瓷画艺术

续表

序号	省市区	学校	专业	民族文化技能方向
44	福建	福建省福州旅游职业中专学校	民间传统工艺	寿山石雕
45		福建艺术职业学院	舞蹈表演	福建民间舞
46		福建省泉州艺术学校	戏曲表演	南音
47	江西	江西省景德镇第一中等专业学校	陶瓷工艺	景德镇陶瓷制作
48		江西艺术职业学院	戏曲表演	赣南采茶戏
49	山东	枣庄市山亭区职业中专	民族工艺品制作	伏里土陶工艺与制作
50		山东省文化艺术学校	戏曲表演	吕剧表演
51	河南	河南省镇平县职业教育中心	民族工艺品制作	镇平玉雕
52		河南艺术职业学院	戏曲表演	豫剧表演
53	湖北	湖北艺术职业学院	音乐表演	湖北民歌
54		武汉市艺术学校	戏曲表演	汉剧表演
55	湖南	湘西民族职业技术学院	民族服装与服饰	扎染
56		湖南工艺美术职业学院	湘绣设计与工艺	湘绣
57		湖南艺术职业学院	戏曲表演	花鼓戏表演
58	广东	潮州市职业技术学校	工艺美术	潮州木雕、潮绣、潮州麦秆画
59		广东粤剧学校	戏曲表演	粤剧表演
60		汕头市文化艺术学校	戏曲表演	潮剧表演
61		广东湛江艺术学校	戏曲表演	雷剧表演
62	广西	广西职业技术学院	产品造型艺术设计	坭兴陶
63		广西艺术学校	民族音乐与舞蹈	广西民族舞蹈
64		桂林市艺术学校	戏曲表演	桂剧表演
65	海南	海南省民族技工学校	民族织绣	黎族织锦技术
66		海南省民族技工学校	民族美术	黎族剪纸
67		海南省文化艺术学校	戏曲表演	琼剧表演
68	重庆	重庆旅游职业学院	旅游工艺品设计与制作	木雕、土家织锦
69		重庆艺术学校	戏曲表演	秀山花灯
70	四川	四川省彝文学校	民族工艺品制作	彝族漆器
71		四川省藏文学校	民族美术	藏画、唐卡

续表

序号	省市区	学校	专业	民族文化技能方向
72	四川	北川羌族自治县"七一"职业中学	民族服装与服饰	羌绣
73		绵竹市职业中专学校	民族美术	绵竹年画制作
74		四川省青神中等职业学校	木材加工	竹编工艺
75		阿坝州中等职业技术学校	民族工艺品制作	藏族"让炯"根艺
76		四川艺术职业学院	戏曲表演	川剧表演
77	贵州	贵州轻工职业技术学院	旅游工艺品设计与制作	安顺蜡染、大方漆器
78		黔东南民族职业技术学院	民族音乐与舞蹈	侗族大歌、牛腿琴演奏
79	云南	云南省民族中等专业学校	民族工艺品设计与制作	云南少数民族工艺品制作
80		云南民族大学职业技术学院	艺术设计	云南少数民族工艺品制作
81		云南文化艺术职业学院	舞蹈表演	云南少数民族音乐与舞蹈
82	西藏	西藏拉萨市堆龙德庆县职教中心	民族工艺品制作	藏纸生产工艺
83		达孜县职教中心	民族工艺品制作	唐卡制作
84		西藏林芝地区职业技术学校	民族音乐与舞蹈	藏族歌舞
85	陕西	陕西省安塞县职业教育中心	民间艺术	安塞剪纸
86		陕西省咸阳市武功县职业教育中心	民族织绣	武功手工刺绣和布艺制作
87	陕西	富平城乡建设高级职业中学	民间传统工艺	泥塑陶艺
88		陕西省清涧县职业中学	民间传统工艺	枣木雕刻
89		陕西艺术职业学院	戏曲表演	秦腔
90	甘肃	甘肃省环县职业中等专业学校	民族工艺品制作	庆阳香包刺绣
91		甘肃省临夏市职教中心	民族工艺	砖雕、葫芦雕刻、彩陶
92		甘肃省环县职业中等专业学校	民族工艺品制作	环县道情皮影
93	青海	西宁市湟中职业技术学校	民间传统工艺	唐卡、堆绣、木雕
94		青海省文化艺术职业学校	民族音乐与舞蹈	青海藏族民间舞
95	宁夏	宁夏海原县职业教育中心	民间传统手工艺	回族刺绣
96		宁夏回族自治区隆德县职业中学	民族工艺品制作	隆德剪纸

附录 7 首批全国职业院校民族文化传承与创新示范专业点名单

续表

序号	省市区	学校	专业	民族文化技能方向
97	新疆	新疆艺术学校	民族乐器修造	新疆少数民族乐器制作
98		新疆阿勒泰地区卫生学校	哈医医疗与哈药	哈萨克医药
99		喀什艺术学校	民族音乐与舞蹈	维吾尔木卡姆艺术
100	新疆生产建设兵团	农十四师职业技术学校	民族民居装饰	民族特色房屋装饰

附录8 第二批全国职业院校民族文化传承与创新示范专业点名单

序号	省份	学校	专业（专业方向）
1	北京	北京戏曲艺术职业学院	戏曲表演（评剧）
2		北京戏曲艺术职业学院	戏曲表演（服装、化妆）
3		北京市黄庄职业高中	服装设计与工艺（服饰手工艺制作）
4		北京市国际艺术学校	运动训练（武术）
5	天津	天津艺术职业学院	戏曲表演（京剧）
6		天津艺术职业学院	文物鉴定与修复
7	河北	石家庄市艺术学校	舞蹈表演（河北民间舞拉花）
8		河北吴桥杂技艺术学校	杂技与魔术表演
9	内蒙古	乌兰察布市民族艺术学校	民族音乐与舞蹈（马头琴演奏）
10		锡林郭勒职业学院	音乐教育（长调、马头琴）
11	辽宁	阜新市第一中等职业技术专业学校	民族服装与服饰（蒙古贞服饰设计制作与表演）
12	吉林	吉林省歌舞剧院艺术中等职业学校	舞蹈表演（民族舞）
13	黑龙江	黑龙江艺术职业学院	舞蹈表演（东北秧歌）
14		黑龙江民族职业学院	音乐教育（民族音乐与舞蹈）
15	上海	上海戏剧学院附属戏曲学校	戏曲表演（京剧）
16		上海工艺美术职业学院	工艺美术品设计与制作（海派玉雕）
17	江苏	无锡工艺职业技术学院	陶瓷艺术设计（传统紫砂工艺）
18		常州艺术高等职业学校	表演艺术（江南丝竹乐）

附录 8　第二批全国职业院校民族文化传承与创新示范专业点名单

续表

序号	省份	学校	专业（专业方向）
19	浙江	浙江广厦建设职业技术学院	木雕设计与制作
20		浙江省东阳市技术学校	民族工艺品制作（木雕工艺与设计）
21		浙江旅游职业学院	烹饪工艺与营养
22		浙江省宁海县第一职业中学	民族工艺品制作（泥金彩漆）
23		浙江省三门县职业中等专业学校	民间传统工艺（三门石窗设计与加工）
24	安徽	安徽省怀远师范学校	民族音乐与舞蹈（花鼓灯）
25		安徽省行知学校	民间传统工艺（徽雕、歙砚制作）
26		安徽黄梅戏艺术职业学院	戏曲表演（黄梅戏）
27		铜陵职业技术学院	旅游工艺品设计与制作（铜工艺品设计与制作）
28	福建	漳州科技职业学院	茶文化（中华传统创新茶艺）
29		福州市艺术学校	戏曲表演（闽剧）
30		福州旅游职业中专学校	民间传统工艺（脱胎漆器）
31	江西	江西艺术职业学院	戏曲表演（赣剧）
32	山东	山东轻工职业学院	纺织品装饰艺术设计（鲁绣家纺设计）
33		山东省文化艺术学校	戏曲表演（京剧）
34		济南艺术学校	曲艺表演
35	河南	嵩山少林武术职业学院	武术（国际文化推广）
36		河南经贸职业学院	装饰艺术设计（陶艺软装）
37	湖北	湖北艺术职业学院	舞蹈表演（中国舞）
38		湖北艺术职业学院	戏曲表演
39	湖北	荆州市创业职业中等专业学校	民间传统工艺（荆楚非遗民间工艺）
40		长阳职业教育中心	旅游服务与管理（民族音乐与舞蹈）
41	湖南	湖南工艺美术职业学院	陶瓷艺术设计
42		湘西民族职业技术学院	民族传统技艺
43		吉首市职业中等专业学校	服装设计与工艺（民族织绣）
44		醴陵市陶瓷烟花职业技术学校	陶瓷工艺（釉下五彩陶瓷彩绘）

续表

序号	省份	学校	专业（专业方向）
45	广东	广东舞蹈戏剧职业学院	舞蹈表演（岭南舞）
46		广东省陶瓷职业技术学校	工艺美术（手拉壶设计与制作）
47	广西	广西民族中等专业学校	民族音乐与舞蹈
48	重庆	重庆文化艺术职业学院	戏曲表演（川剧）
49		重庆市大足职业教育中心	民间传统工艺（石雕石刻方向）
50	四川	泸州职业技术学院	艺术设计（分水油纸伞制作技艺）
51		四川文化产业职业学院	珠宝首饰工艺及鉴定（成都银花丝制作技艺）
52		阿坝师范高等专科学校	舞蹈表演（羌族萨朗）
53	贵州	贵州盛华职业学院	旅游工艺品设计与制作
54		铜仁学院	视觉传达设计（民族旅游产品设计）
55	云南	云南文化艺术职业学院	戏曲表演（花灯、滇剧）
56		云南民族大学	工艺美术（民族工艺品设计与制作）
57		大理州剑川县职业高级中学	工艺美术（木雕）
58	陕西	陕西艺术职业学院	戏曲表演（秦腔）
59	甘肃	甘肃工业职业技术学院	旅游工艺品设计与制作（雕漆、陶艺）
60	宁夏	宁夏艺术职业学院	舞蹈表演（回族舞蹈）
61	新疆	新疆艺术学校	民族音乐与舞蹈
62		乌鲁木齐职业大学	旅游工艺品设计与制作

后　　记

　　学术高峰，吾志攀登。乡村工匠，技艺传人。自年一七，课题立项。日夜兼程，勤苦耕作。不敢怠慢，诚惶诚恐。寒窗三载，青丝泛白。窗外之事，两耳不闻。潜心研学，修业修身。不改初心，砥砺前行。宇宙真理，吾之追求。科学魑魅，兴趣吸吾。读博之路，崎岖不平。虽有艰辛，但当磨砺。困境相伴，风雨兼程。对镜相视，两口无言。人比黄花，顾影自怜。翩翩公子，犹一老翁。为做学术，终生不悔。拙作付梓，喜自心头。字飘墨香，透吾肺腑。至今回味，感慨良多。致谢之人，良师益友。姓名如下，恭为呈现。

　　首谢吾师，恩重如山。姓甚名谁？周君明星。教授二级，博士导师。花甲之年，雄心不减。老骥伏枥，志在千里。笔耕不辍，著述颇丰。梅开二度，百年太短。职教坛主，学生景仰。君为吾师，实属吾幸。为人仁厚，品位高雅。谦恭待人，严于律己。尊师楷模，率先垂范。学富五车，知识渊博。开化育才，桃李天下。治学谨严，指导有方。从吾选题，精心思考。研究方法，指导科学。样本确定，绝不马虎。陪吾调研，实地考察。细看严思，躬身亲为。吾文构思，悉心调教。遣辞炼句，精挑细选。呕心沥血，肝胆相照。师恩难忘，永刻吾心！

　　二谢教授，诸君为师。郭氏丽君，朱氏翠英。陈姓岳堂，邹姓冬生。向姓平安，葛姓大兵。黄姓名潍，周姓先进。君等诸师，全心助吾。授吾学业，传道解惑。吾之课题，指点迷津。教院师长，一并致谢。

　　再谢同门，诸君为友。高氏名涵，温氏晓琼。此两博士，给予关照。吾之作文，劳心劳力。感谢诸生，在读硕士。丁氏梓仪，隋氏梦园。谢姓东军，邢氏艺漾。李氏嘉丽，苏氏亚茹。瞿氏潇湘，付氏旭敏。问卷调查，给吾建议。搜集资料，尽力而为。处理数据，尽心尽意。

　　后谢家人，诸君为亲。吾之爱妻，旷玲女士。濡沫相依，患难与共。

吾之爱儿，聂卓睿君。不遗余力，鼎力支持。因之照顾，终成吾文。致谢父母，幕后相帮。家如港湾，温馨一生。在此表谢，至诚至真。

引文作者，吾表谢意。不到之处，敬请海涵！再祝诸君，平安一生。乘风破浪，硕果累累。前程似锦，讴歌山河。穷尽千里，更上一楼！

著作出版，厚谢编辑。格式排版，一一过目。紧扣标准，严守原则。工匠精神，令吾钦佩！

著者不才，水平有限。书中疏漏，难免不当。惶恐之心，常绕脑门。敬请专家，同仁学者，各位读者，批评斧正。

聂清德

2020 年 4 月 2 日